IMBING

VII+	VIII–	VIII	VIII+	IX–	IX	IX+	X–	X	X+	XI–	XI
5.11c	5.11d	5.12a	5.12b	5.12c	5.12d	5.13a	5.13b	5.13c	5.13d	5.14a	5.14b	5.14c	5.14d
6c+	7a	7a+	7b	7b+	7c	7c+	8a	8a+	8b	8b+	9a
VIIIa	VIIIb	VIIIc	IXa	IXb	IXc	Xa	Xb	Xc	XIa

VERTICAL

Reinhold
Messner

VERTICAL

100 Jahre
Kletterkunst

blv

100 JAHRE KLETTERKUNST

Die moderne Kletterkunst – hervorgegangen aus dem naiven Klettern im Fels – wurde innerhalb eines Jahrhunderts ins schier Unglaubliche gesteigert. Das moderne Klettern begann auf den Britischen Inseln und im Elbsandsteingebirge – im Kaisergebirge, in den Dolomiten und im Yosemite Valley in den USA wurde es weiterentwickelt, bis keine Felswand mehr unmöglich schien. Mit der Philosophie des »clean climbing«, die im Yosemite Valley entstanden ist, wuchs jene weltweite Bewegung von Freikletterern, die den Weg der Steigerung weitergehen werden: schwieriger, schneller, sicherer. Mit möglichst perfekter Absicherung wird Freiklettern endgültig zur Kunst in der vertikalen Arena. Heute schon ist das Klettern eine globale Freizeitbeschäftigung.

Dieses Klettern im Fels wurde also immer weiter verfeinert, an künstlichen Strukturen werden heute Weltmeisterschaften ausgetragen und überall, wo es Felsen gibt, wird geklettert. Ist es Spiel? Sport? Kunst?

Ich selbst habe vor fünfzig Jahren mit dem Felsklettern begonnen und ich habe auch den Umbruch vom Hakenklettern zum Freiklettern in den Alpen mitbestimmt. In diesem Buch zeichne ich die Entwicklung des Felskletterns auf, vom III. über den VII. bis zum XI. Grad. Mein Interesse gilt aber weniger der Historie des Felskletterns als vielmehr der Steigerung der Kletterkunst – von den Anfängen als Spiel bis zum Klettern als Wettkampfsport. Indem ich die Neuerer von ihren jeweiligen Grenzwerten erzählen lasse, nehme ich den Leser mit zu einem aufregenden Stafettenlauf, der mit dem Klettern im Elbsandsteingebirge beginnt und in den großen Wänden der Welt fortgeführt wird.

INHALT

TRAUM & TAT

Mit den Idealen von Paul Preuß sympathisiere ich seit Jahren. Doch hätte ich mich gewaltig einschränken müssen, wenn ich all seinen Thesen nachgekommen wäre. So wie der Sportkletterer seinen Bohrhaken benötigt, war meine Krücke oftmals der Normalhaken. Bei meiner Erstbegehung (1969) setzte ich sogar zwölf Bohrhaken ein. Gott sei Dank erkannte ich sogleich den Unsinn, den derartige Unternehmungen innehaben.

Albert Precht

Das Elbsandsteingebirge von der Bastei aus gesehen

METAMORPHOSEN DES UNMÖGLICHEN

DAS SPIEL ÜBER DEM ABGRUND

Fast die Hälfte der Bevölkerung zählt sich mittlerweile zur Gruppe der Erlebniskonsumenten, die sich Außergewöhnliches leisten, auch wenn sie dafür gelegentlich zu viel Geld ausgeben.
Horst W. Opaschowski

Das Felsklettern ist heute eine globale Erscheinung. Und geklettert wird frei und gut gesichert: in Südafrika, Korea, Japan, in Mexiko, Chile, in Europa vor allem und im Yosemite Valley in den USA. In kaum einem anderen Teil der Welt hat die Erdgeschichte so glatte und großflächige Wände entstehen lassen wie in Kalifornien: glatte Abbrüche, Wände von 1000 Metern Höhe und mehr, Dome, Zinnen. 2000 Meter ragen die Granitsäulen im Karakorum in den Himmel, lauter Grale für künftige Kletterfreaks. Aber nicht nur hier, weltweit stehen Wallfahrtsziele für die besten Felskletterer bereit, Herausforderungen, die gefunden und innerhalb von wenigen Jahren zu Modefelsen für ein Heer von Nachsteigern werden. Verständlich, wenn alle mehr wollen als nur klettern. Suchen wir doch bestimmte Wände auf, um uns selbst zu erfahren.

Die Kletterwege – gefunden, durchstiegen, beschrieben – werden zu »Routen«, vielfach zu Kunstwerken erhöht, und nachgeklettert. Sie bekommen einen Namen, einen Nimbus und einen Schwierigkeitsgrad. Akteure und Jahr der Erstbegehung gehen ein in die Archive der Klettergeschichte. Das ist schon seit mehr als hundert Jahren so! Die Zahl der Haken, die der Bergführer Micheluzzi 1929 bei seiner Erstbegehung des Marmolada-Südpfeilers in den Fels geschlagen hat, gehört seit über 70 Jahren zum Gesprächsstoff der Elite. Waren es sechs? Stecken nicht heute 60?

Warum brauchen moderne, bestens trainierte Kletterer an alten Routen so viele Hilfen? Ganz einfach aus Gewohnheit! In unserer abgesicherten Welt fühlen sich auch Freeclimber mit besserer Absicherung wohler. Seit 70 Jahren entdecken sie also immer neue Absicherungsmöglichkeiten. Steigt die Motivation doch auch mit der Suggestion von mehr Sicherheit. Interessant – mit verbesserter Ausrüstung lassen sich trotz der alten Gefahren neue Spielmöglichkeiten finden. Immer mehr von uns machen also aus dem Klettern ihren Lebensinhalt und ein paar steigern das Herumturnen an Felskathedralen sogar ins Künstlertum. Und alle sammeln wir Schlüsselstellen. Als wären es Perlen. Wann, wie, wer den Höhlenüberhang am »Micheluzzi-Pfeiler« geklettert hat, ist Legende.

Berge besteigt der Mensch schon seit Jahrtausenden, schwer zugängliche Höhen erklimmt er seit zweieinhalb Jahrhunderten. Vor hundert Jahren hat eine neue Mode eingesetzt: das Freiklettern, das in den Jahrzehnten von 1960 bis heute immer weiter verfeinert wurde. Fachlich korrekt heißt diese Technik »freies Klettern«. Die Historiker benennen es seit hundert Jahren. Aber erst nach und nach beherrscht es die Szene. Denn vor allem die Kletterer – früher als Bergsteiger mit affenartigen Verhaltensmustern verspottet – wollen sich weiterentwickeln. Ihr Ziel ist offenbar der Mensch als Spinne. Die Belastbarkeit der Fingerknöchelchen und deren Muskelbänder wird dabei weniger in Frage gestellt als die Moral, das heißt die seelische Stärke beim Gang an der Sturzgrenze. Dabei ist es, wie schon vor hundert Jahren, der Ehrgeiz der Radikalsten geblieben, immer dorthin zu klettern, wohin sich sonst niemand traut. Minutenlang können sie am kleinen Finger Klimmzüge machen und 1000 Meter über dem Abgrund scheinbar mauerglatte Felswände hochgehen, als würden sie eine Leiter benutzen.

Und damit sind wir beim Thema: hundert Jahre Kletterkunst. Mir geht es nicht darum, eine lückenlose Liste der Felsgeher vorzulegen, die »Großes« am Berg geleistet haben. Noch weniger interessieren mich die durchaus bewundernswerten Wettkämpfe von Sportlern, die an künstlichen Kletterwänden in Europa- und Weltmeisterschaften gegeneinander antreten. Mir geht es um die Entwicklung des Felskletterns – von Bettega 1901 in der Marmolada-

Je höher der Schwierigkeitsgrad in der Wand, desto größer das Bedürfnis nach qualitativer Absicherung. Martin Kind

Kletterei am Fermadaturm

Ob die Felsklleterei als solche wirklich eine so hässliche und verabscheuungswürdige Sünde ist, dass ihre Anhänger nicht mehr unter die Klasse der wirklichen Bergsteiger gezählt werden dürfen, sondern wegwerfend mit dem Namen »Gymnastikbetreiber« abgetan werden müssen! A. F. Mummery

In den neunziger Jahren war ich sehr engagiert im Sportklettern, dann kamen Erstbegehungen im Yosemite. Zuletzt hat es mich aber auch sehr fasziniert, hohe Schwierigkeiten im alpinen Gelände auszureizen. Alexander Huber

Bellavista ist eine psychische und physische Meisterleistung – ein Meilenstein in der Geschichte des Kletterns. Andreas Kubin

Dass die durchschnittliche Kompliziertheit der Kletterstellen, aber auch die klettertechnischen Fähigkeiten der Bergsteiger im Laufe der Zeit gestiegen sind und noch steigen werden, sah Dülfer durch drei Stellen gekennzeichnet, deren erste Erkletterung jeweils 13 Jahre auseinanderliegt und durch Alleingänger ausgeführt wurde. Es sind dies der Riss am Winkler-Turm (Winkler 1887), der Riss in der Nordostwand der Punta Emma (Piaz 1900) und der Riss in der Fleischbank von Südosten (Dülfer 1913). O. W. Steiner

Südwand bis zu Alexander Huber 2001 in seiner Route »Bellavista« in der Nordwand der Westlichen Zinne. Die Neuerer sind es, ihr Stil und ihre Einstellung, die es mir angetan haben. Wann, wie und wo das frei Kletterbare weiterentwickelt worden ist, bleibt mein Thema. Natürlich halte ich mich dabei an die Sprecher der jeweiligen Generation, die – ob sie es wahrhaben wollen oder nicht – für ihre Epoche sprechen. Mit ihrer Hilfe zeichne ich Bild für Bild jenen Stafettenlauf, der seit mehr als zehn Generationen fortgeführt wird: die Umwandlung des unmöglich Kletterbaren in kletterbares Gelände.

Es gibt keinen Zweifel, das Klettern am Fels hat sich weiterentwickelt – zuletzt unglaublich schnell. Es wird pro Jahrzehnt um etwa einen Schwierigkeitsgrad gesteigert. Was schon Hans Dülfer erkannt hat. Und so extrem schwierig heutige Spitzentouren sind, die Steigerung ist noch nicht zu Ende. Denn das Felsklettern wird – wie alles menschliche Tun – von jeder Generation neu getan. Die besten Kletterer zeigen uns mit ihrer Euphorie immer wieder, wie die vertikale Arena in unserer Vorstellung verändert, das Thema »Klettern« neu besetzt werden kann. Bisher waren Elbsandstein, Kaisergebirge, Dolomiten, Yosemite, Verdon die Zentren kreativer Aktivität. Morgen werden es Wände in Brasilien, Südafrika oder Pakistan sein. Jede Generation muss sich ihre Welt ja erst ersinnen und Spielfelder finden für ihre Träume. Nein, es waren nie die Mittelmäßigen und Mutlosen, die den nächsten Schritt hin zum Unmöglichen wagten. Diejenigen, die eine beständige Welt herbeisehnen, eine Welt, die für die Ewigkeit gemacht scheint, gehören nicht zu den Pionieren. Es war und bleibt der Schöpfgeist des Sinnstifters, der die alte Welt in Frage stellt, um sie mit seinem Tun neu zu erschaffen, der die Kletterszene verändert. So nutzlos das Klettern auch ist, so sinnvoll erscheint es, vor allem den Neuerern. Weil sie mit einer Ahnung von der Zerbrechlichkeit der Welt an neuen Werten bauen, die wenigstens für die Zeit ihrer Aktivität Bestand haben sollen, wird ihnen Klettern zum Wichtigsten auf dieser Welt. Damit verändert sich unsere Vorstellung von »unmöglich«.

Ob Schuster im Elbsandstein, Schulze im Allgäu, Dülfer am Totenkirchl, Haupt und Solleder in der Civetta, Comici an der Großen Zinne, Vinatzer an der Marmolada-Südwand, Rebitsch an der Lalidererspitze, Magnone am Dru, Robbins an der Salathé … Güllich, Edlinger, Hill – sie alle stellten hohe Ansprüche an sich und brachten so das Klettern weiter. Fast immer als Regelbrecher! Mit viel Disziplin und Können stiegen sie über das jeweils Erreichte hinaus. Sich hohe Ziele zu setzen steigert die Motivation, und Erfolg macht erfolgsbewusst – hoffentlich auch vorsichtig. Den Besten ging es immer um zweierlei: zuerst ums Überleben und dann darum, den anderen einen Schritt voraus zu sein. Selbstbestimmt und in Eigenverantwortung gelang ihnen jeweils der nächste Schritt.

Dass nicht alle ihre Fans überlebten, hat weniger mit der Gefahr beim Klettern als vielmehr mit jener Selbstüberschätzung zu tun, die vornehmlich Nachsteiger befällt. Leider. Fans werden nicht selten zu Neidern, dann überheblich und zuletzt zu Hasardeuren. Da sie ihren Vorbildern oft blindlings nacheifern, deren Spuren meist aber nur mit zusätzlicher Absicherung folgen können, verlieren sie leicht die Orientierung. Es fehlt ihnen jene Überlegenheit, eine Art innerer Sicherheit, ohne die Klettern an der Grenze des jeweils Machbaren nicht zu verantworten ist. Sie gehen nicht ihren eigenen Weg, sie konsumieren. Als Konsumenten dessen aber, was immer nur in radikaler Selbstverschwendung zu erreichen war und sein wird, machen sie weder die Erfahrungen noch die Wege ihrer Vorbilder. Sie machen höchstens Eindruck. Aber wie lange?

»Wir hatten im Laufe der Zeit die Erfahrung gemacht, dass alle, die die wahre Freude am Bergsteigen genießen wollen, ganz allein auf ihre eigene Geschicklichkeit und Kenntnisse angewiesen sein sollen«, sagt Mummery und seine vielen Gegner fanden genau in dieser Aussage den Nährboden für ihren Hass gegen den Spieler, der das Radikale, das Maßlose tat. Mummery kletterte und dachte wie kein Bergsteiger vor ihm, und nur deshalb war er den Mittelmäßigen in der Szene suspekt. Und deshalb wurde er zum Pionier einer neuen Kletterwelt. Dieser Albert Frederick Mummery, 1855 in

Der »geistige Entwicklungssprung« war meines Erachtens die Erstbegehung der Fleischbank-Ostwand.
Nicholas Mailänder

Adolf Schulze um 1910

Dass die Technik unseres Sportes so rasche Fortschritte gemacht hat, wird immer als eine Art Verbrechen gebucht, ist aber meiner Ansicht nach nur zu begrüßen und keinesfalls zu bedauern. A. F. Mummery

Regel Nummer eins beim Klettern: Nicht stürzen! Lynn Hill

Dover geboren, hat die bergsteigerische Entwicklung im 19. Jahrhundert geprägt und mit Mut, Intelligenz und viel Humor immer wieder aufgezeigt, worum es beim Klettern geht: um Erfahrung und was sie unterbricht. Instinkte, die Bekanntes wie Unbekanntes entlang einem Wahrnehmungsmuster einordnen, sind dann ständig gefordert, wenn wir zwischen Fremdem und Vertrautem unterwegs sind – am Limit unserer Möglichkeiten also. Es kommt viel weniger darauf an, wie »schwer« wir klettern als vielmehr, wie weit wir uns exponieren. Die Grenze zwischen Selbstverschwendung und Selbstvernichtung beim Freiklettern ist schmal, und weil dies alle wissen, findet dieses Tun in seiner exzessiven Form so viel Bewunderung. Jede selbstveranstaltete Klettertour ist einzigartig, die Erfahrung dazu nicht wiederholbar.

Weil es Sorge um das tägliche Brot in unseren Breiten heute kaum noch gibt, suchen sich die allermeisten ihre ganz persönlichen Herausforderungen im Erlebniskonsum. Es geht dabei nicht um »Abenteuer, die man für sich und gegen sich selbst besteht«, sondern ums Dabeisein. Man will dazugehören. Was sollen die vielen Jugendlichen sonst mit sich anfangen? Immer mehr Menschen suchen in Sport-, Freizeit- und Urlaubshobbys die Erfüllung ihres Lebens, ohne sich allerdings die entscheidende Frage zu stellen: Was kann jemand, der schon fast alles gemacht hat, wirklich tun, um seine Grenzen, und damit die Erschütterung seines Selbstverständnisses, zu erfahren.

Mummery und Zsigmondy haben es erlebt. Beide sind führerlos weitergeklettert – beide bis zum tragischen Ende. Spricht das gegen sie? Vielleicht – aber was käuflich, vervielfältigbar, konsumierbar ist, wird trotzdem banal. Radikale Selbsterfahrung ist nur im Widerstand gegen das mögliche Sterben zu haben und es steht außerhalb jeder Moral. Damit stoßen wir auf jenen Widerspruch, der das moderne Freiklettern angreifbar macht und zugleich weiterträgt.

Das Freiklettern hat sich bisher umgekehrt proportional zum Einsatz von Kletterhilfen zur Fortbewegung und proportional zur

Es geht um die Frage, wie man es schaffen kann, als Kletterer alt zu werden. Zwei Faktoren werden hierfür vor allem herangezogen: das objektive Maß der Sicherheit (in Gestalt der Absicherung der Tour oder der Felsfestigkeit) und die subjektive Sicherheit (Können des Kletterers, Selbsteinschätzung, Entscheidungsfähigkeit und »Coolness« in schwierigen Situationen). Diese beiden Faktoren werden zu persönlichen Gleichungen verknüpft: »Gute Sicherung im Fels + gutes Können, gute Entscheidungen etc. des Kletterers = Überleben«, spricht die Plaisirpartei. Die Abenteuerpartei entgegnet: »Schlechte Sicherung + exzellentes Können = Sicherheit« und unterstellt: »Gute Sicherung verdirbt die Entscheidungsfähigkeit und führt damit zu Unsicherheit.«
Martin Schwiersch

Verbesserung der jeweiligen Sicherungsmöglichkeiten entwickelt. Wird es mit der Steigerung so weitergehen? Ja, denn der Bewegungssinn, auf einer Reihe von Instinkten basierend, unterliegt zuallererst dem Überlebenswillen und nicht einer Moral, die immer nur aufgesetzt sein kann, gewollt von jener Masse von Leuten, denen in ihrem Mittelmaß sonst nichts einfällt.

Ich weiß, viele halten meinen Zugang zum Freiklettern für bedenkenswert, und sie werden alles tun, um andere zu ihrem Irrtum zu bekehren. Ich aber will trotzdem erzählen, wie sich das Felsklettern entwickelt hat und warum es sich so und nicht anders weiterentwickeln wird. Natürlich wäre es Unsinn, Dülfer mit Comici und diesen mit Güllich zu vergleichen – wer war der Beste? –, geht es doch um die Kunst des Kletterns, die sich so wenig vergleichenden Maßstäben unterwirft wie die Musik. Bach, Beethoven, Haydn, Mozart – sie waren alle einzigartig – wie Preuß, Rebitsch, Robbins oder heute die Huber-Brüder.

Die Tatsache aber, dass der Alpinsport Krisen erlebt, sollte uns nicht deprimieren. Im Gegenteil, Krisen sind anregend, und weil die vertikale Arena nicht ein für allemal ausgeschöpft ist, kann sie immer wieder neu entstehen. Ja, Kletterer erschaffen ihre Welt, die vertikale Arena, immer wieder neu. Mit ihrer Fantasie und der Gabe das Unmögliche zu wagen. Aber jede Generation, jede und jeder Einzelne kann dies nur für sich tun. Wieder und wieder. Und weil junge Kletterer das Erreichte nie als festgefügt empfinden werden, können sie immer wieder neue Zugänge zu den alten Problemstellungen finden. Cassin und Ratti stiegen 1935 über einen Umweg durch die überhängende Nordwand der Westlichen Zinne; Weber und Schelbert 1959 direkt über die zentralen Überhänge; Baur und die Brüder Rudolph 1968 waagrecht über das große Dach; Alexander Huber 2001 frei mitten durch eine Serie von Dachüberhängen: ein Weg, der wenige Jahre zuvor noch unvorstellbar gewesen ist. Wie doch Eigenständigkeit, Kreativität und Können unser aller Zugang zu den Felswänden verändern! Aber ohne Eigenverantwortung im Ausgesetztsein ist Felsklettern nur Sport.

Wir suchen schwierige Touren auch aus dem Grunde aus, weil wir eine Freude daran finden, Schwierigkeiten zu überwinden. Das Gefühl, welches wir dabei haben, ist dasselbe, welches ein Turner empfindet, dem eine schwierige Übung nach langen Versuchen endlich gelungen ist. Es ist die Freude, ein Ziel erreicht zu haben, das erst hart erkämpft werden musste. Emil Zsigmondy

Ich bin froh, dass ich ein wildes Land hatte, um darin jung zu sein. Wozu taugen 40 Freiheiten ohne weißen Fleck auf der Landkarte? Aldo Leopold

Wenn in den Alpen von oben erschlossen wird, ist das Potential bald erschöpft. Nicholas Mailänder

ALBERT F. MUMMERY AM
GRÉPON

Der Mummery-Riss an der
Aiguille du Grépon

Im Sommer 1880 fällt Mummery hoch über dem Mer de Glace bei Chamonix der Grépon auf: ein paar wilde Zinnen und Felstürme, der Gipfel aus glattwandigen Obelisken gebaut.

Zusammen mit dem berühmten Bergführer Burgener studiert er die Ostwand des Berges und entdeckt »herrliche Risse, Felsbänder und Übergänge, die den unteren Teil mit dem oberen in Verbindung bringen«. Ein Jahr später, am 1. August 1881, Aufbruch im Salon des Montenvers-Hotels. Es ist ein Uhr früh. Burgener geht es »schlecht« und er wird mit Branntwein behandelt. Nach mühevollem Herumstolpern zwischen Steinen und mit Moränenschutt gefüllten Gletscherspalten verlassen sie das Mer de Glace und steigen über Grasbänder aufwärts. Sie halten sich links und nehmen das mittlere Couloir, das zum Berg führt. Der Bergschrund an seinem Fuß ist nicht übersteigbar und sie queren weiter nach links, zur nächsten Rinne. Durch einen steilen Kamin, der sich über dem Eis als knapp mannsbreiter Spalt im Fels als Schwachstelle anbietet, glaubt Burgener einen Weg zu finden. Also wird Venetz, der Helfer, in den Bergschrund hinabgelassen. Er soll den Kamin zu erklettern versuchen, bleibt aber hoffnungslos stecken. Burgener, der geniale Kletterer, rettet die Situation und zu dritt steigen sie über guten Fels weiter aufwärts.

Nach acht Stunden und einigen schwierigen Kletterstellen erreichen sie die Spitze eines großen roten Turms, der vom Mer de Glace aus deutlich zu sehen ist, aber nicht den Gipfel bildet. Es ist zu spät zum Weiterklettern, also Abstieg.

Am 3. August folgt der zweite Versuch, den schwierigsten Weg der Zeit zu Ende zu gehen. Nach dem guten Ratschlag eines Oberländer Bergführers, den Plan aufzugeben, ist Burgener wütend und so gekränkt, dass er bereit ist, sein Leben zu riskieren, um seinen Berufskollegen zu widerlegen. Kletterer waren also immer schon empfindlich, wenn es um ihre Ehre ging.

Mummery: »Aus der Flut seines unverständlichen Dialekts entnahm ich, dass unser Schicksal besiegelt war. Wenn wir auch unser ganzes Leben da oben verbringen oder sogar oben lassen müssten, so wäre das seiner Meinung nach noch immer besser, als unverrichteter Dinge zurückzukehren und sich dem Hohn und Spott dieses Ungläubigen auszusetzen.«

Ja, so ist es bis heute geblieben. Wir Kletterer wachsen am Widerstand der senkrechten Felsen und jenem der Zweifler, die unsere Vorhaben für unmöglich erklären. Trotzdem, die Seilschaft scheitert ein zweites Mal. Erst beim dritten Anlauf erreichen die drei den Fuß des Gipfelturms.

Mummery: »Er war von einer Unnahbarkeit, wie ich sie selten gesehen habe. Ganz anders wie die anderen Teile des Berges war sein Gestein glatt und grifflos. Von der Spitze bis an seinen Fuß lief zwar ein Riss, vier bis fünf Zoll breit, dessen Kanten aber so glatt waren, wie sie nur der beste Steinmetz aushauen könnte und der auch in seiner Tiefe nicht die geringste Unebenheit aufwies. Kein eingeklemmter Stein, nichts war zwischen den scharfen Kanten als Halt zu erspähen. Zu all dem hing am Ausstieg, wenn man gerade noch mit letzter Kraft oben angelangt war, ein Felsblock über, den man überwinden musste, um auf der Spitze zu landen.«

Erst nachdem es Mummery und Burgener nicht gelingt, ein Seil über die Spitze zu werfen, um den Gipfel mittels Seilzug zu erreichen, gehen sie den Gipfelturm »by fair means« an.

Albert Frederick Mummery

Es ist natürlich völlig unlogisch, jemandem die Bezeichnung »Bergsteiger« zu verweigern, der es versteht, in schwierigerem Gelände seinen Weg zu finden. Wenn man sagt, dass Menschen, die aus Liebe zum Bergsteigertum klettern, keine Bergsteiger sind, während andere, die dasselbe aus irgendeinem wissenschaftlichen Zweck tun, der ihnen gerade am Herzen liegt, diese Bezeichnung verdienen, so widerspricht das doch allen Gesetzen der Logik.

A. F. Mummery

16 GRÉPON

Der »Grand Diable« am Grépon

Was nun folgt, ist Freikletterei auf hohem Niveau. Wieder steigt Venetz voraus und eröffnet in der Felsarena der Nadeln von Chamonix 1881 (!) einen Weg, der senkrecht in den Himmel führt und schwieriger ist als alles, was bis dahin in den Alpen geklettert wird.

Mummery: »Das Seilwerfen hatten wir vom oberen Rand einer schmalen Mauer aus betrieben, die ungefähr zwei Fuß breit und sechs Fuß über der Scharte gelegen war. Dort hatte sich Burgener aufgestellt, um Venetz, sobald er in seine Nähe kam, mit dem Pickel weiter helfen zu können, während meine Wenigkeit in der Scharte stehend ihm den ersten Teil seiner Kletterei erleichtern sollte. Sobald Venetz aus dem Bereich meiner Hilfe gelangte, lehnte sich Burgener über die Scharte, rammte die Spitze so gut es ging gegen die gegenüberliegende Felswand, wodurch etliche Tritte von recht zweifelhafter Sicherheit geschaffen wurden, auf denen Venetz ausrasten und für jeden weiteren Schritt Kraft schöpfen konnte. Bald war aber auch diese künstliche Hilfeleistung unmöglich und er einzig und allein auf seine fabelhafte Geschicklichkeit angewiesen. Schritt für Schritt erzwang er sich keuchend seinen Weg, seine Hände fingerten über den glatten Fels in der vergeblichen Suche nach nicht vorhandenen Griffen, dass es einem förmlich weh tat zuzusehen. Mit unleugbarer Aufregung folgten Burgener und ich seinen Bewegungen und mit nicht geringer Erleichterung sahen wir endlich die Finger seiner einen Hand auf der scharf abgehauenen Spitze suchen. Noch einige Sekunden Rast, dann schwang er sich über den vorstehenden Block, während Burgener und ich uns herunten heiser schrien. Als das Seil für mich herunterkam, wollte ich erst hochmütig ohne Hilfe aufsteigen. Zuerst gelang dies auch, dann kam ein Moment etwas zweifelhaften Hängens, dem ein scharfer Ruck folgte und wie eine Spinne mit den Gliedern aushauend wurde ich auf die Spitze gezerrt, wo ich mit ungestörter Gemütsruhe den verschiedenen höhnischen Bemerkungen meiner Genossen standhielt, die mir vorhielten, dass man sich nicht nur auf Kletterschuhe verlassen dürfe, sondern auch das liebe Seil recht notwendig hätte.«

Erst im August 1892 wird Mummerys Weg wiederholt, wobei am Gipfelturm ein anderer Riss als 1881 genommen wird. Einige Tage später brechen Hastings, Collie, Pasteur und Mummery auf, um den Crépon-Gipfel »führerlos« zu erreichen, wobei Mummery die schwierigsten Passagen führt.

Mummery: »Ich weiß nicht, war es nur das Bewusstsein, dass ich heute führen sollte, jedenfalls erschrak ich über diese ungeheure Steilheit. Mit Ausnahme von zwei Stufen, wo die Felsen leicht zurücktreten, ist die ganze Wand senkrecht, ausgenommen der allererste Teil von sieben oder acht Fuß, der herausgewölbt ist und überhängt. Andererseits erschien mir der Fels viel gefurchter, als ich ihn in Erinnerung hatte, und je länger wir ihn betrachteten, desto mehr Hoffnung auf Erfolg erwachte in uns. Ich kletterte an den Fuß des Risses hinunter und von dort begann ich über Hastings Schultern das mühsamste Stück Kletterei, das mir je untergekommen ist. Die ersten zwanzig Fuß hat man noch einige Hilfe am Seil, das um einen großen Felszacken in der Nähe des Sattels festgemacht werden kann; weiterhin dient es nur mehr als Zierde, obwohl es den Genossen eine gewisse Genugtuung bereiten mag, einen plötzlichen Sturz vielleicht doch damit aufhalten zu können. Ungefähr in der Hälfte des Weges ist ein ausgezeichneter Tritt, auf dem man verschnaufen kann. Wenn ich ausgezeichnet sage, so ist das wohl nur relativ gemeint im Verhältnis zu den anderen Abschnitten des Risses, nicht vielleicht, dass man dort Mittagessen könnte oder auch nur stehen, ohne sich festzuhalten. Vor Jahren war ich an eben dieser Stelle rau aus meinen Betrachtungen aufgestört worden, da mein Fuß von dem Felsvorsprung abglitt und ich frei in der Luft baumelnd hinaufgezogen wurde. Eingedenk dieser Tatsache bemühte ich mich, mit meinen Fingern an allen Unebenheiten, die da oder vielmehr nicht da waren, hängen zu bleiben, bis ich halbwegs wieder Luft hatte, dann ging es weiter. Einstimmig war dieser zweite Teil von allen als der böseste bezeichnet worden. Griffe sind fast keine zu finden und Tritte für die Füße fehlen vollkommen, man konnte nur auf die gütige Vorsehung vertrauen, die hie und da durch kleine, in

M. Dunod hörte in Chamonix, dass ich drei Leitern von je 10 Fuß Länge bei diesem Aufstieg mit hatte; ich glaube es ist nicht nötig zu betonen, dass das nur ein Märchen ist! Jedenfalls war es aber der Grund, dass er selber sich mit drei Leitern von je 12 Fuß Länge beschwerte. A. F. Mummery

Der Grépon

Was mich betrifft, der ich in den Bergen keine Zwecke irgendwelch anderer Art als mich zu erfreuen verfolge, kann ich den großen Grépon-Grat jedem anempfehlen, denn nirgends kann man kühnere Türme, wildere Klüfte oder schreckhaftere Abgründe finden; nirgends eine herrlichere Aussicht auf Berge und Seen, auf nebeldurchwogte Täler und geborstenes Eis.
A. F. Mummery

Jeder Berg scheint drei Stadien durchzumachen – ein unmöglicher Gipfel, der schwierigste Berg der Alpen, an easy day for a lady.
A. F. Mummery

den Riss eingeklemmte Steintrümmer von höchst fraglicher Vertrauenswürdigkeit nachhalf. Etwas weiter oben kann man auf die Vorsehung schon eher verzichten, da rechts wirklich ausgezeichnete Griffe sind, obwohl man keuchend und erschöpft noch genug Mühe hat, sein Gewicht nach aufwärts zu treiben. Dann wurden die Stützpunkte zahlreicher, bis man endlich mit Armen und Kopf auf der Grépon-Seite hängt, während die Beine noch mit den letzten Schwierigkeiten der andern Seite kämpfen. Als ich so weit war, brachen meine Freunde unten in ein Triumphgeschrei aus.«

Ein Jahr später steigt Mummery noch einmal auf den Grépon. Dieses Mal ist es eine große Partie, die sich der Kletterei stellt. Die mutige Gesellschaft besteht aus Miss Bristow, Hastings, Slingsby, Collie, Brodie und Mummery. Es wagen sich ja immer mehr und immer schwächere Kletterer an die schwierigen Touren von gestern. Als ob mit der Zeit die Schwierigkeiten verloren gingen.

Mummery: »Miss Bristow zeigte uns alten Alpine-Club-Mitgliedern, wie man leicht und sicher über steilste Felsen klettert und während der kurzen Pausen, in denen wir anderen unsere Atemwerkzeuge wieder zur Ruhe brachten, fand sie noch Muße zu fotografieren … Wir gingen bis zur höchsten Spitze empor, winkten eventuellen Freunden, die uns von der Mer de Glace aus vielleicht beobachteten und beglückwünschten die erste Dame, die je auf diesem wilden Turm gestanden hatte.«

Was vor zehn Jahren noch als unmöglich gegolten hat, ist damit zur »Damentour« geworden!

Trotzdem, wegen der schlechten Eisverhältnisse ist diese Tour eine der schwersten in Mummerys Leben geblieben. Aber das Eis des »unmöglich« am Grépon ist für alle Zeiten gebrochen und die Furcht der Kletterer, diese Spitze anzugehen, wird mit jeder weiteren Besteigung schwinden. Bis die Besteigung des Grépon zur »leichten Klettertour« im Bewusstsein der besten Bergsteiger wird. Nicht der Fels, unsere Einstellung dazu ändert sich. Als ob mit der Zeit und mit dem Meistern immer größerer Schwierigkeiten das Unmögliche in unserer Vorstellung eine Veränderung erführe.

DIE ANFÄNGE

BIS 1881

DIE HEIMAT DES FELSKLETTERNS

Cowboy beim Seilwurf

Das Unmögliche ist oft das, was noch niemand versucht hat.
J. W. von Goethe

Nein, nicht nur auf den Britischen Inseln, im Elbsandsteingebirge oder in den Felsen hoch über Karimabad im Hunza-Tal wurde seit Jahrtausenden geklettert. Weltweit, überall dort, wo Schäfer oder Holzfäller zwischen Felsen ihrer Arbeit nachgehen, wird man dann und wann gezwungen gewesen sein zu klettern. Um den Tieren nachzusteigen, eine Felsspitze zu erreichen oder einen Baumstamm umzusägen, der an exponierter Stelle stand.

Mit dem modernen Alpinismus, einer Bewegung, die in den Alpen mit der Besteigung des Mont Blanc beginnt, wird das Felsklettern zu einer Art Pflichtübung. Viele Aufstiege auf die hohen Alpengipfel sind ja nur über kurze Felspassagen zu erreichen. Klettern also als Mittel zum Zweck. Man musste im Fels klettern können, um hinaufzukommen, also jenes begehrte Ziel zu erreichen, das Erfüllung und Anerkennung verhieß. Mich interessiert hier aber nicht dieses Darüber-hinweg-Klettern, mir geht es ums Felsklettern als Selbstzweck und damit ums Unmögliche. Erst mit dem Klettern um des Kletterns willen schaffen wir uns Herausforderungen anderer Art als die sichtbaren Gipfel, die es zu erreichen gilt. Klettertouren entstehen zuerst in unserem Geist, und die tragende Komponente für die Weiterentwicklung der Kletterkunst war und bleibt das Unmögliche. Zuerst galt es, »unmögliche« Zugänge zu meistern, dann »unmögliche« Gipfel zu erreichen, später Kletterstellen zu überwinden, die Vorgänger als unmöglich gemieden haben. Steigerbar ist das Felsklettern nur mit dem Versuch, dort weiterzuklettern, wo andere ihr »Unmöglich« eingestanden, ihre Grenze erkannt haben. Ja, das Felsklettern ist ein faszinierendes Spiel. Schon am Beginn des 19. Jahrhunderts kletterten Briten in Wales, in Schottland und im Lake Distrikt an schwierigen Cliffs. 1826 bereits gelangen John Atkinson of Emmerdale schwierige Felspassagen und gegen Endes des Jahrhunderts haben Bergsteiger wie Professor Norman Collie, Cecil Slingsby und allen voran Albert Frederick Mummery »daheim« für ihre großen Bergfahrten in den Alpen, in Norwegen oder im Himalaja geübt. Klettern an den heimatlichen Cliffs war also Übung und Selbstzweck, Vergleichsspiel und Training.

Anders im Elbsandsteingebirge. Als am 19. März 1848 der Kaminkehrergeselle Sebastian Abratzky 18-jährig über eine mehr als 100 Meter hohe Felswand in die Festung Königstein einsteigt, tut er es, um sich einen »billigen« Zugang zu einer Sehenswürdigkeit zu verschaffen. Vielleicht auch aus Übermut. Dabei zeigt er nicht nur eine bewundernswerte Fertigkeit im Kamin- und Rissklettern, sondern die Gabe, sich mit der Problemstellung zu identifizieren. Eine Gabe, die allen guten Kletterern eigen ist.

Unser Schornsteinfeger kennt zwar »Furcht nur dem Namen nach«, die Zeit aber wird ihm entsetzlich lang. Er rafft sich auf, klettert weiter. Zurück kann er nicht. Der Riss aber wird einmal enger, Abratzky kann sich kaum hindurchwinden; dann weiter, und er kann sich kaum noch verkeilen. Ihm ist, als ob er schon tagelang in diesem Spalt stecke. »Wenn ich ausgleite? – Rettungslos bin ich verloren! Ich schaue empor, ob ich bald am Ziele bin. Der Riss windet und krümmt sich, ich kann das Ende nicht erblicken.« Also weiter, rasch höher! Der Spalt wird so breit, dass er ihn nicht mehr ausspannen kann. Also kann er auch nicht weiterklettern. »Kalter Schweiß rinnt mir über die Stirn. Ich kann nicht weiter. Ich bin verloren, und aus der Tiefe schaut der Tod zu mir herauf. Jeder Nerv spannt sich«. Er schwingt sich an die Außenseite des Risses, klettert, beugt sich vor und schaut, wie er sich retten kann. Ein Felsvorsprung vor ihm könnte die Rettung sein. »Ich hatte mich wieder

Cliffklettern in England

Erst seit etwa 1875 wurden vereinzelte Ersteigungsversuche gemacht und an einigen der weniger abschreckenden Felsen auch glücklich durchgeführt. Dabei handelte es sich aber nicht immer um Klet-tereien im heutigen Sinne, sondern zur Überwindung der Schwierigkeiten wurden manchmal auch Steinstufen, Leitern und Holzspreizen, ähnlich wie bei wirklichen Wegbauten, angebracht.

G. A. Kuhfahl

Ob Sie schon einmal einen Schornsteinfeger haben steigen sehen? Wir gebrauchen dabei besonders das Knie, stemmen es gegen die Vorderwand, mit dem Rücken lehnen wir uns fest an die Hinterwand und schieben uns so die Esse hinauf. Die Hände gebrauchen wir dabei weniger, die haben mit Besen zu tun. Auf diese Weise stieg ich im Risse in die Höhe. Sebastian Abratzky

Kletterlatein?

gefasst. Langsam griff ich hinüber; gleich eisernen Klammern gruben sich meine Finger in die Felsenkante. Jetzt fühlte ich, dass die Hände fest ruhten, und zog nun den Körper allmählich nach. So hing ich an der steilen, gegen 400 Fuß hohen Felsenwand da, mich nur auf die Kraft meiner Finger verlassend. Wider Willen zwang es mich, in die Tiefe zu schauen; ich konnte sie nicht mit den Augen ausmessen. In diesem Augenblicke der höchsten Gefahr war ich am besonnensten, ich wusste, dass ich das Letzte wage. Eine Hand der anderen nachgreifend und so mit gebogenen Armen weiterklimmend, gelang es mir, mein Ziel zu erreichen.«

Abratzkys Bericht ist ein frühes Zeugnis gewagter Freikletterei und trotz aller Heldentümelei recht ehrlich. Leider bleiben selbstkritische Schilderungen des Freikletterns bis in unsere Tage die Ausnahme. Nur sie wären es, die unser Tun als selbstverschwenderische Kunst im Höherkommen zwischen Versuch und Scheitern auch für Außenstehende verständlich machen könnten.

Bevor im Elbsandstein die Rahmenbedingungen für eine nachhaltige Entwicklung des Freikletterns diskutiert wurden, legten »Eroberer« ihre Spuren, denen es um die Gipfelbesteigung und nicht um das »Wie« ging. Die Falkenstein-Ersteigung mit Leitern, Holzsprossen und fixen Seilen am 6. März 1864, durchgeführt von Schandauer Turnern, ist sicher nicht die Geburtsstunde des Sächsischen Bergsteigens. Das »Sächsische Bergsteigen« setzt dann ein, als bewusst »ohne jedes Hilfswerkzeug« geklettert wird.

Parallel dazu wird in England und vor allem in den Alpen ein neuer Zugang zur Felsenwelt gesucht: »führerlos« und »by fair means«. In stillschweigender Übereinkunft wird damit die Basis für ein Tun gelegt, das einzigartig bleiben wird.

Zuerst werden im Mont-Blanc-Gebiet neue Herausforderungen gesucht und gefunden: an Felstürmen, die Whympers Generation nicht schaffte. Die Aiguille du Dru zum Beispiel, der Felsobelisk neben der Aiguille Verte, erscheint den Bergsteigern in der Mitte des 19. Jahrhunderts unmöglich. Am 1. September 1878 aber gelingt Kaspar Maurer und dem unverwüstlichen Alexander Burgener mit den Briten Clinton T. Dent und J. W. Hartley die Besteigung des Grand Dru. Jean Charlet-Straton aus Chamonix gelingt zusammen mit Frédéric Folliguet und Prosper Payot ein Jahr später die Besteigung des niedrigeren und sehr schwierigen Petit Dru. Im Abstieg wird dabei an senkrechten Stellen erstmals systematisch eine Abseiltechnik mit Doppelseil verwendet.

Ein weiterer »Schlüssel-Berg« ist die Dent du Géant, ein »Riesenzahn« an der Wasserscheide des Massivs. Zwar nur ein Turm von bescheidener Höhe, aber unnahbar. 1871 starten Edward E. Whitwell und die Bergführer Christian und Ulrich Lauener aus Lauterbrunnen einen ersten Versuch. »Unbegehbar!«, ist ihr Urteil. Dann folgt ein Versuch von Jean Charlet-Straton mit einer italienischen Gruppe. Mit Hilfe einer Rakete wollen sie ein Seil über den Gipfelgrat der Dent du Géant schießen. Es gelingt nicht. 1880 wagen Mummery und Burgener einen Versuch. Vom Col du Géant erreichen sie die Schneefläche am Fuß der Felsnadel und steigen über die Nordwestwand etwa 50 Meter bis zum Beginn einer Platte auf, die den Weg versperrt. »Absolutely inaccessible by fair means«, urteilt Mummery. Dieses »Mit fairen Methoden absolut unersteigbar« bleibt der Schlüsselsatz der gesamten Kletterentwicklung.

Albert Frederick Mummery ist 35 Jahre alt, als er Richtung und Ziel des Kletterns festlegt. Im Gegensatz zum »Eroberer des Matterhorns« Whymper kann er seine Seilschaft auch führen. Erstbegehungen selbstständig planen und zu Ende bringen will er. Seit der Erstbesteigung des Matterhorns und der Aiguille Verte sind nur 15 Jahre vergangen. Mummerys Einstellung zum Bergsteigen ist eine radikal veränderte. Weniger das »Wo« und »Wohin« sind ihm wichtig, ihm geht es ums »Wie«. Das Ziel ist eine Idee und diese wandelt sich zunehmend zu einer Vision. Er will keinen wissenschaftlichen oder topografischen Beitrag leisten, auch nichts lehren, sein Alpinismus soll reines Spiel sein. Das Matterhorn besteigt er über den schwierigen Zmuttgrat, am Mont Blanc kehrt er um, weil er die lange Schneehatscherei nicht mag: »eine Beschäftigung, die mich an die ›Diszipliniermühle‹ erinnert, in der die englischen

Dent du Géant

Konsequenter begann man den Verzicht auf künstliche Hilfen seit den achtziger Jahren des 19. Jahrhunderts im Elbsandsteingebirge wie in den Mittelgebirgs- und Inselrandwänden Großbritanniens zu betreiben. Mit dem Begriff »fair play« lieferte britischer Sportgeist die Grundlage für das, was Preuß und Fehrmann in den Jahren unmittelbar vor dem Ersten Weltkrieg auf dem Gebiet des Bergsteigens wohldurchdacht fortentwickelten und formulierten.   Fritz Wiessner

Der ästhetische Wert eines Aufstieges kommt meist dem Grade seiner Schwierigkeit gleich.   A. F. Mummery

Ich gebe natürlich zu, dass die Wissenschaft einen höheren sozialen Wert hat als der Sport, womit aber die Tatsache nicht aus der Welt geschafft werden kann, dass Bergsteigen Sport ist und durch keine wie immer geartete Methode in Geologie oder Botanik oder Topographie umgewandelt werden kann.

A. F. Mummery

Zuchthäusler gezwungen sind, ohne Pause zu arbeiten«. Sein Bergführer, der beste aus dem Wallis, Alexander Burgener, lässt seinen »Kunden« oft »vorgehen«.

Am 5. August 1881 gelingt Mummery, Burgener und Venetz die Erstbesteigung des Grépon. Die Schlüsselstelle ist ein glatter Riss, der etwa 15 Meter hoch ist. Er ist zwar heute unter dem Namen »Mummery-Riss« bekannt, aber es ist Venetz, der den Riss als Erster überwindet. Indem er abwechselnd die Hände und den linken Fuß im Riss verklemmt und die Reibung der glatten Platte auf der rechten Seite nutzt, zeigt er großes Kletterkönnen.

1892 führt Mummery seine Freunde John N. Collie, Norman Hastings und William C. Slingsby auf den Gipfel des Grépon, wobei er die berüchtigte Schlüsselstelle als Erster klettert. Damit hat sich Mummery endgültig von seinen Führern emanzipiert. Er ist zum Sprecher einer Szene von »führerlosen« Bergsteigern geworden.

Am 18. Juli 1882 erreichen die Führer Maquignaz mit italienischen Bergsteigern Mummerys Umkehrstelle an der Dent du Géant.

Sie verzichten auf Mummerys »by fair means«, schlagen Stufen in den Fels, bringen Haken und Seile an. Am 28. Juli erreichen die drei Maquignaz den Gipfel, am folgenden Morgen stehen vier Herren Sella auf der Spitze und wenige Jahre später wird ihre Route auf die Dent du Géant mit Hanfseilen abgesichert, so dass bei gutem Wetter jeder Sonntagsbergsteiger hinauf kann. Den »Führerlosen« aber gefällt dies gar nicht. Die Auseinandersetzung um die Werte im Reich »über den Wolken« hat begonnen.

Pioniere im Mont-Blanc-Granit

EMIL ZSIGMONDY AN DER
KLEINEN ZINNE

Albert F. Mummery und Emil Zsigmondy waren Brüder im Geiste. Beide waren leidenschaftliche Bergsteiger und begeisterte Kletterer. Mit ihnen reifte ein neuer Zugang zum Berg: das Klettern um des Kletterns willen. Beide lösten sich von ihren Bergführern, um »führerlos« oder »by fair means« zu steigen. Eigenverantwortung, schwierigste Wege und die Beschränkung in den Hilfsmitteln standen im Mittelpunkt ihrer Ethik. Mummery setzte diese Einstellung in den Westalpen durch, Zsigmondy zeitgleich in den Dolomiten.

Auch in den Dolomiten sind 1880 die meisten der höchsten Gipfel bestiegen. »Anders steht es mit den Felszacken, welche da und dort sich in ziemlicher Selbstständigkeit neben dem Hauptgipfel behaupten«, schreibt Emil Zsigmondy, und weiter: »Gar viele unter ihnen sind wie Nadeln gebaut und keines Menschen Fuß wird sie je betreten, wenn nicht künstliche Hilfsmittel, wie Eisenstifte oder Leitern, dazu verwendet werden. Die Kleine Zinne nun ist ein Felsgebilde, welches sich dem Anscheine nach in diese Kategorie einreihen lässt … Sie ist ein turmartiger Bau, der oben einen kleinen Aufsatz trägt. Sie fällt nach allen Seiten in Linien ab, welche von der Senkrechten nur um Geringes abweichen.« Wenn das keine Herausforderung ist?

Kleine Zinne, Gipfelwand

Emil Zsigmondy

Die drei kleinen Zinnen von Süden.
Links die Kleine Zinne

Zsigmondy: »Als ich im Jahre 1879 mit meinem Bruder Otto, meinem Freunde Dr. Kugy und dem Führer Michel Innerkofler die Höchste Zinne erstieg, äußerte ich zu dem letzteren, dass man der Kleinen Zinne vielleicht doch beikommen könne.« »Ja wenn'st Flügel hätt'st!«, soll Michel Innerkofler, der beste Dolomitenführer, geantwortet haben.

Zsigmondy: »Ich glaube nicht, dass er es ernst damit meinte, denn ein paar Jahre nachher erzwang er sich doch einen Aufstieg auf die unersteiglich scheinende Felsnadel.«

Mit seinem Bruder Hans war Michel seine schwierigste Erstbesteigung gelungen.

Innerkofler: »Schlechter als die Kleinste Zinne kann a Berg scho' nimmer sein, die is a Teifel.« Man muss sich das vorstellen! Die beiden Brüder klettern im Lodengewand, mit genagelten Schuhen an den Füßen und einem 20 Meter langen Hanfstrick. Viel mehr haben sie nicht. Michel Innerkofler aber ist ein geschickter Kletterer, ein Genie in der Orientierung.

Nun, Purtscheller, Köchlin und die Brüder Emil und Otto Zsigmondy wagen am 24. Juli 1884 eine Wiederholung dieses »teuflisch schwierigen« Weges. Von Süden her, aus dem

Winkel zwischen Großer und Kleiner Zinne, steigen die vier zuerst seilfrei empor. Unter der Gipfelwand angekommen, stehen sie plötzlich unter beinahe senkrechten Mauern aus Fels.

Zsigmondy: »Ein schmales Felsgesimse zog sich nach links. Es war so schmal, dass wir bloß auf die Weise darauf fortkommen konnten, dass wir uns mit der Brust gegen die Bergseite an den Felsen hielten und nun vorsichtig einen Fuß nach dem anderen weitersetzten. Nachher konnte man wieder bequemer gehen. Wir verfolgten das Band so lange, als dies möglich war. Jenseits erhoben sich die Wände der Höchsten Zinne in schauerlicher Glätte. In den senkrechten Felsenspalten hingen da und dort Eiszapfen herab. Nur kurz wohl ist die Tageszeit, zu welcher die Sonne die Wände der furchtbaren Felsenkluft zwischen der Kleinen und der Höchsten Zinne bescheint.

Unser Felsgesimse oder Felsband brach ab, wie ich mich durch eine Rekognoszierung überzeugte. Wenn wir überhaupt auf dem rechten Wege waren, musste es gerade aufwärts gehen. Der Felsabsatz über unserem Bande war aber überhängend, freilich war er nicht hoch. Ich stieg auf die Schultern eines Gefährten, worauf ich oben einen Griff erreichen konnte, der dazu geeignet war, mich an ihm hinaufzuschwingen. Mit einiger Anstrengung gelang mir dies. Ich kletterte nun noch einige Meter aufwärts, bis mir ein Felsband einen ebenen Stand gewährte, dann warf ich das Seil hinab, mittels dessen meine Gefährten heraufkletterten.

Auf Felstouren ist es meistens ziemlich leicht, mit dem Seile einem anderen Hilfe zu geben. Entweder befestigt man das Seil um einen höher oben befindlichen Vorsprung, und der andere klettert nun daran herauf, wie ein Turner an einem festen Seile, oder der andere hat das Seil um den Leib gebunden und der Obenstehende zieht, sowie der untere, der die Felsen beim Klettern erfasst, sich ihm nähert, stets ein Stückchen Seil um das andere ein.«

So also wird jene Sicherungstechnik entwickelt, die dem Seilzweiten, wenn auch in verfeinerter Form, heute noch zukommt.

Michel Innerkofler

Ludwig Purtscheller

Immer mehr und mehr gestalten sich die Alpen zu einem großen Erholungs- und Pilgerfahrtziele der modernen europäischen Welt.

Ludwig Purtscheller

Rechte Seite: Bettega an den Felswänden des Cimone della Pala

Zsigmondy: »Oft ist ein geeigneter Vorsprung vorhanden, um den das Seil gelegt werden kann, was das Halten sehr erleichtert, da dann der Zug, den der Obenstehende auszuhalten hat, bedeutend abgeschwächt wird.«

Es folgen mehrere senkrechte Felskamine, welche der Partie ziemlich große Schwierigkeiten bereiten, und dann der Gipfelturm mit der Schlüsselstelle.

Zsigmondy: »Endlich traten wir auf einen schmalen Felsgrat hinaus. Er strich von Süden nach Norden, und an seinem nördlichen Ende erhob sich turmartig noch der oberste Aufbau. Wir standen betroffen da. So gewaltig hoch und steil hatten wir uns denselben nicht vorgestellt.« Nur das Wissen, genauso gut wie die Erstbegeher klettern zu können – also eine gute Portion Selbstsicherheit – lässt Emil Zsigmondy nicht verzagen. Die Ausgesetztheit ist groß und ein Sturz des Seilersten könnte hier nicht abgefangen werden. Also muss »sicher« geklettert werden. Dazu kommt, dass kein lockerer Stein losgetreten werden darf.

Zsigmondy: »Nun blieb noch die letzte und größte Schwierigkeit zu bewältigen. Der Riss, durch welchen wir hinan mussten, um endlich zum Gipfel zu gelangen, war in seinen unteren Teilen durch einen überhängenden Kamin abgesperrt. Ich kletterte ganz nahe heran und war von Purtscheller unterstützt, so gut dies ging. Endlich hatte ich mich durch den Kamin hinaufgearbeitet. Ich fasste nun fest Posto, und an dem Seile, welches ich um den Leib gebunden hatte, konnte Purtscheller nachkommen. Während er dann den anderen mittels des Seiles heraufhalf, kletterte ich weiter im Riss aufwärts. Ich musste dabei äußerst vorsichtig sein, um nicht irgendeinen der lockeren Steine hinabzuwerfen, da dieselben unfehlbar meine Gefährten getroffen hätten. Es war noch immer recht steil zu klettern. Jetzt noch ein Griff, ein Schwung, und ich stand um neun Uhr achtzehn Minuten neben den beiden kleinen Steinmännchen und blickte jenseits in die Tiefe.«

Alle folgen und die »schwierigste« Dolomiten-Kletterei der damaligen Zeit liegt hinter ihnen.

FÜHRERLOS

1882–1898

KLETTERN UM DES KLETTERNS WILLEN

W. P. Haskett-Smith

In England, damals das entwickeltste Industrieland der Erde, kommt das »Klettern um des Kletterns Willen« zuerst zum Tragen. 1882 schon setzt der junge Haskett-Smith seine Ideen um und klettert schwierige Routen auf der Insel. Bald aber verblasst das Interesse an diesen Cliffklettereien wieder, die Eroberung der Alpengipfel hat immer noch Priorität.

Anders in Sachsen. Noch vor der Jahrhundertwende werden im Elbsandsteingebirge bedeutende Felsen erklettert: Falkenstein-Schusterweg (1892), Meurerturm-Südweg (1894) und Bloßstock-Wenzelkamin (1899). Die Aufstiege folgen meist Kaminen oder breiten Rissen und sind schwierig zu klettern. Bereits in dieser Phase erhält das Elbsandsteinklettern seine erste klare Prägung, die sich – wenn auch nicht kontinuierlich – weltweit durchsetzen wird. Oscar Schuster und sein Freundeskreis sind es, die das Felsklettern als Kunst mit sportlichem Zuschnitt betreiben. Sie sind es auch, die stillschweigend erste Regeln akzeptieren. Dazu entwickeln sie eine Schwierigkeitsskala von I bis III, verwenden Kletterschuhe mit Hanfsohlen und legen eine Gipfeldefinition fest, die allerdings großherzig ausgelegt wird.

Es ist in erster Linie Oscar Schuster, der sich nach ersten Verirrungen – er arbeitet mit allerlei Steighilfen – für das Klettern ohne künstliche Hilfsmittel einsetzt und die Ethik des Elbsandsteinkletterns in die Alpen trägt. Den Brüdern Friedrich und Reinhard Meurer gelingt 1892 die erste faire Begehung des Turnerweges am

Falkenstein. Der berühmte Schusterweg am gleichen Felsen wird im selben Jahr erstbegangen, leider nicht ohne Kletterhilfen. Nach einem gescheiterten Versuch unternimmt Schuster mit Klimmer aus Dresden im September 1892 dann einen zweiten Versuch, den Falkenstein zu erklettern. Diesmal von Nordwesten. Aber der Fels ist nass und der Versuch scheitert. »Vielleicht ist ein Hinaufkommen ohne künstliche Hilfsmittel sogar ganz ausgeschlossen«, sagt sich Schuster, nachdem er es – vergeblich – mit einer Leiter versucht hat.

Am 27. September 1892 endlich gelingt die erste Besteigung des Falkensteins über die Ostwand. Klimmer und Schuster erklettern den glatten Kamin und crreichen das erste Band. Dieses verfolgen sie in nördliche Richtung bis unter glatte Platten. Unmöglich? Nein, sie holen die unter der Wand gebliebene Leiter, legen sie an die Platten und versuchen ihr Glück. Die Leiter reicht zwar nur fünf Meter hoch, darüber beginnt schwierige Kletterei, aber eine erste Schlüsselstelle ist überwunden.

Direkt aufwärts kletternd erreichen sie ein zweites Band, über dem die Wand überhängt. Über die Nordostseite – Platten, Überhänge, eine Rinne, wieder ein horizontales Band, schmale Grasbänder – ist das Hinaufkommen möglich. Ein Stück weit geht es im Reitsitz weiter – »das rechte Bein hängt frei über eine Riesenplatte hinab« –, dann durch eine Nische mit guten Griffen bis zu einem Absatz und weiter durch einen Riss und über ein schmales Band zum Gipfel.

In diesen Jahren gelingen in den Dolomiten ebenso schwierige Erstbegehungen. Robert Hans Schmitt und Sepp Innerkofler sind die besten Felskletterer. 1890 schon steigt eine Seilschaft durch die Nordwand der Kleinen Zinne: Veit Innerkofler, Dr. Helversen und Sepp Innerkofler, der auf dem Nordwandsattel auf die anderen gewartet hat. Nachdem er den größten Teil der Wand für eine Auskundschaftung im Auf- und Abstieg und in Nagelschuhen allein geklettert hat, ist er von der Gangbarkeit der Wand überzeugt. An einigen Passagen steigt Veit voraus. Sepp unterstützt ihn; indem er ihn auf Schultern, Kopf und Hände steigen lässt. Die Gipfelwand

Kletterer an einem Dolomitturm

Nach Verwendung künstlicher Hilfsmittel am Beginn seiner bergsportlichen Laufbahn kam Oscar Schuster zunehmend davon ab und wurde zum damals wesentlichsten Verfechter für ein »sportlich einwandfreies«, hilfsmittelloses Klettern im Elbsandsteingebirge. Auf ihm aufbauend, war es schließlich Rudolf Fehrmann, der die Hilfsmittellosigkeit im Sächsischen Bergsteigen vollends durchgesetzt hat. Dietrich Hasse

Sepp Innerkofler

Diejenigen, die ohne Führer Hochtouren ausführen, müssen dieselben Eigenschaften besitzen, wie die Führer. Eine allgemeine Bergkenntnis, eine gute Orientierungs- und Beobachtungsgabe, Gewandtheit im Klettern. Ludwig Purtscheller

Die Bedeutung dieser Besteigung, deren Schwierigkeiten die aller bis dahin begangenen Dolomitenwege wohl merklich übertrafen, wurde zunächst nur in engerem Kreise richtig eingeschätzt. Besonders in den Kreisen der Führerlosen wurde der Tour nicht die richtige Würdigung zuteil, und gerade in den Jahren, in denen die schweren Elitetouren der westlichen Dolomiten in die Mode kamen und von zahlreichen Führerlosen begangen wurden, hat mit einer Ausnahme keine führerlose Partie den Weg zur Nordwand der Kleinen Zinne gefunden. Adolf Witzenmann

ist rasch erklettert, was auf die Überlegenheit der Innerkoflers schließen lässt. Sepp Innerkofler begründet mit dieser Leistung endgültig seinen Ruhm: ein Meister der Kletterkunst. Seine Route bleibt jahrelang – wie einst der Weg von Michel Innerkofler für diesen – sein Privileg. Mehr als dreißigmal wird er ihn als Führer begehen.

In diesen Jahren schon sind manche Bergführer, die des Kletterns wegen klettern, auf eine Stufe mit den Führerlosen zu stellen – und dies gilt bis heute. Vielfach klettern Bergführer ihre schwierigsten Touren nicht als Führungstour, sondern aus eigenem Antrieb. Sie sind also Führer und Führerlose zugleich.

Als Victor Wolf von Glanvell sich dazu hinreißen lässt, seine Begehung der Kleinen-Zinne-Nordwand als die erste »führerlose« ins Gipfelbuch einzutragen, kommt es zum Streit. Da sein »Führer«, Trenker-Hauser, der alles vorgestiegen ist, nicht autorisiert ist, sieht sich von Glanvell im Recht. Um den Angriffen die Grundlage zu nehmen, klettert er zwei Jahre später als Seilerster »führerlos« durch diese Wand und setzt damit dem Streit ein Ende und den Beginn seiner beispiellosen Aktivität.

Auch im Allgäu vollzieht sich in den Jahren um 1890 eine Entwicklung, die das moderne Bergsteigen prägt: die Erstbegehung sehr schwieriger und gefährlicher Klettertouren. Höhepunkt dabei ist die Klettertätigkeit von Josef Enzensperger, der am 16. September 1894 zusammen mit seinem Bruder Ernst und mit Karl Neumann-Amberg die Erstbegehung der Trettach-Südwand schafft, die zu den schwierigsten Routen jener Zeit zählt.

JOSEF ENZENSPERGER IN DER TRETTACH-SÜDWAND

Nach der ersten Durchsteigung der Trettach-spitze-Südwand in den Allgäuer Alpen 1894 – die schwierigste Felskletterei ihrer Zeit! – schreibt Josef Enzensperger: »Heutzutage kann man in der Saison in gewissen Gebieten der Ostalpen, wie den Dolomiten, dem Zillertal und der Ortler-Gruppe, keine Tour mehr machen, ohne alle Augenblicke Gefahr zu laufen, dass man sich auf ein Steigeisen niederlässt, an dem Eispickel seines Nebenmenschen sich spießt, von einer liebenswürdigen vorankletternden Partie ein Dutzend Steine jeglichen Kalibers auf den Kopf bekommt und dergleichen unangenehme Dinge mehr erfährt. Die Wege sind besät mit verfaulten Überresten von Kletterschuhen, an jedem Berge hat irgend jemand ein oder mehrere Seile hängen lassen, die schwersten Gipfel sind durch die Haufen von Eierschalen, Glasscherben, Wurstpapieren, die dort in friedlicher Eintracht beieinander liegen, nicht unbeträchtlich erhöht worden. Es wimmelt da oben förmlich von Hochtouristen und solchen, die es sein wollen, auf alle möglichen und unmöglichen Berge, auf allen ›vernünftigen‹ und ›unvernünftigen‹ Routen gehen sie – oder werden sie hinaufgezogen. Dann gibt es wieder andere Gegenden, die vielleicht viel bequemer zu erreichen sind als jene, in die sich aber doch nur höchst selten der

Die Trettachspitze. Im linken Drittel die Südkante, im Rinnensystem knapp rechts davon verläuft die Südwand-Route

Auf diesem Berge hat der hochalpine Gedanke von mir Besitz ergriffen, damals war mir der Sinn für den unendlichen Reiz aufgegangen, den die Schwierigkeiten der Alpenwege auf einen frischen, tatenfrohen Geist ausüben. Josef Enzensperger

Josef Enzensperger in der Trettachspitze-Südwand

Es muss doch immer das Richtige sein, die schwersten Wege auf die schwierigsten Gipfel zu versuchen und die Schutthaldenwege den anderen zu überlassen. A. F. Mummery

Fuß eines solchen exklusiven Hochtouristen verirrt, und es wird noch lange dauern, bis sich auch dorthin der Strom der eigentlichen Alpinisten ergießt. So kennt auch das Allgäu alle Arten von Sommergästen, nur eine fehlt fast gänzlich: der wirkliche Hochtourist.«

Als Grasberge und Mugel abgetan, gelten die Allgäuer Alpen nicht viel bei der Zunft der besten Kletterer. Anders der gewaltige Turm der Trettachspitze, »der sich kühn und drohend in die Lüfte streckt, ein Landschaftsbild von solcher Großartigkeit schaffend, dass sich wenige in den Kalkalpen mit ihm messen können«. Enzensperger liebt seine Felsenheimat und er ist ein Spieler. Wie alle Neuerer hat er die Gabe zu wagen:

»Im Vorjahre war ich in der Trettachscharte zwischen Trettachspitze und Mädelegabel gestanden und hatte damals noch ratlos den Kopf geschüttelt, so gewaltig und unnahbar ragte, zum Greifen nahe, die Südwand der Trettach vor meinen staunenden Blicken empor. Damals wurde in Münchener Freundeskreisen das Problem vielfach diskutiert; aber nachdem einige Versuche ohne Resultat verlaufen waren, brach sich immer mehr – auch bei mir – die Überzeugung Bahn, dass hier nichts zu holen sei. Indes, ich hatte mir das Versprechen gegeben, einen letzten Versuch zu machen, und das kostete mich ja nichts; denn ich gehöre nicht zu den sonderbaren Leuten, die eine alpine Niederlage als Schande betrachten.«

Ja, nur wer das Scheitern akzeptiert, kann sich im Rhythmus »Versuch und Irrtum« an die Grenze des Machbaren herantasten.

Am 16. September 1894 steigen Josef Enzensperger, sein Bruder Ernst und Karl Neumann-Amberg über den Südwestgrat auf die Mädelegabel. Die Gipfelrast widmen sie einem eingehenden Studium der Trettach-Südwand, die in Luftlinie drei- bis vierhundert Meter entfernt ist. Ihr Ziel »sieht ganz anders aus als so ein dünnwandiger, ruinenhafter Dolomitturm, von dem man glauben möchte, dass er unter dem Gewicht des Ersteigers zusammenbrechen müsste; nein, eine festgefügte runde Riesensäule mit blanken Plattenwänden, aber auch in ihrer trotzigen Wucht noch zierlich und von edelstem Ebenmaße, so strebt sie in die Lüfte empor, von dieser

Seite das Ideal eines imponierenden Berges … Ohne jede Gliederung stürzt die kolossale Wand vom Gipfel in die Tiefe; nur ein sehr kundiges Auge vermag aus der helleren Färbung des Gesteins zu schließen, dass in der Mitte eine bandartige Zone von etwas geringerer Neigung eingebettet ist. Aber wie zu dieser Zone gelangen? Die hundert Meter von der Scharte bis zu ihrem unteren Ende, vollkommen senkrecht und unheimlich glatt, scheinen jede Aussicht auf den Sieg zu vernichten. Hier kann nur ein Versuch entscheiden; eine verbissene Energie war über uns gekommen, wenn auch das Hoffnungsthermometer auf Null gesunken war.«

Der Versuch soll entscheiden, ob die Wand möglich ist. Gelingt er, wird es eine Kletterei, mit der sich keine andere messen kann. »Ich gestehe«, erzählt Enzensperger, »wenn wir uns nicht geschworen hätten, Hand an die Wand selbst zu legen, so hätte ich es wenigstens hier schon aufgegeben, nicht aus Mangel an Mut, sondern weil ich es für aussichtslos hielt; so aber eilten wir über die Zacken der Scharte hinweg. Direkt vom Ende der Scharte ist die Wand unangreifbar, da sie in kolossalem, gelblichrotem Überhang auf derselben ansetzt; aber nach rechts führt ein Riss auf einen schmalen, losgesprengten Felspfeiler, der weit in die Wand hinausgebaut ist.

Wir gehen ohne Zaudern ans Werk. Vorzüglich trainiert, wie ich war, und in ausgezeichneter Disposition, erbat ich mir die Ehre des Vorantritts. Ich war entschlossen, das Äußerste, was ich noch verantworten konnte, zu wagen. Die Rollen wurden verteilt, die Seile bereit gehalten und die Schuhe ausgezogen. Ich hatte meine Kletterschuhe vergessen und kletterte daher in Strümpfen, worüber ich nachträglich sehr froh war; denn ich glaube nicht, dass ich in Kletterschuhen die Wand überwunden hätte. Der Überhang mit dem dieselbe sich sofort über dem Pfeiler aufbaut, hinderte uns an einer genauen Rekognoszierung, und so schätzten wir die Distanz bis zum ersten Ruhepunkt viel zu niedrig, ein böser Fehler, der leicht schlimme Folgen nach sich hätte ziehen können.

Wir haben zwei Seile in der Gesamtlänge von fünfundvierzig Metern, ich binde jedes extra um die Hüften. Neumann in seinem

Josef Enzensperger

Der Aufstieg vollzieht sich durch einen Kamin auf einen schmalen Felspfeiler, der weit in die furchtbare, wohl 600 Meter unvermittelt in die wilden Gräben abstürzende Wand hinausgebaut ist. Die über diesen Felspfeiler sich erhebende Plattenwand ist von äußerster Schwierigkeit und bietet erst nach 38 bis 40 Metern Höhe den ersten kleinen Ausruh- und Versicherungspunkt.

Josef Enzensperger

Ich möchte jedermann, der seiner Kraft und vor allem seiner Zähigkeit und Gewandtheit nicht vollkommen sicher ist – und man gibt sich da nur zu leicht einer Selbsttäuschung hin –, aufs eindringlichste vor einem Versuche an dieser Wand warnen.

Josef Enzensperger

Der neue Sport blieb bis etwa zum Jahre 1902 auf wenige Dutzend Liebhaber beschränkt und die Öffentlichkeit erhielt nur selten Kenntnis davon. Die örtlichen Verhältnisse befördern eine solche Zurückgezogenheit, denn die Mehrzahl der Kletterfelsen liegt abseits von den gewöhnlichen Touristenwegen und ihre Einstiege waren nur auf versteckten Waldpfaden dem Kenner zugänglich. Auch haben sich die damaligen Kletterer nicht sonderlich beeilt, eine lärmende Propaganda für die Sache zu machen und ihre persönliche Liebhaberei zur öffentlichen Heldentat zu stempeln.

G. A. Kuhfahl

ausgeprägten Solidaritätsgefühl befestigt die beiden anderen Enden an sich und verkeilt sich in den Riss, durch den wir heraufgeklettert waren, während mein Bruder als Beobachtungsposten an die äußerste Kante des Pfeilers tritt. Es war halb zehn Uhr, als ich Hand an die Felsen legte. Ich trete auf die horizontale Kante einer vom Fels etwas losgesprengten Platte und quere nach rechts, da dort die Neigung noch am wenigsten über die Lotlinie hinausgreift, aber da wird schon der erste Versuch, mich zu erheben, abgeschlagen – nirgends ein Griff! Dafür ersehe ich hier besser die unheimliche Beschaffenheit der Wand; im Durchschnitt ist sie wohl achtzig Grad geneigt, sodass man den Kopf weit ins Genick zurücklegen muss, um zu ihr aufzublicken, stellenweise hängt sie über, und nicht genug mit diesen schönen Eigenschaften, besitzt sie zu alledem noch den ungünstigsten Charakter, der dem Kletterer überhaupt entgegentreten kann: nach unten abbrechende Plattenlagen, die wie riesige Dachziegel übereinandergreifen. Diese Formation musste von vornherein ungemein weit auseinanderliegende und spärliche Griffe und noch schlechtere Tritte bedingen. Neumann machte mich aufmerksam, dass es vielleicht weiter links besser gehen werde, wenn ich einmal eine Höhe von fünf bis sechs Metern gewonnen haben würde; da oben sehe er etwas, was wie eine kleine Leiste ausschaue. Ich traversierte zurück und griff den Überhang da an, wo er am stärksten war; hier war wenigstens eine Idee von Griffen vorhanden. Die paar Meter zu der Leiste hinauf sind ungemein schwer und anstrengend, da die höchst spärlichen Griffe aus winzigen ›Nasen‹ bestehen, die man nur mit Daumen und Zeigefinger fassen kann; ein vertikaler Riss, in dem sich kein Griff befindet, muss zum Verklemmen des linken Fußes dienen, während der rechte untätig in der Luft baumelt. Weiter oben greift, wie gesagt, eine horizontale, wenige Zentimeter breite Leiste in den noch stärker werdenden, nunmehr ganz unpassierbaren Überhang hinein. Da sie grifflos ist, ist es sehr schwierig und erfordert peinlichste Beobachtung des Gleichgewichtes, sich an ihr aufzustützen und mit gestützten Händen unter dem Überhang nach rechts zu hangeln. Nunmehr befindet man sich nicht mehr über dem Pfeiler, sondern frei in der vierhundert Meter hoch ohne jede Gliederung abstürzenden Wand. Es folgt eine sehr schlechte Traverse nach rechts, teilweise nach abwärts. Die Neigung der Platten, die ich dann nach links aufwärts erklettere, wird etwas geringer, dafür der Fels unheimlich glatt. Ich klettere mit äußerster Vorsicht höher und höher, bis neue Überhänge an die Zähigkeit der Finger die höchste Anforderung stellen. Auch sie werden überwunden, noch immer ist an der furchtbaren Wand kein Ende abzusehen – da ertönt von unten der Ruf: ›Nur noch drei Meter Seil!‹ Jetzt rächt sich, dass ich beide Seile umgeknüpft habe. Was tun? Retourklettern? Unmöglich! Mit einer Hand loslassen und das eine Seil abknüpfen? Bis jetzt habe ich nicht einen einzigen Tritt gehabt, der mehr als Fingerbreite gemessen hätte – also auch unmöglich. Nur ruhig Blut! Im Notfall muss ich eben weiter und die Seile nachschleifen, bis ich stehen kann. Ich strecke mich und schaue umher, um mich ja nicht in eine Sackgasse zu verklettern, da fällt mein Blick links auf – was ist das? Hurra! ein echter veritabler Tritt! Nie in meinem Leben habe ich einen solchen freudiger begrüßt als hier. Er ist zwar nur so groß wie eine Hand, aber wunderbar eben, und ich bin durch das Vorhergehende nicht verwöhnt. Im Nu bin ich drüben; die rechte Hand klammert sich an den senkrechten Felsen fest, ich stehe auf dem linken Bein und strecke das rechte in die Höhe – ›wie eine Gans‹, werden sich die Beobachter drüben gedacht haben. Der Seilknoten, den ich mit der linken Hand zu lösen suchte, zeigte sich selbstverständlich möglichst hartnäckig. Indes ›mit viel Geduld und wenig Behagen‹ wurde ich damit doch fertig; das Seil flog hinab, im Nu hatte es Neumann an das andere befestigt und ›Weiter!‹ erscholl es von unten. Es war ein erlösender Ruf, denn allmählich fing der einseitig angestrengte Fuß doch zu erlahmen an. Wenn nur die verfluchte Wand ein Ende nähme! Ich komme wieder in enorm schweres Terrain. Wie die Finger sich festkrallen in den winzigen Rissen und der ganze Körper unter der Anstrengung bebt! Endlich, endlich ein wirklicher Riss, der sogar eine entfernte Ähnlichkeit mit einem

Fünffingerspitze: Am 4. September 1891 fand Norman-Neruda mit Führer Christian Klucker aus Sils im Engadin einen vollständig neuen Zugang von der Nordseite, am 9. September 1891 der Engländer Wood mit den Führern Bernard, Barbaria und Fistill den so genannten Daumenschartenweg. Am 28. August 1895 führten die Herren Oscar Schuster und Friedrich Meurer aus Dresden die Ersteigung auf einem neuen Weg durch die Felsen der Nordwand und über den großen westlichen Abbruch des Gipfelturmes durch. Josef Enzensperger

Fünffingerspitze von Norden

Kleine Zinne von Norden gesehen

Kamin hat! Er sitzt zwar überhängend, aber oben ist ein Block eingeklemmt, auf den muss ich um jeden Preis der Welt. Wieder eine sehr schlechte Traverse um die Ecke in den Riss hinein, in den ich gerade die rechte Schulter zwängen kann, und dann werden mit frischem Mute die überhängenden Stellen links forciert, winkt ja in nächster Nähe das Ziel. Die letzte Stelle erinnert sehr an den Block im Zsigmondy-Kamin der Kleinen Zinne, nur sind dort vorzügliche Griffe und Tritte, hier aber fast gar keine. Noch zwei Meter – hurra, ich stehe auf dem Blocke! Ein Juhschrei: – ›Gewonnen!‹ So ertönt es zu meinen unsichtbaren Kameraden, ein Juhschrei und Bravorufen erschallt als Antwort von der Mädelegabel herüber von unseren Beobachtern, die ich in der Hitze des Gefechtes ganz vergessen hatte, sodass ich im ersten Moment verwundert hinüberblickte. Ich setzte mich auf den Block, der für einen gerade Platz bot, ließ die Füße ins Leere baumeln und gönnte mir die notwendige Erholung, während die anderen unten sich ›reisefertig‹ machten. Ein gleich schwindeliges Plätzchen habe ich noch nicht gesehen, auch am Winkler-Turm nicht. Unter meinen Füßen sechs Meter Überhang, dann vier Meter lang eine ungefähr fünfundsiebzig Grad geneigte, spiegelblanke Platte und dann Luft – vierhundert Meter Luft! Das ist noch mehr als ›der Kater am Dach‹ denke ich mir vergnügt. Dann beschäftige ich mich damit, die Höhe der forcierten Wand am Seil abzumessen – ganze achtunddreißig Meter durchweg schwerster Kletterei ohne jeden Ruhepunkt!«

Nachdem die Kameraden nachgestiegen sind, packt Josef Enzensperger den Weiterweg in der Trettach-Südwand an.

»Ich kroch an dem überhängenden Blocke zu unseren Häuptern nach rechts, wo wieder eine glatte Platte mit anschließendem, überhängendem Kaminchen nach links auf seine Höhe führt. Leider wechselte jetzt mit einem Male die Güte des Gesteins. War es zum guten Glück an der schweren Wand im allgemeinen fest gewesen, so wurde es jetzt ungemein faul und brüchig. Ich erinnere mich, in dem seichten Kamin einmal in halber Verzweiflung gewesen zu sein, gerade wo wieder ein Stück sich schwach überhängend erhob.

Drinnen im Kamin konnte ich nicht bleiben; denn alle eingeklemmten Steine waren unsicher, und links in der freien Wand brach jeder Vorsprung aus. Ein ganzes Peletonfeuer ging über meine Kameraden hinweg, die aber unter dem überhängenden Block brillant geschützt waren. Es war keine leichte Arbeit, über die paar Meter hinwegzukommen, doch schließlich gelang es. In ähnlichen seichten Rissen, quer durch gewaltige, wirr aus der Wand hervorspringende Felsblöcke, die den besten Eindruck des Haltlosen und Sturzdrohenden machten, hielten wir uns nach links gegen eine gratartig hervortretende Rippe, die die Bugstelle der Südwand zur Südwestwand markiert. Eine steile, flache Rinne neben ihr gestattete ein wesentlich leichteres und schnelleres Fortkommen, da hier jener schon oben erwähnte, etwas weniger geneigte Plattengürtel eingelagert ist. Ich bemerkte hier ein kleines Graspäckchen, aus dem eine violette, glockenförmige Blume hervorsproß; dieses erste und einzige Zeichen lebender Natur in der starren und toten Majestät der Felsenwüste berührte uns eigentümlich, wie ein Hoffnungsstern des Gelingens. Hier kam uns jetzt alles spielend leicht vor; es zeigte sich eben die psychologisch leicht zu erklärende Erscheinung, dass nach Überwindung ungewöhnlich großer Schwierigkeiten der Maßstab, den man anlegt, momentan stark in die Höhe geschraubt wird.«

Die Tour kann gelingen. Es gibt nur noch ein Fragezeichen: die Schlusswand, die senkrecht emporsteigt. Sie sieht bedrohlich aus.

»Als wir aber ganz an sie herangekommen waren, öffnete sich zu unserer angenehmen Überraschung plötzlich ein Ausweg. Nach rechts eingeschnitten führte ein verborgener Kamin in die Höhe; unter einem Block durchkriechend – wir entschwanden hier auf einmal den Blicken unserer sehr erstaunten Zuschauer, die gar nicht begreifen konnten, was wir hier an der scheinbar schwersten Stelle der gelben Wand zu suchen hätten –, gelangten wir auf glatte Platten«, die sie bis zum Gipfelgrat bringen.

Die Trettach-Südwand ist bezwungen. Ist sie schwieriger als die Nordwand der Kleinen Zinne, die schwierigste Felskletterei ihrer Zeit? Schwieriger als der Schmitt-Kamin jedenfalls.

Es sollte mich zwar nicht wundern, wenn irgendeiner jener Dolomithelden, mit deren Erscheinen auf der Bildfläche – wenn man nur nach ihren Publikationen urteilt und die Erzählungen ihrer Führer nicht hört – eine neue Ära in den alpinen Klettertechnik begonnen haben muss, nächstens in Begleitung eines Bettega oder Antonio Dimai ins Allgäu käme und einige Wochen später in den »Mitteilungen« zu lesen wäre, die Südwand der Trettachspitze weise eine oder zwei »nicht uninteressante« Stellen auf. Josef Enzensperger

Hier war es der Dresdner Bergsteiger Oscar Schuster, der seine Erfahrung in der alpinen Urgebirgs- und Dolomitkletterei verwertete und zuerst an die Verwendung von Kletterschuhen dachte. In Begleitung verschiedener Freunde, vor allem mit Friedrich Meurer, hat er die Sandsteinfelsen in großer Zahl systematisch auf ihre Ersteigbarkeit geprüft und eine beträchtliche Zahl der heute gebräuchlichen Kletterwege eröffnet.

G. A. Kuhfahl

Die Brentagruppe mit der Bocca di Brenta, der Cima Tosa
und dem Crozzon di Brenta

KLETTERN BEGINNT IM KOPF

KLETTERSPORT ODER BALLETT IM FELS

Michel Innerkofler

Michel Innerkofler kletterte mit einer Behändigkeit, die man nur schwer beschreiben kann. Er klammerte sich an den Felsen wie eine Katze.
Theodor Wundt

Die Jahrhundertwende bedeutet auch für das Klettern einen Wendepunkt. Alle wichtigen Gipfel der Alpen sind erstiegen. Innovative Freikletterer und Eroberer erschließen mit Hilfe der Technik neue Wege durch steile Wände. Kühn gedachte Routen werden zur Herausforderung. Die letzte Wildnis in den Alpen, die der Lotrechten, wird vereinnahmt. Klettern wird für die einen etwas Heiliges, für andere Sport. Die Kletterkünstler finden und erfinden einen immer subtileren Katalog von Regeln und die Eroberer mechanische Hilfen: neue Seiltechniken, Karabiner und bessere Haken. Elegante Bewegungsabläufe, Stil und Erlebnis stehen bei der einen Gruppe im Vordergrund, die andere setzt auf Erfolg. »By fair means« oder »by any means« ist die Frage. Die einen verstehen ihr Klettern als »kraftvolles Ballett«, die anderen als Erschließertätigkeit. Die Anhänger des Freikletterns tendieren später zum Sport, zur elitären Selbstäußerung. Ohne technische Hilfen steigen sie senkrechte Felswände hoch. Klassische Bergsteiger sehen diese »Turnschuhkletterer« als Konkurrenz und mit Misstrauen. Die Freizeitindustrie setzt von Anfang an auf beide Strömungen. Auf einen neuen Markt, auf Masse also.

Nein, damals baumelten die Beine der Besten nicht in knallbunten Hosen über dem Abgrund. Eine Hand am schmalen Felsvorsprung, die andere im Magnesiabeutel. Die Kletterschwierigkeiten hielten sich in Grenzen. Wer aber 80 Jahre später Patrick Edlinger beim Klettern beobachtet, kann seine Pose »cool« oder verwegen finden, seine Bewegung wirkt leicht. Wie Ballett. Mit einarmigen Klimmzügen an winzigen Felsnasen demonstriert Edlinger ohne Seilsicherung sein Können. »Kraftspiel«, »Ballett an der Senkrechten« oder »Kunst« ist für Spitzenkönner dieses Emporklimmen an senkrechten oder überhängenden Felswänden ohne technische Hilfsmittel. Nur mit Händen und Füßen hängen sie am Fels, oder besser mit Finger- und Zehenspitzen. Unter Ausnutzung winziger Risse und Unebenheiten im Gestein kommen sie höher.

Die »Wand als Turngerät« klingt zwar banal, aber es ist das Ideal der Besten geblieben, und weil das »Gerät« hoch oben in irgendeiner Wand steht, wagt nur der Könner sein Spiel daran.

Am 25. Juli 1881 entdecken Michel Innerkofler und sein Bruder Johann einen Weg auf die Kleine Zinne. Sie wollen nur dort hinaufkommen. Mehr nicht. Und weil sie keine Kletterhilfen kennen, steigen sie frei.

Drei Jahre später gelingt Otto und Emil Zsigmondy gemeinsam mit Ludwig Purtscheller die erste führerlose Besteigung der einst »unmöglichen« Felsnadel. Die Schlüsselstelle ist ein Kamin, »der durch einen darin verkeilten Felsblock versperrt« und glatt ist. Im Sommer 1893 schleppt Theodor Wundt einen riesigen Fotoapparat mit auf die Kleine Zinne und beginnt damit das Dokumentieren dessen, was nicht dokumentierbar schien. Heute werden Erstbegehungen »life« dokumentiert. Meist von oben oder von der Seite und von Profis, die sich in komplizierten Seilmanövern in Position bringen.

Von der Kleinen Zinne verlagert sich das Interesse der Kletterer auf die Vajolettürme im Rosengarten, die Türme der Sellagruppe, die Fünffingerspitze, die Cadinigruppe im Süden der berühmten Drei Zinnen und auf den Campanile Basso in der Brenta.

Im September 1887 geht ein junger Bayer den östlichsten der drei Vajolettürme an. Es ist ein außerordentlich mutiger junger Mann, der von Gardeccia zum »Gartl« emporsteigt. Er heißt Georg Winkler, ist klein und brennt vor Ehrgeiz. Er klettert frei, behilft sich aber manchmal mit einem Trick. An einem an einem Seilstück

Ziel war immer ein unverwechselbares Kunstwerk, in dem sich etwas von der Persönlichkeit des Erstbegehers wiederfand. Dies galt für die Klettergärten gleichermaßen wie für das Gebirge.
Nicholas Mailänder

Jeanne Immink an der Kleinen Zinne, fotografiert von Theodor Wundt

Georg Winkler

Im Winkler-Riss

befestigten Dreizack zieht er sich über Steilstufen hoch, wenn der »Enterhaken« in einem Riss über ihm hängen bleibt. Mit Hilfe dieses Wurfankers erklettert er den Zsigmondy-Kamin an der Kleinen Zinne, an Grohmannspitze und Fünffingerspitze benutzt er sogar eine Strickleiter. Wir wissen nicht, ob Winkler seinen selbstgebauten Anker auch im überhängenden Riss eingesetzt hat, der seinen Namen trägt. Jedenfalls ist der Winkler-Riss am Winkler-Turm schwieriger als alles bis dahin Gekletterte. Hat Georg Winkler damit an der Grenze des Kletterbaren die Epoche des Kletterns um der Kunst willen eingeläutet? Nein, er hat nur sehr viel riskiert.

Zwei Jahre vorher schon, 1885, war Georg Winkler über eine schwierige Route auf die Cima della Madonna in der Palagruppe geklettert. 1887 besteigt er die Hohe Gaisl in den Pragser Dolomiten. 1888, als er allein durch das Eiscouloir an der Westwand des Weisshorns steigt, verlässt ihn das Glück. Er stirbt jung, aber am Berg – ebenso wie Michel Innerkofler, unter dem eine Schneebrücke am Cristallo-Gletscher einbricht.

Neben den akrobatischen Klettereien eines Georg Winkler werden in diesen Jahren viele klassische Touren auf hohe Kalk- und Dolomitberge unternommen. Antonio Dimai aus Cortina beginnt 1892 mit der Nordwand des Sorapis – einer düsteren, fast 700 Meter hohen Mauer – eine Serie von Erstbegehungen, die die Kunst des Kletterns voraussetzen. Gemeinsam mit dem Engländer Leon Treptow gelingt Dimai die gefährliche Südwand des Cimone della Pala in den Pale di San Martino. 1895 führt er mit Giovanni Siorpaes Arthur G. Raynor und John Phillimore durch die Nordwestwand der Kleinen Civetta: 1000 Meter hoch, der Weg doppelt so lang, weil gewunden und mit vielen Querungen.

Dimai »bezwingt« die Südwand der Pala di San Martino und die Ostwand der Rosengartenspitze, die Südwand der Punta Fiames und des Antelao, die Ostwand der Großen Zinne und die Nordwand des Einserkofels. Im Sommer 1901 führt Dimai mit seinen Kollegen Agostino Verzi und Giovanni Siorpaes die jungen ungarischen Adligen Ilona und Rolanda von Eötvös durch seine berühmteste Route: die Südwand der Tofana di Rozes. Wieder haben die Führer ihren Vorsprung auf die Führerlosen bewiesen, und als 1897 Luigi und Simone Rizzi, Führer aus Campitello di Fassa, Emil Munk durch die beeindruckende Westwand der Laurinswand führen, ist ein neuer Standard erreicht. Im gleichen Sommer noch gelingt Giovanni und Arcangelo Siorpaes mit den Brüdern Witzenmann die Erstbegehung der Nordwand der Zwölferkofels. Nichts scheint mehr unmöglich. Aber der Campanile Basso in der Brenta ist noch nicht bezwungen und an die Südwand der Marmolada wagt sich niemand. Das Unmögliche ist jetzt dort. Auch am Campanile di Val Montanaia! Kann das sein: ein unbezwungener Gipfel in den Alpen?

Der Aufstieg ist durchgehend schwierig und gleichzeitig gefährlich, für die Querungen ist überall höchste Aufmerksamkeit vonnöten. Die beiden Kamine erfordern anstrengende, ja athletische Arbeit, die in einer extrem exponierten Stellung auszuführen ist.

Phillimore und Raynor

Man lernt es, mit unbeugsamer Energie ein gefasstes Ziel festzuhalten und ungeachtet der größten Schwierigkeiten eine einmal begonnene Arbeit auch ihrem gedeihlichen Ende zuzuführen. Das Hochgebirge besitzt einen ewigen Reiz, welcher jeden umstrickt, der seine Schwierigkeiten und Gefahren erkannt und ihnen fest ins Auge geblickt hat.

Emil Zsigmondy

Die Schlüsselstelle im Kamin der Kleinen Zinne

AMPFERER UND BERGER AUF DER
GUGLIA DI BRENTA

Die Guglia di Brenta

Zwischen Brenta Alta und Campanile Alto in der Brentagruppe ragt die »Guglia di Brenta« oder der »Campanile Basso« empor, mit nur 2877 Meter Höhe die kühnste Felsgestalt der Ostalpen. Am Ende des 19. Jahrhunderts ist die 300 Meter hohe Felssäule das Ziel der besten Trientiner Kletterer: Carlo Garbari, Antonio Tavernaro und Nino Pooli. Am 12.8.1897 kommen sie bis zur »Garbari-Kanzel«, wo sie einen Steinmann errichten und einen Zettel hinterlegen: »Wer diese Karte erreicht, dem wünsche ich mehr Glück!« Die Glücklichen sollen am 18.8.1899 die Innsbrucker Otto Ampferer und Karl Berger sein. Seit damals heißt die Gipfelwand, eine exponierte, senkrechte Felspartie unterhalb des Gipfels, »Ampferer-Wand«.

Ampferer und Berger hatten eine Reihe schwieriger Felstouren hinter sich gebracht, ehe sie sich an die Guglia di Brenta wagen. Durch »seltsame Wendungen, Verschlingungen, neu erfundene Bewegungen« der steilen Felsen Herr geworden, sind sie physisch und psychisch auf dem Höhepunkt ihrer Zeit.

Ampferer: »Türme und Zinnen, Wände und Grate hausten förmlich im Tastsinn, in den Gebärden unserer Körper, beherrschten die Träume und bildeten das Gespräch der Tage.« Wer sich so sehr mit dem Klettern identifiziert, muss Erfolg haben! Ein sagenhafter Berg, ein kühner Felsturm ist in ihrer Fantasie zur leuchtenden Säule geworden, zum Ziel, das ihre Gedanken umkreist. Nachdem ein Kistchen mit Eisenhaken, Proviant und Seilen in Molveno angekommen ist, steigen sie zur Tosa-Hütte auf.

Ampferer: »Dieses Gebirge, welches mit Wänden und Schluchten so kühn gegen Himmel brach, war die Brentagruppe, in der wir unsere Felsnadel suchen wollten.«

Im Nebel wird anderntags aus dem Massodikar ein Einstieg gesucht, und als der Turm, ihr Turm, im Nebelreißen sichtbar wird, fühlen die Kletterer »eine tiefe Scheu«. Staunen! Der Felsturm ragt glühend rot in den Himmel.

Ampferer: »War das Fels oder eine Säule feuriger Dämpfe, die riesenhoch gerade und still in den Morgen brannte? An ihrer Glut schienen die kleinen Nachbartürme entzündet, die, ihr und der Sonne verwandt, wie unbeirrte, heilige Flammen den dunklen Opferpfannen der Kare entstiegen.«

Diese Felsnadel – ein kühner Entwurf und Wunsch des Geistes – ist Ampferer und Berger also Realität und Vision zugleich. Diese Gestalt und die Lust, sie zu besteigen werden eins. Damit sind wir bei der Kunst. Künstler, ihre Vision und die Projektionsfläche dafür sind untrennbar verbunden.

Ampferer: »Ich hatte keine Furcht vor dieser Besteigung, obwohl der Turm unnahbar wie kein anderer aufwuchs. Die Summe von Plänen und Hoffnungen, welche allgemach dafür sich in mir gesammelt hatten, schien unerschöpflich und also unbesiegbar.«

Herausforderung und Begeisterung dafür halten sich die Waage. Aus dem Kar, in dem die Kletterer stehen, leiten dünne Schneerinnen zu den schmalen Scharten an beiden Turmseiten. Über diese und über rauen Fels arbeiten sie sich bis zur Einsattelung zwischen Campanile Basso (Guglia) und Campanile Alto empor.

Vor ihnen die Cima Tosa, unter ihnen schauerliche Schluchten und steile Felsen. Die Wände der Guglia scheinen im ersten Augenblick ungangbar; die Abgründe grausam. Für den Einstieg in

Otto Ampferer

Im Volksmund wird der Campanile Basso auch Campanil de le strie, also Hexenturm, oder ganz einfach El Bas genannt.
Ingrid Runggaldier

15. August 1899. Sie beginnen den Aufstieg in zwei Zweierpartien. Berger und Melzer gehen als erste Seilschaft. Karl Berger – noch unangeseilt – erreicht einen Block. Otto Melzer klettert nach. Als er sich kurz vor dem Block den Arm ausrenkt, drücken Ampferer und Berger den Unglücklichen mit einer langen Holzstange, die sie mitführen, an den Fels und lassen ihn langsam wieder auf sicheres Gelände herunter.

Reinhold Messner

Es ist ein seltener, ein einsamer Berg. Die meisten anderen lösen sich gegen oben auf und gestatten leichtere Bewegungen. Nicht so die Guglia, die eine ernste Stirn trägt, an welcher auch die Erkletterung ihren vornehmsten, erhabensten Ausdruck findet. Freie, offene Wände entscheiden hier alles. So steht die Form des edlen Turms mit der Besteigung in einem feinen, harmonischen Zusammenhang.

Otto Ampferer

eine so lange und schwierige Tour wünschte man sich damals verschlungene Anstiegswege, die hinter Felstürmen verschwinden, in Schluchten verborgen liegen oder rätselhaft an schmalen Gesimsen aufwärts weisen. Es war die Freude am Entdecken, die die erste Generation der Felskletterer in schwieriges Terrain lockte. Wie oft haben überraschende Wendungen eine Seilschaft beflügelt weiterzumachen, obwohl der Weiterweg hoffnungslos schwierig aussah! Ampferer und Berger packen die Guglia an der mächtigen Wand an, die der Brenta Alta zukehrt ist. Der Fels ist nahezu senkrecht. Berger steigt ein, klettert die Wand gerade empor und erreicht einen kleinen, künstlich ausgemeißelten Felskopf. Dieser trägt ein »Halsband mit einem großen, rostigen Hammer«. Die Spuren verwegener Kletterarbeit stammen von den Trentinern Garbari, Tavernaro und Pooli, die zwei Jahre vorher einen »Angriff« auf den Campanile gewagt hatten. Damit schrumpft die Hoffnung auf die Erstbesteigung. Ampferer zerrt zwei Rucksäcke und eine schwere Holzstange am Seil hinterher. Sein Klettern gleicht einem zornigen Gestikulieren. Wie Fluchen mit Händen und Füßen! Berger aber drängt weiter und sie klettern vom Felskopf ein gutes Stück gerade empor, bis die Überhänge sie nach rechts zwingen. Als sie gegen eine steile Gratkante hinausklettern, müssen sie sich an einer Felsschuppe festhalten, die teilweise von der Wand gelöst ist. Vorsichtig ziehen und stemmen sie sich auf die Oberkante des wackeligen Felsstücks und kriechen hinauf zum Grat. Froh darüber, sicheren Fels in den Händen zu halten, atmen sie durch.

Ampferer: »Diese Stelle ist mir als die unheimlichste der Guglia im Gedächtnis geblieben, weil jede Kletterkunst an diesem abtrünnigen Stein hilflos versagen kann.«

Nun haben sie den Sockel der Gipfelwand erreicht und weniger steile Felsstufen vor sich. Der obere Teil des Turms aber sieht unnahbar aus, »wie ein ungeheures, angerostetes Stahlgeschoss«. Wieder finden sie Felsbänder, die die Wand gliedern. Hoch über der Scharte, die sie am Morgen betreten haben, gehen sie über gestufte Felsen bis unter eine rötliche Wand empor, wo sie im Schatten rasten. Sie haben großen Durst und nur eine kleine Wasserflasche dabei. Die Wand über ihnen hat zwei Einrisse. »Wie Zornadern einer Riesenstirn«. Nun übernimmt Ampferer die Führung. Keuchend vor Anstrengung klimmt er im rechten Riss empor. Der obere Teil des Einrisses ist leichter zu begehen. Wieder finden sie ein Band. Es ist von Schutt bedeckt und breit, also gut zu begehen. Sie finden leere Weinflaschen, aber kein Wasser und leiden Durst. Im Bewusstsein, auch hier nicht die Ersten zu sein, gehen sie weiter. Der Schuttstreifen läuft an einer Gratkante aus. Sie stehen auf einem Vorsprung und schauen nach oben. Ein schmaler Riss zieht von der obersten Gipfelwand bis zu ihnen herab. »Wie ein langes Tau!« Der Riss ist tief und kühl wie ein Keller. Er ist nirgends allzu schwierig und das Klettern zwischen den feuchten Wänden tut gut. Der Gipfel hat sich als Ziel verloren. Ein Band, ein Spalt, ein Schattenfleck reichen aus, um ihre Neugierde, ihr Streben nach oben zu nähren. So können sie ihre Zweifel und Ängste »gleichsam wie eine kleine Last auf schmalen Wegen durch furchtbare Abgründe tragen«.

Oben kriechen sie aus dem kühlen Spalt auf heiße Felsen. Dazu ist das Gestein brüchig. Der Sockel der Gipfelwand ist erreicht und sie eilen weiter empor. Große Spannung herrscht. Auf einem schmalen Schuttplatz am Fuß der Wand lehnt ein kleiner Steinmann, in dem sie die Karte Garbaris finden. Neugierig lesen sie, dass er hier irgendwo zur Umkehr gezwungen war. Werden sie mehr Glück haben? Ja, ihr Turm, ihr Berg ist noch unbezwungen! Ein freudiger Ruck geht durch ihre Körper, tief atmend fühlen sie, wie ihnen neue Kräfte zuwachsen. Das ist ja das Wunder beim Klettern: dass mit dem Unbekannten auch die Lösungsmöglichkeiten wachsen! Erstbegehungen fordern also das Beste von den Kletterern: Kreativität, Konzentration und die Gabe zu wagen. Das ist schon seit hundert Jahren so und es wird weiterhin so bleiben.

Gelbrot ragt die Gipfelwand empor, zum Teil überhängend, der Fels kleinsplittrig. Kein Riss, keine Bänder, nichts. Die Entscheidung steht an. Die schwere Holzstange ist hier unnütz, sie bleibt zwischen Steinen liegen.

Otto Melzer

Otto Melzer war einer der besten Kletterer seiner Zeit. In den Kalkkögeln bei Innsbruck vor allem sind ihm kühne Erstbegehungen gelungen.
Reinhold Messner

Karl Berger

Die ältesten Führerlosen kannten keine Mauerhaken. Erst Schmitt und Frasch verwendeten solche bei ihrer Durchkletterung der Mitterspitz-Südwand und sie behaupteten sich seither in der Ausrüstung des Felsgehers. Man trug sie in der tiefsten Tiefe des Rucksackes, so sie infolge ihres Gewichtes von selbst ihren Platz behielten, aber man benützte sie nicht, es sei denn zur Sicherung oder – wenn es nicht anders ging – zum Abseilen. Die Modeerscheinung, unerstiegene Wände nur mit Hilfe von mechanischen Mitteln zu bezwingen, ist erst aus Innsbruck und München nach Wien gedrungen. Eduard Pichl

Ampferer holt einen Eisenhaken aus dem Rucksack und versucht ihn mit dem Hammer Garbaris in einen Spalt am Fuß der Wand zu treiben. Aber der Haken krümmt sich in der Ritze. Ob er hält? Alles weitere Klopfen bleibt erfolglos. Nun binden sie das Seil in dem schlechten Haken ein, Berger verklemmt sich so gut es geht und Ampferer versucht an der Wand emporzukommen. Mit äußerster Anstrengung nur kann er von der Kanzel abheben. Langsam klettert er 15 Meter in die Höhe. Als er mit dem Kopf an einen Überhang stößt, tastet er mit einer Hand nach oben, findet aber keinen Halt. Zurück? Noch nicht. Mehrmals wiederholt er das Manöver, immer vergeblich. Wieder versucht er, einen Eisenstift in eine Felsritze zu treiben. Das ist in seiner Position ein schwieriger Balanceakt. Auch als der Haken sitzt, wird der Angriff abgeschlagen. Jetzt erst greifen sie zum letzten Mittel: die gegenseitige Unterstützung. Aus einem menschlichen Steigbaum kann Berger nach waghalsigem Manöver kaum noch zurück. Immer noch nicht zufrieden, versucht er dann einen Quergang, hart an der Grenze des Absturzes, unglaublich verwegen. Aber alles vergeblich.

Ampferer: »Von den Wogen heftiger und gefährlicher Anstrengung durchzittert, lehnten wir geschlagen und stumm am Fuß der harten Felsen.«

Inzwischen ziehen große Wolken über das zerrissene Gebirge. Blaue Schatten fliegen über die Kletterer. Aus, vorbei, Abstieg! Aller Ärger über das Scheitern scheint in diesem Moment zu quälendem Durst zu werden. Ihre Lippen sind klebrig und rau. Da rafft sich Ampferer noch einmal auf, blitzartig ist ihm ein letzter Ausweg in den Sinn gekommen. Er klettert über Felsstufen auf ein Band ab, quert rechts an die Kante der Wand und späht in die unversuchte Südwand hinüber. »Es geht!« Nach seinem erstaunten Ausruf folgt Berger. Über ihnen ragen die Felsen silbergrau bis zum Gipfel. Sind sie gangbar? Die Wandfläche über dem Band hängt über einem gewaltigen Abgrund. Unbeschreiblich frei, aber machbar! Nur ist es zu spät. Sie dürfen nicht in die Nacht kommen.

Ampferer: »Für heute war zur Vollendung dieser gewagten Unternehmung keine Zeit mehr und ohne Wasser die Nacht in den Felsen zu verbringen, uns ein zu schrecklicher Gedanke.« Befreit und heiter zugleich beschließen sie den Rückzug.

Ampferer: »Wir hatten die Härte des Misslingens schwer und voll verspürt und unmittelbar darauf den herrlichen, befreienden Flügelschlag neuer, hoffnungsvoller Pläne.«

Sie stehen wieder auf dem schmalen Erker, von dem lauter lotrechte Wände abfallen und aufsteigen bis zum hellen Rand des Himmels. Nur wer selbst in solchen Situationen steckte, kann nachempfinden, wie es ist, zwischen Vertrautem und Fremden zu stehen und sich auf den nächsten Versuch zu freuen. Als ergänzten sich die selbstgestellte Aufgabe, unsere Neugierde und die Hoffnung aufs Durchkommen zu einem Muss.

Ampferer und Berger haben auf ihrer Kante das Gefühl, frei über den Karen zu schweben. Ihr Ort scheint dem Himmel und den Wolken näher als den Tälern. Von oben gesehen besteht keine gangbare Verbindung mehr zur Erde. Und diese unheimlichen Abgründe überall. Sie hängen die Seile ein, werfen die Enden in die Tiefe und lassen sich daran hinab. Stange, Proviant und Eisenzeug bleiben oben liegen. Das Abseilen ist leicht, nur das Abziehen der Seile kostet viel Mühe. Mehrmals sind sie dabei dem Steinschlag ausgesetzt. Sie erreichen das Schuttband, das unter überhängenden Wänden entlangzieht, und setzen den Abstieg fort. Bald kletternd, bald am Seil baumelnd kommen sie tiefer. Die Querung zum Seilblock ist ein Grauen, der letzte »Abseiler« eine Lust. Der nächste Tag auf der Schutzhütte wird genutzt, um die zerfetzten Kletterschuhe zu flicken, und am folgenden Morgen streben sie wieder der Guglia zu. Aber Regen und Nebel verdüstern den Tag. In Gedanken gehen sie ihren Weg wieder und wieder und üben im Geiste Grifffolgen, tragen sie doch Griffe und Tritte des ersten Versuches im Gedächtnis »wie unverlöschbare Laternen«. Es reizt sie, den geschlungenen Weg zu vollenden und bis zum Gipfel zu gehen. Dieser Weg, der in ihren Köpfen existiert, wird beim Klettern real.

Abseilen am Dolomitfels

In den Dolomiten galt zu dieser Zeit die Gipfelersteigung der Guglia di Brenta als die alpine Spitzenleistung. Aus eigener Kenntnis glaube ich zutreffend sagen zu können, dass Oscar Schusters Alter Weg auf den Fünf-Gipfel-Nordostturm (1893), besonders aber Wentzels Bloßstock-Anstieg (1899) und Sattlers Kreuzturm-Route (1901) ungleich größere Anforderungen an Klettertechnik und Moral stellen als eine Normalweg-Durchsteigung an der Guglia. Dietrich Hasse

Im Volksmund wird der Campanile Basso auch Campanil de le strie, also Hexenturm, oder ganz einfach El Bas genannt. Ingrid Runggaldier

Guglia di Brenta von Süden

Trotz Nebel steuern sie dem Einstieg zu und beginnen die Felsen hinaufzuturnen. Berger geht voran. Das Gestein ist kalt und nass, Nebel fluten durch die Scharten und verschlingen alles. Es ist, als könnten sie auch die Felsen verzehren. Auf ihrer Route, einem vertrauten Weg, klettern sie über eingeklemmte Blöcke und an dem Seil, das sie beim ersten Versuch hängen gelassen haben, zum »Hammerstein« empor.

Ampferer: »Ich binde mich mit einem Seilring daran fest und schaue Berger zu, wie er die schwierige und brüchige Wand lotrecht über mir erklimmt. Plötzlich sehe ich den kleinen Vorsprung, auf dem er steht, nachgeben, rufe warnend, reiße das Seil ein und werde von seinem niedersausenden Körper mit voller Wucht auf den Stein gestampft. Krampfhaft klammere ich die Arme um seine Beine und der Seilring bricht die Gewalt des Sturzes. Mit einem Fuß war er mir aufs Genick gefahren und hatte mich eine Weile betäubt. Dazu blutete er an den Händen, ich aus Mund und Nase. Den Kopf vermochte ich nur mit Schmerzen seitwärts zu drehen. Kurze Zeit danach hing Berger schon wieder an der Wand, die er diesmal mit ruhiger Vorsicht besiegte. Mir war hier wieder einmal klar, dass meine innerste und beste alpine Kraft in einem unglaublichen Optimismus, in ungebundenem Leichtsinn und unzerstörbarem Selbstvertrauen bestand.«

So wichtig diese Eigenschaften beim Klettern sein mögen, soviel selbstzerstörerisches Potenzial beinhalten sie auch.

Endlich stehen sie wieder auf dem Schuttplatz unter der Gipfelwand, beim »Grabstein des Garbarischen Versuches«. Es ist ausgemacht, dass nun Ampferer voranklettern soll. Die Seile werden in Ordnung gelegt, die Haken eingesteckt. Ampferer folgt der Leiste, die wie ein Strich durch die ungeheuer glatte Wand zieht.

Ampferer: »Weit draußen war Gelegenheit, einen Eisenhaken tief in eine Ritze zu treiben und denselben dann als Ankerstelle für mein Seil zu benutzen. Die graue Wand über mir zeigte sich fast senkrecht, aber mit Rauigkeiten bewachsen, welche ich alsbald zu Stützpunkten meiner Aufwärtsbewegung erkor. Fest an die Felsen geklammert und in langsamen, wohl erdachten Zügen hob ich mich empor.«

Dieses Klettern entspricht mehr einem Emporschleichen an der Senkrechten als dem Turnen. Es ist ein Erproben der Gangbarkeit der Wand. Es ist Abenteuer und doch ist es »herrlich«.

Ampferer: »Die gewaltige Wand, an deren Krone wir klommen, rief alle unsere Kräfte wach.«

In leichter, freier Bewegung steigen sie hoch über der übrigen Welt in den Himmel. Diese Leichtigkeit, diese Konzentration, diese Unbeschwertheit! Das Flow-Erlebnis, damals als Zustand noch nicht benannt, ist nachempfindbar, wenn wir Ampferers Bericht lesen:

»Wir waren taub für Furcht und Gefahr und völlig von dem Adel unseres Weges getragen. Ich pfiff nach alter Gewohnheit leise ›Zu Mantua in Banden‹ und ›Ich hatt' einen Kameraden‹ für mich hin und rang im Takt dazu an den Felsen in die Höhe. Zarte Wolken flossen in wundervoller Leichtigkeit über den oberen Felsenrand, und manche schien im Vorbeifahren mit schneeigem Winken zu grüßen. Hier aus der schweren Tiefe ins flimmernde Hell zu klimmen, war unbeschreibliche und dämonische Lust.«

Befreit vom Schwulst der Jahrhundertwende ist dieses Sich-Erfahren zwischen Selbstverschwendung und Selbstzerstörung spürbar. Nach einer weiteren Seillänge kann Ampferer wieder einen Haken anbringen und den Aufstieg seines Freundes sichern. Noch eine Seillänge und die Überzeugung wächst, dass es gelingt. Schon kann der Seilerste mehrere Stellen in der Wand als möglichen Weiterstieg wählen. Rasch und sicher kommen sie höher, einer den anderen sichernd. Das Ziel ist nahe.

Ampferer: »Mit wenigen Schritten eilten wir nun aus dem steilen Abbruch auf das breite Feld des Gipfels. Innig drückten wir uns die Hände, indem wir die Vertiefung und Durchdringung unserer Freundschaft als den besten Gewinn dieser Tat empfanden.«

Ihr Gipfelgesang, »der laute Ausbruch der Siegesfreude«, wird zum Widerhall zwischen den Wänden. Aus den Trümmern des ver-

Um 1900: Freiklettern in den Dolomiten

Die Geschicklichkeit der Führer zu erreichen und zu übertreffen war das Ideal, das die alten Bergsteiger vor Augen hatten und wird wohl auch das unsere bleiben. Die Menschen, die behaupten, dass die Bezeichnung »Bergsteiger« demjenigen versagt werden muss, der sich diesem Ziele nähert, je weiter er in die Kunst des wirklichen Bergsteigertums eindringt, sprechen sich selbst ihr Urteil und ohne jedwede Gewissensbisse würde ich ihnen das Recht auf Einmischung in derlei Angelegenheiten absprechen.
A. F. Mummery

Fünfzehn Jahre nach der Erstersteigung ist die Guglia di Brenta zum Monument alpinistischer Selbstbestätigung kristallisiert. Wer Rang und Namen hat, wer etwas werden will oder schon ist, alle kommen, um sich hier zu verewigen. Ewald Weiß

witterten Gipfels tragen sie einen Steinhaufen zusammen, mit dem sie ihre Anwesenheit dokumentieren wollen. Endgültig sind Nebel und Regen vorbei und durch die Wolken brechen Sonnenfluten. Größere Berge stehen ringsum und lotrechte Wände fallen überall ab.

Ampferer: »Behaglich und sorglos streckten wir uns auf dem sicheren, warmen Geröllboden, ich vorzüglich bedacht, den Inhalt einer Sardinenbüchse andächtig und sparsam zu genießen. Kein Tropfen Öl durfte ungenützt versiegen. Vielfach ringelten sich die Seile wie dienstbare Schlagen um uns her. Eine angenehme, heitere Stimmung nahm uns ein, wenn wir sie prüfend betasteten und so nach der harten Mühe des ungewissen Aufstieges gleichsam den ganzen sicheren Abstieg schon in den Händen spürten.«

Nein, der Abstieg ist kein Problem, sie freuen sich über den Erfolg. Sie haben eine kleine hohe Insel erobert, die ihnen nicht gehört und die fünfzig Jahre später von 1000 Seilschaften erreicht sein würde. Ampferer und Berger gehört nur die Freude, den Weg zum Gipfel und zu starken Emotionen gefunden zu haben, eine Lebensfreude ohnegleichen.

Ampferer: »Wir hatten an den einsamen Wänden so deutlich ihr Kommen und jede ihrer Regungen verspürt. Bald glaubten wir starke Worte im Innern flüstern zu hören, bald sahen wir in den Augen, in den Bewegungen des Freundes die neue Lust. Glücklich lagen wir so auf unserem einsamen Eiland, das früher nur Wolken und Vögel leichthin gestreift.«

Immer noch ein »seltener«, aber kein einsamer Berg mehr, unterscheidet sich die Guglia in ihrer Form von den meisten anderen Bergen. An ihr findet das Klettern seinen vornehmsten heiteren Ausdruck. Die Form ihres Turmes steht in harmonischem Zusammenhang mit der Besteigung durch die beiden Akteure.

Ampferer: »Dann schwebten wir an Seilen luftig und frei in die Tiefe, wie es sich als Abschied von diesem stolzen Berg geziemt. Als wir wieder im Kare standen, stiegen wir eigens noch auf eine Felsenkanzel empor und grüßten die herrliche Säule von Stein.«

GIPFEL-WAND

1899–1902

VABANQUE ALS SELBSTÄUSSERUNG

Ein einziges Mal in meinem Bergsteigerleben habe ich Vabanque mit meinem Leben gespielt. Sieg oder Tod! Tita Piaz

Winkler hat sich hier ein unvergleichliches Denkmal gesetzt. Er bestieg den Berg im Jahr 1887, zu einer Zeit, in der die Kleine Zinne noch ihr voller Glorienschein umgab, seine Leistung ist daher noch höher zu veranschlagen. Selbst Antonio Dimai erklärte, dass er die Ersteigung dieses Berges um jene Zeit nicht gewagt hätte. Hans Forcher-Mayr

Am 22. September 1895 besteigt Hermann Delago – er ist aus Brixen – erstmals den westlichsten Turm im Massiv der Vajolettürme. Auch dieser Turm behält, wie der nahe Winkler-Turm, den Namen seines Erstbesteigers. Gibt es ein schöneres Symbol seines Könnens? Wagen Kletterer vielleicht deshalb so viel, weil sie sich in riesigen Denkmälern aus Stein verewigt sehen wollen? Sind Winkler- und Delago-Turm natürliche Kunstwerke, höher als die Pyramiden oder Obelisken, die an Pharaonen und Kaiser erinnern? Wird, wenn der Mensch eine Felsnadel erklettert, diese Ausdruck seiner Kreativität, seiner Kraft, seines Könnens? Sicher auch, aber nicht immer bleiben die Namen der Pioniere mit den Namen ihrer Gipfel verknüpft. Dem exzellenten Felsgeher Robert Hans Schmitt ist die erste Besteigung der Fünffingerspitze im Langkofel-Massiv gelungen, nicht aber die Umbenennung der eigenwilligen Felsgestalt.

»Drei Jahre lang«, erzählt Josef Enzensperger, »war die Fünffingerspitze der Schauplatz ungezählter Versuche; die ersten Führer der damaligen Zeit, wie Stabeler und Sepp Innerkofler, Touristen wie Norman-Neruda und v. Krafft bewarben sich um die jungfräuliche Zinne. Es war alles umsonst, schon begann man bei dem Misserfolge der Tüchtigsten sie für unersteiglich zu halten. Die ersten unter den Hochtouristen hatten um ihre Gunst gebuhlt, aber erst einem Größeren ergab sie sich. Der Maler Robert Hans Schmitt aus Wien, der alle Alpinisten jener Zeit an Klettertüchtigkeit überragte und den stolzen Titel des besten Felsenmannes seiner Zeit für sich in Anspruch nehmen konnte, erzwang am 8. August 1890 die erste Ersteigung durch den furchtbaren Schlund, welcher die stolze Südwand des Berges durchreißt und jetzt ihm zur Ehre die Bezeichnung Schmitt-Kamin führt. Sein Begleiter war Johann Santner aus Bozen, ein Mann, dessen Namen einen guten Klang hat in ganz Südtirol und darüber hinaus, wo immer unsere Vereinsgenossen zusammenkommen, ein Mann, in dessen Herzen trotz der sechzig Jahre, die er nun bald zählt, noch ein ewig jugendliches Feuer glüht, den seine unbändige Abenteuerlust jetzt noch auf die schwierigsten Gipfel der Dolomiten treibt.«

Trotzdem, der Name des Berges bleibt der alte. Und ähnlich wird es mit dem Campanile Basso sein, dem edelsten Turm in den Dolomiten. Der Campanile Basso, auch Guglia di Brenta, »Turm der Türme« genannt, ragt wie ein Obelisk 300 Meter hoch in der Brentagruppe empor. Der erste Versuch, angeregt von dem Trienter Carlo Garbari, schlägt fehl. Die Führer Nino Pooli und Antonio Tavernaro überwinden 1897 eine erste Steilstufe (heute Pooli-Wand), kommen bis zum großen Band und über dieses bis zu einem kleinen Absatz unter der Gipfelwand. Der Fels ist senkrecht, kompakt, Tiefe überall, absolut ausgesetzt, es verlässt sie der Mut. Das ist nur verständlich. Da sie keine Haken haben, würden bei einem Sturz des Seilersten alle drei aus der Wand gerissen. Garbari erzählt, wie Nino Pooli einen letzten Versuch wagt: »Mir standen die Haare zu Berge, als ich ihm zusah, wie er mit unsicheren und zitternden Händen jede Unebenheit suchte, mit den Füßen den Fels abtastete, um jeden Vorsprung zu finden, und mit dem ganzen Körper an der Wand klebte. Die wenigen und schlechten Griffe lassen ihn nur noch langsam vorankommen.«

Er findet einige Sekunden Halt, dann steigt er wieder zurück. Die Trentiner geben sich geschlagen und steigen ab. Die zwei Studenten Otto Ampferer und Karl Berger aus Innsbruck wagen 1899 den zweiten Versuch. Sie wissen nichts von ihren Vorgängern, haben aber Haken dabei. Sie finden den Zettel, den Garbari zurückgelassen hat, wissen also, dass der Gipfel nicht betreten ist und fin-

Campanile Basso di Brenta

Zur Energie des Handelns gehört auch die Energie des Entsagens. Ludwig Purtscheller

Die Erstbesteigung dieser widerspenstigen Nadel galt gleichsam als politisches Fanal und sollte den italienischen Widerstand symbolisieren. Der Aufstieg musste förmlich erzwungen werden – und zwar mit allen Mitteln. Ewald Weiß

Der Kamin am Stabeler-Turm

den einen Umweg in der Wand, die auch jenseits ihrer Möglichkeiten ist. Von dem kleinen Absatz aus geht Ampferer um die Kante des Campanile herum und erreicht so den Fuß der senkrechten Gipfelwand, die er und Berger mit Haken sichern und bis zur breiten Gipfelabdachung erklettern.

Nicht nur Mut und Kletterkönnen, auch die Ausrüstung war bei diesem Erfolg entscheidend. Die Trentiner wollten sich über die Felsvorsprünge gegenseitig sichern und führten einen Hammer mit, mit dem sie die natürlichen Einkerbungen vertieften. Die beiden Innsbrucker schlagen dort, wo keine Felszacken zur Sicherung vorhanden sind, »Nägel« in breite Felsritzen, wofür sie den von den Trentinern zurückgelassenen Hammer verwenden. Diese Eisenstifte sind nichts als ein Ersatz für fehlende »Felsköpfe« und ihre Form ist der Natur entlehnt – um künstliche Sicherungsmöglichkeiten zu schaffen, wo das Gelände eine einwandfreie Sicherung des Kameraden nicht zulässt.

Aber nicht nur die Eroberungslust, auch nationale Gefühle waren es, die viele Kletterer um die Jahrhundertwende kreativ werden ließen. Ihre Meldung vom Sieg in der Brenta schreiben Ampferer und Berger auf eine Postkarte: »Wir haben die Guglia di Brenta zum ersten Mal erklettert, nachdem an diesem Turm eine ganze Reihe der besten wälschen und deutschen Bergsteiger gescheitert waren.«

Ja, offensichtlich ist die berühmte Felsnadel in der Brenta auch dafür gut, nationale Leidenschaften zu schüren und die eigene Fahne dort zu hissen, wohin die anderen nicht kommen.

Noch eine Tat, kurz vor Abschluss des Jahrhunderts, gehört zu den Marksteinen der Klettergeschichte: die erste Überschreitung der drei südlichen Vajolettürme. Sie glückt am 24. August 1899, wenige Tage nach der Erstbesteigung der »Guglia«. Die Wiener Eduard Pichl und Hanns Barth sind die Akteure. Die Schwierigkeiten sollen jene des Schmitt-Kamins an der Fünffingerspitze und der Kleinen-Zinne-Nordwand übertreffen. Der Übergang vom Winkler- zum Stabeler-Turm geht gut, und vom Gipfel betrachten die beiden die lotrechte Stirnwand des Delago-Turms. Ob der enge Riss dort, das letzte Hindernis der Überschreitung, kletterbar ist? Pichl muss öfters ansetzen, ehe er den brüchigen Rand des Vorbaus packen und sich in den langen Riss hineinzwängen kann.

Pichl: »Es war, als ob ich die morsche Außenmauer einer Ruine zu erklettern hätte. Zur besonderen Erschwerung trug ich einen ziemlich dicken Rock. Es war ein mühsames Emporstemmen und -winden des Körpers, immer in der Ungewissheit, ob ich mich nach dem folgenden Meter noch werde halten können. Ruck um Ruck gewann ich langsam an Höhe. Endlich, endlich wurde der Riss weiter, sodass ich mich mit dem ganzen Körper hineinpressen und Luft schnappen konnte. Noch eine enge Stelle kam, dann war der Sieg errungen, ich stand beim Steinmann.«

Ein Jahr später, im Sommer 1900, durchsteigt der junge Bergführer Tita Piaz aus dem Fassatal den vertikalen Riss, der in die Wand der Punta Emma eingeschnitten ist, im Alleingang. Eine »Frechheit« für die damalige Kletterszene: Ein Bergführer tut sich als Führerloser hervor! Nachdem ihm Theodor Christomannos 17 Gulden geschenkt hat, damit er neue Kletterschuhe kaufen kann, geht er den schwierigen Riss an. Wo der Kamin eng und glatt wird, riskiert Piaz sehr viel. Mehr als ein Führerloser riskieren sollte. Aber Giovanni Battista »Tita« Piaz hat, wie andere seiner Zeitgenossen, anarchische Züge. »Freigeist, Nonkonformist, Sozialist, Weltverbesserer und Gerechtigkeitsfanatiker«, nennt ihn ein Kenner der Szene, Ewald Weiß. Der aus Pera im Fassatal stammende Piaz wird im Tal »Teufel der Dolomiten« genannt.

1915 gerät er, als Mitglied der Oppositionsbewegung »Irredenta«, erstmals in Konflikt mit den herrschenden Österreichern. 1920 wird er zum Ortsvorsteher des Oberen Fassatales ernannt; aber 1930, unter den Faschisten, geht er wieder in Opposition zum Regime und wird »wegen subversiver Tätigkeit« verhaftet. 1944, nur wenige Jahre vor seinem Tod, wird er von der Hilfspolizei der SS wieder verhaftet. Dieser Tita Piaz führte zwar ein Leben zwischen Fels und Gefängnis, ein aufrechtes Leben allemal.

Nach links geht er mit Untergriffen und Gegendruck der Füße eine Verschneidung hinaus — halb Mensch, halb Luftschiff — an der Kante eines Risses entlang.
Rudolf Schietzold über Piaz

Tita Piaz

Die Südwand der Wolfebnerspitze

Senkrecht, mit glatten Wänden, oben durch einen mächtigen, gelben Überhang abgesperrt, spaltet er die ganze Wand von oben bis unten.
Adolf Schulze

Links: Luigi Rizzi
Rechts: Beatrice Tomasson

Was Tita Piaz in den Dolomiten ist, ist Adolf Schulze im Allgäu: ein radikaler Erneuerer.

Mit der fünften Begehung der Trettach-Südwand startet Adolf Schulze 1899 eine spektakuläre Serie von Klettertouren, die 1903 in der Erstbesteigung des Uschba-Südgipfels im Kaukasus gipfelt. Obwohl ihm in vielen Teilen der Alpen schwierige Klettertouren gelingen, bleiben die Allgäuer Alpen sein Lieblingsgebiet.

Am 5. September 1900 schafft Adolf »Lolo« Schulze zusammen mit Felix von Cube die Erstbesteigung des Südkamins der Südlichen Wolfebenerspitze (V. Grad). Mit der Lösung dieses »Problems« gelingt Schulze, der später nach Südamerika auswandert, damals die vielleicht schwierigste Kletterei der Welt.

Zurück zu den Dolomiten, wo sich das Klettern rasant weiterentwickelt. Im Wettstreit zwischen »Führerlosen« und Führern, die oft wie »Führerlose« agieren und mit den Führern aus den Nachbartälern konkurrieren, werden die steilen Wände angepackt. Es gilt ihre Gangbarkeit zu erproben. Und es geht um Stil, um künstiche Hilfsmittel und um Routen, die zu »Mythen« werden wie die Südwand der Marmolada.

Neben der ersten Überschreitung der Vajolettürme, die für die Dolomiten symbolischen Charakter haben, ist die »Eroberung« der grandiosen Marmolada-Wand ein weiterer Schritt in der Entwicklung der Kletterkunst. Eine zähe, erfolggewohnte Frau – Beatrice Tomasson – als Ideator und zwei Bergführer – Bettega und Zagonel – als Klettergenies starten gemeinsam zum Gipfel. Tomasson liefert Logistik und revolutionär neue Ausrüstung, die Führer Einsatzbereitschaft, Tricks und großes Können. Zuerst hat Beatrice Tomasson mit anderen Führern versucht, die höllisch schwierige Schlucht in Gipfelfalllinie zu erklettern. Vergeblich. Dann kommt sie mit ihren Führern aus der Pala, Michele Bettega und Bortolo Zagnoel, wieder. Nein, in der Schlucht geht es nicht. Zurück! Weiter rechts in einer Kaminreihe ist der Weg. Keuchend kommt Bettega voran, stößt auf alte Haken und findet Stück für Stück einen Weiterweg. Er reiht Passage für Passage zur Route aneinander.

Luigi Rizzi aus Campitello hat hier aufgegeben. Und haben nicht auch Otto Ampferer und Karl Berger, die erfolgreichen Erstbesteiger des Campanile Basso in der Brenta, einen Versuch an der Marmolada-Südwand unternommen?

Beatrice Tomasson aus der Gegend von Hathersage am Derwent, der Heimat des englischen Felskletterns, ist die Gouvernante von Edward Lisle Strutt in Innsbruck, wo sie 1894 Mitglied des Alpenvereins wird. Die beiden unternehmen viele gemeinsame Bergtouren, E. L. Strutt wird später sogar zweiter Expeditionsleiter der britischen Mount-Everest-Expedition 1922 und kommt bis in eine Höhe von knapp 7000 Meter. Wichtiger aber sind Tomassons Felstouren.

1897 gelingen ihr mit dem Bergführer Michele Bettega fünf Erstbesteigungen in der Pala-Gruppe. Allein vom 11. Juni bis zum 14. Juli gelingen ihr 22 Klettertouren, darunter vier Erstbesteigungen, mehrere Zweit- und Drittbesteigungen, eine vollständige Überschreitung des Cimone della Pala, die Überschreitung des Sass Maor und der Schmitt-Kamin an der Fünffingerspitze mit Abstieg über den Daumenschartenweg. Tomasson ist eine großartige Frau.

1898 klettert sie mit Luigi Rizzi als zweite Seilschaft durch die Westwand der Laurinswand, die damals als schwierigste Felswand der Dolomiten bezeichnet wird. 1900 ist sie mit Luigi Rizzi an der Südwand des Daint di Mesdi in der Sella-Gruppe erfolgreich und wagt mit ihm nach der Erstbesteigung des Torre del Sass da Lec in der Sella eine Rekognoszierung der Marmolada-Südwand. Am 1. Juli 1901 dann gelingt ihr größtes Abenteuer, die erste Begehung der Südwand der Marmolada di Penia.

Die Dolomiten sind zu dieser Zeit nicht nur Herausforderung für die besten Kletterer, sie sind auch Zentrum der Innovation im »Bergsport«, das Führerduo Michele Bettega und Bortolo Zagonel damals unübertroffen: Das Team ist nach vielen Erstbesteigungen eingespielt und mit dem steilsten Fels vertraut. Bettega ist als Wegsucher der Ideator der Unternehmungen, Zagonel, 15 Jahre jünger,

Die wichtigste Unternehmung sowohl im Frauenbergsteigen als im Dolomiten-Klettern für das Jahr 1901 war die erste Durchsteigung der Marmolada-Südwand durch die Engländerin Beatrice Tomasson mit den Bergführern Michele Bettega und Bortolo Zagonel. Bemerkenswert dabei ist, dass diese Unternehmung von einer Frau ausging. Beatrice Tomasson war die Initiatorin der Unternehmung. Hermann Reisach

Daint di Mesdi

Links: Michele Bettega
Rechts: Bortolo Zagonel

Bettegas Neuerungen: Er erfindet den Seilquergang, er trägt Gummisohlen auf den Kletterschuhen, er tüftelt eine Abseiltechnik aus und benutzt Haken zur Zwischensicherung. Und das alles schon in den achtziger Jahren des 19. Jahrhunderts! Andere berühmte Bergsteiger wie Hans Dülfer, Hans Fiechtl, Otto Herzog und Pierre Allain sollten Bettegas Errungenschaften erst eine Generation später noch einmal »erfinden«. Hermann Reisach

der Kletterer. Tomasson, Bettega und Zagonel haben sich von zwei weiteren »Führern« getrennt, nachdem sie auf der Ombretta-Alm genächtigt haben. Die Unterstützungsmannschaft soll die genagelten Bergstiefel und warme Kleider auf den Gipfel der Marmolada die Penia tragen. Östlich des Ombrettapasses steigt Bettega also in die ausgeprägte Kaminreihe ein, die rechts unter der ersten Terrasse emporzieht. Die Seilschaft ist auch mit Felshaken ausgerüstet. Sie tragen Kletterschuhe und leichte Rücksäcke. Man setzt auf ein schnelles Durchkommen. Michele Bettega, 48 Jahre alt, kommt in den vom Schmelzwasser ausgewaschenen Kaminen gut zurecht. Von der ersten Terrasse aus führt er die Seilschaft in einer großen Linksschleife auf die Zweite Terrasse. Inzwischen aber bricht ein Unwetter los. Es erwischt die Seilschaft in der oberen Wandhälfte. Beatrice Tomasson wird von fallenden Steinen getroffen und Bettega gibt jetzt die Führung an Zagonel ab, der die vereiste Gipfelwand trotz Schneesturm meistert. Zwölf Stunden nachdem Tomasson, Bettega und Zagonel am Ombrettapass losgeklettert sind, stehen sie am Gipfel, von wo sie Dal Buos und Soppelsa, die Hilfsführer, über den Marmolada-Gletscher ins Tal geleiten.

Hermann Reisach, einem ebenso begeisterten Kletterer wie peniblen Forscher, ist es zu verdanken, dass wir heute mehr über diese Erstbegehung wissen. Kein Zweifel, damit hat das Zeitalter der »Moderne«, der Schwierigkeits-Alpinismus endgültig begonnen. Neue Ausrüstung und Technik wird erfunden, immer kühnere Wege werden gesucht. Wenn diese Entwicklung bei der Generalversammlung des Deutschen & Oesterreichischen Alpenvereins 1901 in Meran auch als »Leichtfertigkeit und sinnlose Felsgymnastik« kritisiert wird – »Sinnloser Klettersport steht im Gegensatze zu ernster Bergsteigerei« – sie geht weiter.

Alpingeschichte ist nie nur Ideengeschichte, zu ihr gehören auch Aspekte der technischen Kultur. Erfahrung, Entwicklung der Ausrüstung und Technik bestimmen die Kletterkunst von Anfang an.

Hermann Reisach: »Geklettert wurde seit Anfang der neunziger Jahre mit besonders weichen Schuhen mit Filz- oder Manchon-

Sohlen, ähnlich den heutigen Spezial-Kletterschuhen. Auch gab es bereits Kletterschuhe mit Kautschuksohlen. ›Red Indian Rubber Soles‹ wurden bereits von dem Irländer G. Scriven und dem Bergführer Michele Bettega an der Pala di San Martino im Jahr 1888 verwendet. In der Sicherungstechnik wurden Felshaken und Karabiner verwendet. Ein Muster eines alten Hakens von 1896 samt Beschreibung für die Fertigung bei einem Schlosser liegt vor mir. Das Hakenmodell mit Öse aus einem Stück geschmiedet war klein und mit 80 Gramm so leicht wie ein moderner Felshaken. Form und Proportion haben große Ähnlichkeit mit dem sagenhaften, genau 50 Jahre später von John Salathé fürs Klettern im Yosemite-Granit geschmiedeten.«

Im gleichen Jahr wie die Marmolada-Südwand wird auch die Dachstein-Südwand gemeistert – von Eduard Pichl, Eduard Gams und Franz Zimmer.

Im Herbst des folgenden Jahres steigen die besten Kletterer aus dem Wilden Kaiser, Georg und Kurt Leuchs, in die Marmolada-Südwand ein, biwakieren und erreichen direkt über die Schlusswand den Gipfel.

Georg Leuchs: »Eine kleine Höhle bot notdürftigen Unterschlupf. Mit Aufgebot unserer ganzen Kräfte und Kletterkunst, zugleich mit peinlichster Vorsicht kommen wir folgenden Tags an der winterlich verschneiten Mauer empor, langsam, aber stetig. Es war eine Erlösung von langem Bangen und Zweifeln, als wir endlich knapp rechts von uns ein schwärzliches Dreieck durch den Nebel schimmern sahen, das Gipfelsignal.«

Was ist nun mit den bizarrsten Felsen in den Dolomiten? Der Campanile im Val Montanaia im Massiv der Spalti di Toro an der Grenze zwischen Venetien und Friaul ist noch unerstiegen. Eine zu Stein gewordene Provokation! Am 2. September 1902 wagen die Triester Napoleone Cozzi und Alberto Zanutti einen Versuch. Die beiden überwinden die Schlüsselstelle, schaffen aber die Querung zum leichteren Gelände in der Gipfelwand nicht. Zehn Tage später entdecken die Österreicher Victor Wolf von Glanvell und Günther

In der Marmolada-Südwand

Bettega hat alle diese Gipfel bezwungen, ohne einen Fehler zu machen. Wir mussten nie umkehren, sondern haben immer alles gut zu Ende gebracht, was wir uns vorgenommen hatten. Es ist eigentlich überflüssig, einen Führer zu loben, der imstande ist, solche Aufstiege zu bewältigen, und ich kann sagen, dass ich hochzufrieden bin, das große Glück zu haben, einen so ausgezeichneten Führer wiederzusehen.

Beatrice Tomasson

Die Kletterei ist fast durchwegs schwierig und bietet eine Reihe ungewöhnlich schwerer Stellen. Die Marmolada-Südwand dürfte zu den großartigsten, längsten und schwierigsten Klettertouren der Alpen gehören.

Georg Leuchs

Am Campanile di Val Montanaia zum Cozzi-Überhang

von Saar einen Weiterweg. Aus dem Riss, den Cozzi geschafft hat, klettern sie nach links, queren, überwinden Felsvorsprünge, packen einen zweiten Riss an und erreichen den Gipfel! In diesem September 1902 gelingt also von Glanvell und von Saar die Gipfelwand und damit die Erstbesteigung des Campanile di Val Montanaia.

Gemeinsam mit den abenteuerlustigen Baroninnen von Eötvös tricksen Antonio Dimai, Giovanni Siorpaes und Agostino Verzi 1903 einen spitzen Turm in der Cadinigruppe aus, den Torre del Diavolo – durch Seilwurf von der nahen Cima del Gobbo aus und mit einer seiltänzerischen Übung über dem Abgrund. »Ein Unternehmen, das die Bergsteigerwelt in hellen Aufruhr versetzt.«

Und im Elbsandsteingebirge? Es ist Hermann Sattler, der zu Hause und in den Bergen Europas – im Dolomitenraum und in Spitzbergen übrigens mit Günther von Saar – einen Schritt weiter geht. Bei der Erstbesteigung des Kreuzturms im Elbsandstein am 23. Juni 1901 wird zwar am Einstieg noch eine Leiter »gebaut«, aber Sattler eröffnet damit die schwierigste Klettertour dieser Zeit. Die letzten zwanzig Meter sind extrem schwierig zu klettern.

Hermann Sattler: »Der Kamin ist hier furchtbar eng und grifflos glatt, kurz: äußerst schwierig. Fast eine Stunde mühsamsten Hochraufens brauche ich für diese Strecke, nur zentimeterweise vermag ich mich emporzuschieben.« Am Gipfel ist er so ausgepumpt, dass er lange ruht »bis die Hände das Seil wieder fassen können.«

Bald werden ähnlich schwierige Passagen in großen Wänden und in Serie geklettert werden, nicht nur in der Gipfelwand eines Sandsteinturms.

Im Wechsel zwischen Training im Mittelgebirge daheim – Elbsandstein, Rax, schottische Cliffs – und Unterwegssein im Hochgebirge wird die Kletterkunst weiterentwickelt. G. A. Kuhfahl: »Für ernstere Bergsteiger lag es darum näher, sich zur Erhaltung ihrer körperlichen Rüstigkeit und Klettergewandtheit auch fern von den Alpenländern natürliche Übungsstätten zu suchen und dabei in Ermangelung hochragender, vergletscherter Ziele mit den vorhandenen niedrigeren Felsgebilden vorlieb zu nehmen.«

GUIDO REY IN DER MARMOLADA-SÜDWAND

Eine »große Schlacht«, »einen richtigen Kampftag«, nennt Guido Rey die Begehung der Marmolada-Südwand – nach der Jahrhundertwende 1900 vielleicht die schwierigste Klettertour der Welt. Er beschreibt sie als »furchtbare Wand, die 800 Meter senkrecht niederstürzt: eine mächtige, leuchtende Mauer. Von der Färbung alten Marmors.«

Alle Kletterer, die zur Elite zählen wollen, versuchen sich vor dem Ersten Weltkrieg an ihr, mit oder ohne Bergführer.

Rey: »Bei Nacht brachen wir von der Hütte im Contrin auf. Ein Schreck packte mich, als ich im Dunkel entdeckte, wie viele Menschen mit uns gingen. Ich zählte und stellte fest, dass wir, anstatt ohne Träger vier zu sein, jetzt zu sechsen waren.« Hatte Piaz nicht bedacht, dass die Tour so länger und die Gefahr größer wird? Aber neben dem berühmten Tita Piaz ist auch der Lehrer Jori aus Alba dabei, was beruhigt. Gilt dieser mit seinen zwanzig Jahren doch als ein ausgezeichneter Kletterer. Es dämmert, als sie den Ombrettapass erreichen, und als die Partie unter der Riesenmauer quert, leuchten die Gipfelfelsen im Morgenlicht. Befangen ziehen die Bergsteiger am Einstieg ihre speziell für schwierige Klettertouren gefertigten Kletter-Turnschuhe an, Schuhe mit weicher Sohle aus einem Hanfgeflecht, das gut am Fels haftet. Die Nagelschuhe übernehmen die Träger, die außen herum zum Gipfel gehen.

Zuerst gehen alle an einem Seil: Piaz als erster, Rey, Hugo, Jori, ein deutscher Führer und am Schluss ein Fräulein aus Berlin, das

Die erste Anstiegsskizze zur klassischen Route durch die Marmolada-Südwand

Ich denke Bettega und Zagonel waren das beste Team, das es damals in den Dolomiten gegeben hat.
Hermann Reisach

Guido Rey

sehr gut klettert. Die Seilschaft ist fast hundert Meter lang. Die schwierigste Bergfahrt ihres Lebens kann beginnen.

Rey: »Die Wände der Kamine, in denen man kletterte, waren vereist und so unangenehm, dass ich zuerst dachte, wir würden aufgeben müssen. Doch Piaz kletterte entschlossen weiter, und mir wurde klar, dass er uns auf jedem nur denkbaren Wege hinaufbringen würde.«

Das erste Viertel der Wand ist senkrecht und mit dem Wissen und der Ausrüstung von damals nur durch eine Kaminreihe zu schaffen, wo sich die Kletterer hochschieben können, ohne in die wahren Abgründe zu sehen.

Rey: »Meter für Meter, Griff für Griff mussten ertrotzt werden, dazu lose Steine, die jeden Augenblick den nachfolgenden Gefährten bedrohten.«

Der Seilerste, Piaz, kann zwar den Nachsteigenden Seilhilfe und Sicherung geben, er selbst kann aber nicht gesichert werden. Er darf also nicht stürzen, muss jede Passage abschätzen, bevor er sie anpackt.

Rey: »Bisweilen hörte ich Piaz laut Selbstgespräche führen. Er schien mit dem Berg zu reden, mit seinem Berg. Er sagte ihm vielleicht, dass er ob der Schwierigkeiten mit ihm unzufrieden sei oder aber auch, dass er ihn bezwingen und seinen Widerstand brechen wolle?«

Diese Kommunikation mit dem Fels, der eine Personifizierung einzelner Passagen vorausgeht, ist eine Erscheinung, die sich durch die gesamte Geschichte des Felskletterns zieht. Ist es ein Beweis dafür, dass sich die besten Kletterer immer schon mit ihren Wegen, mit dem Fels identifizierten? Vielleicht, denn nur wenn Kletterer eins werden mit Griffen und Tritten, können sie schwierigste Passagen überwinden. Sie scheinen dabei zu schweben. Gefährlich wird es, wenn ein Zwischenfall diese Konzentration unterbricht. So geschehen an der Marmolada-Südwand. Nachdem die Dame von fallenden Steinen getroffen wird, flucht Tita Piaz fürchterlich und kommt aus dem Rhythmus. Den Verursacher des Steinschlags nennt er einen »Mörder«. »Piaz, wenn du den Kopf verlierst, wer von uns soll ihn denn behalten?«, schreit Rey ihn an. Die Situation ist unüberschaubar und gefährlich. Auf Befehl von Piaz seilt sich Rey von den hinter ihm Kletternden ab und schließt zu seinem Führer auf. Rey und Piaz klettern nun zu zweit weiter. Sie erreichen die erste Terrasse, wo sie sich zur Rast niederlassen. Nach und nach folgen die anderen. »Unser Anstieg ist der schwierigste in den ganzen Dolomiten«, sagt Piaz nebenbei und alle wissen, schwieriger als in den Dolomiten wird in diesen Jahren nur in den Mittelgebirgen oder im Wilden Kaiser geklettert. Eine objektive Schwierigkeitsbewertung von Klettertouren gibt es noch nicht und die alpine Berichterstattung strotz von Ausdrücken wie »unmöglich«, »schwierigst«, »böse Stelle«. Als ob Fels böse sein könnte.

Rey: »Die nächsten zwei Stunden brachten uns lange, mühsame Kaminkletterei zwischen senkrechten Wänden und böse Quergänge. Aber jetzt fühlten wir, dass wir zusammengehörten. Das überstandene Unglück hatte uns einander nähergebracht. Auch bot der Weg die Möglichkeit, uns öfter zu vereinen, sei es in einem engen Loch, sei es an einer Felskante.«

Piaz klettert mit dem ganzen Einsatz seiner Muskeln und Erfahrung. Plötzlich aber wird er unsicher. Die Felsen sind feucht, die Schuhsohlen unzuverlässig. Die Kletterschuhe haften nicht richtig. Der vom herabtropfenden Schmelzwasser geschwärzte Kalk ist glitschig. Äußerste Vorsicht ist geboten.

Rey: »Piaz befahl mir immer wieder, gut zu sichern. In den Pausen hatte ich, an die feuchte Wand gepresst, während die Füße zu Eisklumpen wurden, reichlich Zeit, mir darüber klar zu werden, dass, sollte Piaz stürzen, wir wohl alle sein Schicksal geteilt hätten.«

Ja, ohne Zwischensicherungen sind Stürze des Seilersten nicht zu halten.

Rey: »Nichts macht unruhiger, als wenn der Führer an solchen Stellen durch langwieriges Suchen verrät, dass er seines Weges nicht mehr sicher ist. Mit dem gespannten Seil in der Faust klebt man am Felsen. Im unbestimmten Vorgefühl des Misslingens folgt

Ich habe immer geglaubt, der Weg in die Hölle ginge hinunter; an der Marmolada-Südwand habe ich erlebt, dass er kerzengerade gegen den Himmel führen kann.

Bettega, nach Gunther Langes

Das Selbstvertrauen des Bergsteigers kann nie härter auf die Probe gestellt werden als in solchen Minuten, die Stunden gleichen. Das sind Augenblicke, in denen Moral und Charakter des Menschen sichtbar werden. Das sind harte Lehrstunden von hohem Nutzen für das Leben. Guido Rey

In der Südwand

Es war ein Kampf, der von meiner Seite mit höchster Kaltblütigkeit und Überlegung geführt werden musste und in dem Augenblick verloren war, in dem mich der Glaube an das Gelingen und an mich selbst verließ ... Auf keinem Berg habe ich später eine so tiefe Freude über das Gelingen empfunden, wie damals auf dem Gipfel der Marmolada.

Josef Ittlinger

Rechte Seite: In der Fleischbank-Südostwand

unser Blick in lebhafter Besorgnis jeder Bewegung des Mannes, der für uns arbeitet. Trotzdem wir ob seines Schweigens beunruhigt sind, wagen wir nicht, ihn zu fragen. Aus Furcht vor einer alle Hoffnungen vernichtenden Antwort schweigen auch wir. Wir möchten an seiner Stelle stehen, selbst sehen und prüfen, doch das bittere Gefühl der Niederlage dringt bereits in unser Herz, macht uns willenlos; wir werden insgeheim aufsässig, verleugnen unsere teuersten Ideale. Das Wünschen ist uns vergangen. Es entwickelt sich ein dumpfe, unbegreifliche Empörung gegen uns selbst, gegen Gefährten und Führer, Berg und Himmel.«

Schon damals ist der Elite der Kletterer bewusst, dass die Sicherheit beim Felsklettern auf zwei Pfeilern ruhen muss: die Selbstsicherheit des Seilersten, gegründet auf Können und Erfahrung, sowie die selbstverantwortete Absicherung bei riskantem Vorankommen. Da Klettern im Gefahrenraum Gebirge stattfindet, gehört Risiko dazu. Wenn allerdings die Sicherheit fehlt und Sicherung dieses Fehlen ersetzen soll, wird Felsklettern zu einer beliebigen Sportart: risikofrei, konsumierbar, banal. Gute Felskletterer spielen nicht mit der Gefahr, sie gehen bewusst Risiken ein, die sie beherrschen können. Dieses Tun hat mit Wagnis, Eigenverantwortung und deshalb mit Lebensfreude zu tun, wenn ein Weg gelingt.

Endlich kommt man an der Marmolada-Südwand zur zweiten Terrasse. Die Felsen darüber sind vereist, keine Genussklettererei. Wenn Eis herabfällt, klingt es wie zerbrechende Fensterscheiben.

Rey: »Höher und immer höher ging es durch die Felswildnis hinauf. Zeitweilig im kühlen und feuchten Nebel. Wir näherten uns dem Gipfel, der immer höher und riesenhafter zu werden schien.«

Endlich sind sie oben, dem Abgrund entkommen, sie stehen im Himmel. Rey macht am Gipfel eine Gruppenaufnahme: »Es ist schön sich erinnern zu können, was für Gesichter die Menschen gemacht haben, als sie dieser Hölle entstiegen.«

Ja, zum Felsklettern im Gebirge gehören Himmel und Hölle, Mut und Angst, Erschrecken und Aufatmen, jeweils Hälften eines unteilbaren Ganzen, das nie nur Sport sein wird.

FREIKLETTERN

1903–1914

DIE REGELN DES KLETTERSPORTS

Jene zweifelhaften Heroen des Alpinismus, denen alles leicht ist, mögen sich einmal an den alten Spruch »Selbst ist der Mann« erinnern und ihren Dimai oder Sepp Innerkofler hinten nachklettern lassen; ich habe allerdings begründete Zweifel, ob ihre Führer ihnen das gestatten würden, nachdem natürlich jedem Menschen sein Leben lieb ist.
Josef Enzensperger

In den Alpen bestimmen nach wie vor die Bergführer das Geschehen. Und vor allem in den Dolomiten geht die Entwicklung des Felskletterns rasant weiter, was sich schon in den Jahren vor der Jahrhundertwende abzeichnet. Die Laurinswand-Westwand in der Rosengartengruppe, 500 Meter hoch, extrem schwierig, 1897 von Emil Munk mit den Führern Luigi und Simone Rizzi erstmals geklettert, ist der Maßstab.

Dieser Luigi Rizzi, mittelgroß, Obmann der Führer in Campitello im Fassatal, ist einer der verwegensten Kletterer. Aber er hat einen Sprachfehler und nur deshalb wird er nicht der Sprecher der Kletterer seiner Generation. Ob »Führerlose« oder Führer – wie sie ihre Wege durch riesige, senkrechte Felswände finden, wie sie ohne viele Absicherungen auch in brüchigem Gelände klettern, ist bewundernswert.

Das Felsklettern ist zu einer Kunst geworden. Natürlich lassen sich wohlhabende Pioniere durch Wände führen, denen sie in keiner Weise gewachsen sind, die besten der Führer aber und einige Führerlose klettern so sicher und so selbstverständlich wie sich sonst nur Tiere in der Wildnis bewegen. Vielleicht ist es dies, was das Felsklettern trägt: Wie Fische im Wasser, wie der Vogel in der Luft, wie die Gämse im Kar – nur das Einssein mit dem Fels macht Menschen zu guten Kletterern. Und es wird sie immer wieder geben, die Burschen und Mädchen, die neben den Tieren klettern als ob sie selbst Tiere wären.

In jenen Jahren spricht man von Victor Wolf von Glanvell, Günther von Saar, Georg Leuchs (der 1905 die mächtige Südwestwand des Cimone della Pala allein klettert) und Tita Piaz – sie sind die Stars. Doch niemand hat eine derartige Reihe von genialen Linien durch große Alpenwände legen können wie Angelo Dibona – mehr als 60 Erstbegehungen! Und er kletterte noch mit 50 Jahren so sicher und selbstverständlich wie mit 30.

Ein Jahrzehnt hindurch versucht Adolf Witzenmann die Kleine-Zinne-Ostwand – ein Problem, das er auch mit den Führern Sepp Innerkofler und Giovanni Siorpaes nicht einwandfrei lösen kann. 1906 kommen die drei in einem Kamin bis unter einen geballten Überhang und lassen sich von der Schulter des Normalanstieges Seilhilfe geben. Nein, keine der ihnen bekannten Dolomitentouren kann sich an Schwierigkeit mit der Ostwand der Kleinen Zinne messen. Sie ist das Riskanteste, was sie je gemacht haben. Aber 1908 schon gelingt den Brüdern Kiene aus Bozen die direkte Ostwand frei und ohne Seilhilfe von oben.

Adolf Schulze, dem Neuerer aus dem Allgäu, gelingt mit Karl Beindl und Julius Engelhardt am 8. September 1902 die Ostwand der Trettach. Am 20. Juli 1905 dann klettert Schulze mit Schneider die fast 1000 Meter hohe Nordkante des Crozzon di Brenta, eine der größten klassischen Dolomitenkletterei, von Hanns Barth als das »letzte große alpine Problem in den Alpen« bezeichnet.

Am 22. September 1909 gelingt den Brüdern Steiner die direkte Südwand des Dachsteins und die Wiener Max und Guido Mayer »bezwingen« mit den Dolomitenführern Dibona und Rizzi die Nordwand der Lalidererwand. An Geld und Mauerhaken fehlt es den Brüdern nicht. Trotzdem soll es die »schwerste bis jetzt bekannte Felstour der Alpen!« sein. Soll, denn Vergleiche hinken.

Im Granit der Westalpen sind es in diesen Jahren die Brüder Franz und Josef Lochmatter sowie Josef Knubel, die neue schwierige Wege gehen.

Am 10. August 1911 wagt sich der Brite Geoffrey Winthrop Young gemeinsam mit Ralph Todhunter und Henry Brocherel dort

In der Dachstein-Südwand

Hans Dülfer steigerte die Kunst des Kletterns in virtuosenhafte Vollendung. Er leitete mit seinen Kaiser- und Dolomiten-Touren die letzte Phase des Klettersports ein. So die Fachkritik. Sie ist richtig. Dülfer ist ein Anfang und ein Ende. Er gehört aber doch noch ganz zu jener alten Garde, zu Preuß, Piaz, Dibona, Fiechtl, Haupt, Jahn, Wenter, Rizzi und den anderen, die unmittelbar vor dem Ersten Weltkrieg ihre Spitzenleistungen mit vollem Einsatz ihres körperlichen und geistigen Könnens und nicht mit wesentlicher Beihilfe einer raffinierten Technik vollbracht haben. Hans Kiene

Oliver Perry-Smith 1907 am Teufelsturm

an die Ostwand des Grépon, wo Mummery, Burgener und Venetz aufgegeben haben, und gewinnt.

1911 überklettert Paul Preuß Langkofel, Fünffingerspitze und Grohmannspitze an einem Tag. Er steigt durch die Südostwand der Grohmannspitze, den unheimlichen Riss in der Ostwand der Kleinsten Zinne und durch die Ostwand der Guglia di Brenta. Alles allein, ohne Seil.

1912 taucht Hans Dülfer in den Dolomiten auf. Kurz vorher ist ihm im Wilden Kaiser gemeinsam mit Werner Schaarschmidt die Fleischbank-Ostwand gelungen.

Beatrice Tomasson, die Ideatorin der Marmolada-Südwandroute, macht mit Dibona und Bettega die erste Überschreitung des Campanile Basso – zwei Wochen bevor Paul Preuss die »erste Traversierung« der »Guglia« für sich reklamiert.

Und nun kommt es erstmals in der Geschichte des Felskletterns zu einer Wertediskussion. Es geht dabei um Sicherheit, Sicherung und vor allem um die erlaubten Hilfsmittel beim Felsklettern. Im Elbsandsteingebirge bei Dresden hat das Freiklettern eine lange Tradition. An vielen Türmen versuchen sich immer mehr abenteuerlustige Athleten, denen Klettern Selbstzweck oder Vorbereitung für Gebirgstouren ist. Rudolf Fehrmann und der Amerikaner Oliver Perry-Smith sind barfuß und mit Hanfseilen gesichert bereits in hohe Schwierigkeitsgrade vorgestoßen. Im Dolomitfels haben sie mehrere extrem schwierige Neutouren geklettert.

Nun legt Rudolf Fehrmann – erstmals 1910 – einige Rahmenbedingungen fest, die bis heute von vielen Kletterern respektiert werden. Der Visionär, der seine »Regeln« vor allem um den Begriff der »Künstlichen Hilfsmittel« aufbaut und in seinem Kletterführer wiederholt, kommt damit Paul Preuß mit einer nahezu identischen Vision zuvor, die den »Mauerhakenstreit« 1911/1912 auslöst.

Fehrmann erläutert, was er unter »künstlichen Hilfsmitteln« versteht, was die Wirkung des Gebrauchs dieser künstlichen Hilfsmittel für die Felsnatur sowie die Natur des Menschen bedeutet. Er definiert damit erstmals, was »Sportlichkeit beim Klettern« sein soll:

»Wer die Verhältnisse in unserem Sportbetriebe genau kennt, muss zu einer grundsätzlichen Verurteilung aller künstlichen Hilfsmittel kommen; würden jetzt diese Erleichterungen frei gegeben, so würde bald jeder die ihm mangelnde Klettergewandtheit durch Schlagen von riesigen Griffen und Tritten, durch Anbringen ganzer Steiganlagen von Mauerhaken, durch Herbeischleppen von Baumstämmen usw. zu ersetzen suchen, in einem Sommer würden Dutzende neuer Wege, die nur so von Eisen starrten, durchgeführt werden, aber dem ernsten Bergsteiger, der die Natur und insbesondere seine Felsen rein und unverdorben haben will, nicht geschändet von Menschenhand, wäre die Freude am Klettern in unserem Gebirge für immer genommen.

Hier kann, sobald künstliche Hilfsmittel benützt werden, von einem Sieg über den Fels ebensowenig gesprochen werden, als wenn zum Beispiel ein Wettläufer dem anderen ein Bein stellt.«

Die Übereinstimmung der Ideen von Rudolf Fehrmann mit denen von Paul Preuß ist beeindruckend. Nur weil die Preuß'sche Sprache klarer ist und seine Arbeit »Künstliche Hilfsmittel auf Hochtouren«, am 9. August 1911 in der Deutschen Alpenzeitung veröffentlicht, eine so breite Resonanz auslöst, gebe ich sie ungekürzt wieder.

»Keine langen philosophischen Betrachtungen über alpine Fragen will ich hier bringen; keine Angriffe, die jahrzentelang aufgebautes stolzes Gebäude in seinen Grundpfeilern wanken machen sollen. Nur Gedanken, die sich mir immer aufdrängen, wenn ich mitten im regsten Getriebe des Bergsteigens stehe, sollen hier lose vereinigt werden. Noch kann ich selbst nicht sagen, ob das Bild ganz klar ist, das ich entwerfe, aber es will mir scheinen, dass sich die einzelnen Gedanken recht wohl zu einem Bild überhaupt vereinigen lassen. Nur eines weiß ich: dass ich mit meinen Ansichten so ziemlich allein stehe, und wenn ich je etwas davon äußere, so war die Antwort immer: ›Recht idealer Standpunkt, aber ein Spleen.‹

So verschieden Alpinismus und Klettersport, so verschieden die Ziele und so verschieden die Forderungen! Die Lösung eines klet-

Wenn nicht alle Aktiven begreifen, dass die Zeiten der Pioniere im Elbsandsteingebirge ein für allemal vorbei sind, wird der Interessengegensatz, auf den Klettern und Naturschutz sich paradoxerweise hinbewegen, in Verordnungen, Notverordnungen kann man sagen, in Gesetzen und Verboten seinen Niederschlag finden, und die werden sich gegen uns richten.

Herbert Richter

Paul Preuß

Künstliches Hilfsmittel ist die zwischen Mensch und Fels beim Ersteigungsangriffe eingeführte Hilfsgröße, zu dem Zwecke benützt, die Überwindung der Schwerkraft zu ermöglichen oder zu erleichtern.

Rudolf Fehrmann

Freikletterei in den Dolomiten

tersportlichen Problems kann alpin wertlos sein, das wissen wir alle, das tangiert den Alpinismus ebensowenig wie den Klettersport, denn für diesen kann dieselbe Lösung den höchsten Wert besitzen. Zwischen der Totenkirchl-Westwand und irgend einem anderen Aufstieg auf die zweite Terrasse dieses berühmten Berges besteht vom klettersportlichen Standpunkt aus kein genereller, sondern nur ein qualitativer Unterschied. Vom Standpunkt des Alpinisten sind aber die meisten dieser Aufstiege vollkommen wertlos; die Anstiegslinien sind nichts weniger als ideal, und die Idealität der Linie spielt für den Alpinismus gewiss die gleiche Rolle wie die größeren oder geringeren Schwierigkeiten, nur im umgekehrten Sinne. Von beiden Standpunkten aus hat die Lösung irgendeines Problems nur dann einen Wert, wenn sie selbstständig, das ist ohne künstliche Hilfsmittel, durchgeführt ist. Das scheint mir oberstes Prinzip beim Alpinismus wie beim Klettersport zu sein, und damit komme ich zur Frage der künstlichen Hilfsmittel.

Für die in alten Zeiten bei Bergtouren mitgenommenen Leitern, für Winklers Wurfanker und ähnliche Hilfsmittel hat man heute nur mehr ein Lächeln um die Mundwinkel. Wenn aber ein moderner Bergsteiger 37-mal das Seil um einen Block wirft, bis es festhält, und dann daran hinaufklettert, dann bewundert man die Kühnheit, Energie und Ausdauer. Worin liegt der Unterschied? Es liegt mir fern, gegen die versicherten Felsensteige zu predigen; kein denkender Bergsteiger verkennt heute ihren Wert für die große Menge des berg- und naturfreudigen Publikums. Auf etwas anderes kommt es mir an, um es kurz zu sagen; ich halte die Sicherung durch eingetriebene Mauerhaken, in vielen Fällen sogar Sicherung überhaupt, sowie das Abseilen und alle anderen Seilmanöver, die so oft die Besteigung von Bergen ermöglichen oder wenigstens dabei angewendet werden, für künstliche Hilfsmittel und daher vom Standpunkt des Alpinisten wie des Klettersportlers als nicht einwandfrei, als nicht berechtigt.

Das Abseilen! ›Wenn man irgendwo nicht hinunter kann, soll man auch nicht hinauf‹ – sagt mir der alpine Standpunkt: ›Aus ei-

gener Kraft Schwierigkeiten überwinden, im Aufstieg wie im Abstieg‹, das ist ein Postulat einer ehrlichen, sportlichen Überzeugung.
Ein Aufstieg ohne das Bewusstsein, alles auch im Abstieg frei gehen
können, ist leichtsinnig-unalpinistisch; ein Kampf, der mit unglei-
chen Waffen geführt wird, unritterlich-unsportlich. Gewiß muss
jeder Alpinist und jeder Kletterer – ich will mit dieser Unterschei-
dung aber nicht gesagt haben, dass nicht ein Mensch gleichzeitig
beides sein kann – abseilen können; es ist eine Rettung in der Not,
bei Wettersturz oder Einbruch der Nacht, nach einem Unfall oder
bei Abirren vom Wege. Ich sehe aber den Wert einer Überschreitung des Campanile di Val Montanaia nicht ein, wenn diese Überschreitung ohne Seil unmöglich ist; eine direkte Überkletterung
aller sechs Vajolettürme erscheint mir sinnlos, wenn man dazu eine
80 Meter lange Luftreise unternehmen muss. Worin besteht der
Wert eines Abstieges durch die Südwand der Marmolada, vom
Winkler- oder Delago-Turm, durch den Schmitt-Kamin oder über
den Kopftörlgrat, wenn man alle Schwierigkeiten nur durch Baumeln am Seil überwindet? Im Aufstieg ist Seilhilfe von oben allgemein verpönt; was für den Aufstieg aber recht ist, muss für den
Abstieg billig sein! Einem Berg ist ja die Jungfräulichkeit nicht genommen, wenn man zwar frei hinauf, nicht aber wieder herabge-
kommen ist – im Gegenteil sogar! Ich möchte mich recht deutlich
ausdrücken, ohne damit aber alle, die sich je abgeseilt haben, vor
den Kopf zu stoßen (ich habe es seinerzeit selbst auch getan): Ist
der Bestohlene verwerflich oder der Dieb?

Dasselbe gilt, wie mir scheint, auch von Mauerhaken! Dass ihre
Benützung als Tritt ungerechtfertigt ist, brauche ich nicht zu beto-
nen; worin liegt aber der Unterschied zwischen einer regelrechten
Drahtseilversicherung und der an schwierigen Stellen eintretenden
Versicherung an dreifachen Seilen durch Mauerhaken, die alle fünf
Meter eingetrieben werden? Ich verstehe weder den Wert der Ge-
fühle noch den Wert der Leistung, wenn man sich so über eine
Wand hinaufschwindelt. Ich selbst wollte auch einmal mit einer
Schlosserwerkstätte beladen und einer Eisenhandlung in der Tasche

*Dass eine Mäßigung in der An-
wendung von Hilfsmitteln beim
Klettersport wünschenswert ist,
muss man zugeben; aber um
diese Mäßigung zu erreichen,
darf man nicht gleich zu so
radikalen Mitteln greifen, solange nicht alle Kletterer auf
Preuß' Stufe stehen.* Tita Piaz

Campanile di Val Montanaia

eine himmelstürmende Wand ›bezwingen‹. Zum Glück bin ich damals abgeblitzt, und heute kommt mir, wenn ich mich so recht besinne, die ganze sportliche Unehrlichkeit meines damaligen Beginnens zu Bewusstsein! (Ein Illustrationsfaktum aus einem modernen Tourenbericht: ›Der Weg ist nicht zu verfehlen, da er in fast schnurgerader Richtung führt und durch 22 Mauerhaken markiert ist.‹!!)

Die sonderbarsten ›Kletterstellen‹ werden ja mit Hilfe von Seilen und Mauerhaken ›gemacht‹: Da pendeln die Leute an glatten Wänden hin und her, ganze Berge werden mit Seilmanövern bestiegen (Torre del Diavolo, Guglia Edmondo de Amicis; allerdings werden solche ›Besteigungen‹ hin und wieder selbst von den Beteiligten nicht für vollwertig genommen!), an Mauerhaken angebundene Reepschnüre werden als Griffe oder als ›Gleichgewichtserhalter‹ benützt. Und doch lehrt die Erfahrung, dass viele dieser Stellen frei zu klettern sind; sind sie es nicht, dann soll man sie doch lieber gleich stehen lassen. Auch der Mauerhaken ist ein Notbehelf; ein Mittel, Berge zu bezwingen, darf er nicht sein. Ich will der Liebe zur Gefahr, die bei uns modernen Bergsteigern bis zu einem gewissen Grade unbedingt vorhanden ist, nicht das Wort reden. Mir kommt aber doch vor, dass der Gedanke: ›wenn du fällst, hängst du drei Meter am Seil‹ geringeren ethischen Wert hat, als das Gefühl: ›ein Sturz, und du bist tot!‹. Wenn man an steilen Wänden mit aboluter Sicherheit nur turnen will, etwa an dreifachen Seilen oder aber einem aufgespannten Sprungtuch, dann soll man doch lieber zu Hause bleiben und seine Geschicklichkeit im Turnverein erproben. Wenn man eine Kletterstelle nicht auch ohne Sicherung gehen kann – vom alpinistischen und sportlichen Standpunkt aus –, darf man sie dann überhaupt nicht gehen. Man darf meiner Ansicht nach als Vorauskletterer immer nur solche Schwierigkeiten und Gefahren überwinden (natürlich mit Ausnahme von objektiven Gefahren wie Spaltengefahr usw.), die man mit denselben Gefühlen auch allein überwinden würde.

Es liegt mir ferne, die Benützung des Seiles überhaupt zu verwerfen; ich will und kann dieses wichtigste Hilfsmittel des modernen Bergsteigers nicht in Misskredit bringen; doch es will mir scheinen, dass damit in neuester Zeit zu viel Unfug getrieben wird. Ganz abgesehen davon, wen man alles unter der Devise ›als Zweiten am Seil‹ auf die Berge schleift – wieviel gewagte Manöver werden auch von den Vorkletterern oft ausgeführt, weil sie eben am Seil sind. Es gibt sogar, wie ich glaube, einzelne Fälle, bei denen gerade im Augenblick höchster Gefahr die Beibehaltung der festen Verbindung zweier Kletterer durch das Seil unmoralisch und unklug wird! Gewiss sollten solche Fälle bei richtiger, planmäßiger Durchführung einer Tour nicht vorkommen, dass wir Bergsteiger aber gegen Zufälle nicht gefeit sind, dass unter Ausnahmeverhältnissen auch Ausnahmefälle eintreten können, wissen wir leider aus eigener Erfahrung. Es ist meiner Ansicht nach bei prekärer Lage des Vorkletternden und einem zur Sicherung völlig ungeeigneten schlechten Stand des Zweiten von letzterem die feste Seilverbindung zu lösen und das Seilende so fest als möglich in der Hand zu halten! (Haupt-Methode! Anm. R. M.) Dies scheint ein Gebot der Menschlichkeit und der Vernunft. Abgesehen davon, dass jedes Leben, das erhalten werden kann, auch erhalten werden muss, dass es sinn- und rechtlos ist, im Falle eines Sturzes aus den allerdings idealen Gründen treuer Kameradschaft den Freund mit ins Verderben zu reißen, trägt diese Maßregel wenigstens ein wenig zur Erhöhung der an solchen Stellen etwas schwankenden Sicherheit bei! Bei jedem von uns, wenn er noch so sehr Altruist ist, spielt die Sorge um das eigene Leben wenigstens im Unterbewusstsein eine bestimmende Rolle. Mit dem Gefühle, im Falle des Sturzes des Freundes nicht mitstürzen zu müssen, kann der Zweite mit ungleich größerer Ruhe mehr Kraft und mehr Aufmerksamkeit dem immerhin möglichen Aufhalten des Sturzes widmen, als mit dem bestimmten Gedanken, wegen des ungünstigen Standes im Falle eines Unfalles des Ersten hilflos sich an die Felsen klammern zu müssen mit einer Zentnerlast um den Leib! Wie viele Doppelstürze wären wohl bei sinngemäßer Anwendung dieses Grundsatzes vermieden worden?! Der Seilsicherung soll eine bedeutende Rolle zufallen, doch im Ver-

Die Lösung eines Problems ohne künstliche Hilfsmittel als oberstes Prinzip beim Alpinismus und Klettersport aufzustellen, ist meines Erachtens absolut falsch. Tita Piaz

Oswald Gabriel Haupt hat seine Grenzen akzeptiert. Wo er ohne künstliche Hilfsmittel nicht hinkam, ging er nicht hin. Für ihn gab es »Tabuzonen«. Er respektierte die für ihn in Freikletterei nicht überwindbaren Wände als für ihn unzugänglich. Reinhold Messner

Anderen diese Irrlehre zu predigen, das halte ich für ganz falsch, für furchtbar gefährlich. Franz Nieberl

Die Erfindung des Fiechtl-Hakens um 1910 gehört zum großen Münchner Bergsteiger-latein, ebenso wie die Erfindung des Bergsteigerkarabiners durch Otto Herzog im gleichen Jahr. Auf den ersten Fotos von der Marmolada-Süd-wand-Begehung können wir bereits Karabiner erkennen.

Hermann Reisach

Die sorgfältige und gewissen-hafte Sicherung ist das morali-sche Placet für schwere Touren, welche ohne jene sehr leicht-sinnige und gewissenlose Un-ternehmungen werden können. Du bist es deinen Angehörigen, dir selbst und nach Umständen sogar der menschlichen Gesell-schaft schuldig, dein Leben und das Leben anderer nicht leicht-sinnig aufs Spiel zu setzen.

Franz Nieberl

trauen auf Seilsicherung und Mauerhaken alles zu wagen und alles durchzuführen, ist unklug, unberechtigt und stillos! Die Sicherung des Vorkletternden durch das Seil darf und soll ein erleichterndes, nicht aber das allein seelig machende Mittel sein, das die Durchführung der Touren ermöglicht. Nur der allein scheint mir das Recht zu haben, sich ›selbstständig‹ zu nennen, der auf dieser Grundlage bergsteigen kann! Nicht nur ›dass‹ man auf Berge hinauf und wieder hinunter kommt, möge von Bedeutung sein, sondern auch ›wie‹! Wenn beim Trabfahren ein Pferd galoppiert, wird es wegen unreiner Gangart disqualifiziert. Die unvernünftigen Tiere zwingen wir zur Reinheit des Stiles; bei denkenden Bergsteigern sollte alles erlaubt sein? Stil im Alpinismus und Stil im Klettersport sei eine Forderung an alle Alpinisten und alle Kletterer; wenn sie erfüllt wird, dann werden alle Angriffe von selbst verstummen.

Es liegt mir ferne, mit diesen Bemerkungen vielleicht unerfüll-bare Forderungen zu stellen; viele Unsitten haben sich so fest ein-gebürgert, dass sie nicht mit einem Schlag auszurotten sind. Nur einige Anregungen dachte ich damit zu geben, die vielleicht bei der kommenden Generation auf fruchtbaren Boden fallen können.

Man wird mir vorhalten, dass ich ein zu extreme, hypermoderne Klettertechnik anstrebe, die vom Alpinismus vergangener Zeiten himmelweit verschieden ist. Ich möchte dies nicht vorbehaltlos zu-geben. Wohl mag heute die Art der Ausführung verschieden sein, der Grundgedanke scheint mir aber derselbe; ich glaube mit mei-nen Ansichten eher eine Rückkehr zu dem im Niedergang begriffe-nen Alpinismus reinsten Stiles durchzuführen, dem Alpinismus, auf dessen festem Grund und Boden ich mit Leib und Seele zu stehen glaube.«

Die Polemik, die sich um Paul Preuß und seine Ansichten ent-flammt, wird auf hohem Niveau ausgetragen und der Respekt, den sich die Spitzenkletterer gegenseitig zollen, wächst sogar. Aus Riva-len werden Freunde, Preuß und Dülfer klettern mit ihren Freundin-nen dieselben Routen, stillschweigend einigt man sich auf das Ideal »Freiklettern«, wobei mit zunehmender Steilheit und Schwierigkeit des Geländes abgesichert werden muss. Die Diskussion um die Verwendung von Haken wird zwar heftig geführt, aber jeder Kletterer, der etwas auf sich hält, schränkt sich ein. Felshaken werden im Elbsandsteingebirge, im Karwendel, in den Dolomiten und im Wilden Kaiser verwendet. Ampferer und Berger wären ohne am Campanile Basso gescheitert. Tita Piaz benutzt sie, um seine Klienten abzusichern, Angelo Dibona sehr sparsam, ja sogar Preuß schlägt Mauerhaken. Vor allem Hans Dülfer lehnt sie nicht ab und verwendet Seil, Haken und Karabiner begrenzt, aber systematisch. Paul Preuß lehnt sich zwar gegen die »Degeneration« des Alpinismus auf, zielt dabei aber auf jene Erfahrung am Berg, die dem Menschen nur beim »Wiederstand gegen den herausgeforderten Tod « (Gottfried Benn) offen steht.

In seiner Entgegnung auf die breite Kritik, die Paul Preuß mit seiner Grundsatzarbeit erntet, stellt er sechs Grundsätze auf, die ihn zum Philosophen des Freikletterns machen:

»1. Bergtouren, die man unternimmt, soll man nicht gewachsen, sondern überlegen sein.

2. Das Maß der Schwierigkeiten, die ein Kletterer im Abstieg mit Sicherheit zu überwinden imstande ist und sich auch mit ruhigem Gewissen zutraut, muss die oberste Grenze dessen darstellen, was er im Aufstieg begeht.

3. Die Berechtigung für den Gebrauch von künstlichen Hilfsmitteln entsteht daher nur im Falle einer unmittelbar drohenden Gefahr.

4. Der Mauerhaken ist eine Notreserve und nicht die Grundlage einer Arbeitsmethode.

5. Das Seil darf ein erleichterndes, niemals aber das allein seligmachende Mittel sein, das die Besteigung der Berge ermöglicht.

6. Zu den höchsten Prinzipien gehört das Prinzip der Sicherheit. Doch nicht die krampfhafte, durch künstliche Hilfsmittel erreichte Korrektur eigener Unsicherheit, sondern jene primäre Sicherheit, die bei jedem Kletterer in der richtigen Einschätzung seines Könnens zu seinem Wollen beruhen soll.«

Dass wir Menschen waren, bevor wir Kletterer wurden, ist wahr; wir wollen es dadurch beweisen, dass wir den Gedanken über das Gefühl siegen, den Geist über den Körper herrschen lassen.   Paul Preuß

RUDOLF FEHRMANN ZWISCHEN ELBSANDSTEIN UND DOLOMITEN

Kleine und Große Zinne:
8 Fehrmann-Route

Neben Paul Preuß ist es vor allem Rudolf Fehrmann, der die Frage nach dem »Wie« beim Klettern in den Mittelpunkt der Diskussion stellt. Er ist ein moderner »Führerloser«. Sparsam Stand- und Sicherungshaken einsetzend, bringt er seine Erfahrungen aus den heimatlichen Sandsteinfelsen ins Hochgebirge und wird so mit seinem Wertekatalog zum Visionär des Felskletterns.

Am weitesten entwickelt ist das Felsklettern in dieser Zeit im Elbsandstein. Man kann hier fast alles: abseilen und in der freien Wand und in Rissen klettern wie nirgends sonst auf der Welt. Gesichert wird an Ringen oder Sanduhren, durch die das Seil gezogen wird. Im zweiten Versuch erklettern im Sommer 1905 Rudolf Fehrmann, »von der Blässe alpiner Gedanken angekränkelt«, und Oliver Perry-Smith, ein Anarchist unter den Felskletterern von damals, die Babarine.

Fehrmann: »Ohne Zeit zu verlieren, machten wir das Seil klar, Perry-Smith sicherte mich, und nun stieg ich denn los. Mühelos war wieder der obere Kopf erreicht. Ich suchte ihn nach rechts und links ab, um den Überhang an der günstigsten Stelle anzupacken, blieb aber schließlich dabei, in der bisherigen Anstiegslinie weiterzuklettern. Während unten Freund Ollie, jede Bewegung verfolgend, das Seil bediente, fasste ich sorgsam zwei Buckelgriffe, setzte den linken

Fuß so hoch als möglich an, dann zog ich mich langsam und vorsichtig über den Überhang hinauf – da brach plötzlich der einzige Tritt, auf dem mein Fuß stand, weg. Schnell duckte ich mich an den Fels, riss den rechten Fuß hoch, fand Halt und hatte so den Überhang überwunden, wenn auch anders als gewollt. Wenige Augenblicke später stand ich auf dem Gipfel und schrie vor jubelnder Freude in die Luft hinaus; da merkte mein Freund, dass nun alles, alles gewonnen sei und stimmte fröhlich ein. In kürzester Frist stand er neben mir und reichte mir die Hand. Wir setzten einen Abseilring ein, dann schrieben wir unsere Namen auf einen Wisch Papier und steckten diesen in eine Flasche. Perry-Smith errichtete aus einem Bambusrohr, das wir gefunden hatten, eine kleine Fahnenstange und stülpte die Flasche oben auf. Das Ganze nahm sich aus, als ob sich Fräulein – pardon Frau Barbarine – zur Feier des Tages einen Haarpfeil eingesteckt hätte. Noch lange saßen wir auf dem kleinen Gipfel und sahen in das weite Land hinaus.«

Im August 1908 ist Rudolf Fehrmann – ohne Zweifel der Sprecher des sächsischen Bergsteigens – mit Oliver Perry-Smith in den Dolomiten. Nach einem Ausflug in die Rosengartengruppe reisen sie zu den »Zinnen«, prüfen durchs Fernrohr eine gedachte Linie im rechten Teil der Nordwand der Kleinen Zinne und wollen sich den Fels dort »mit den Fingerspitzen ansehen«. Nach einer Begehung des alten Wegs an »ihrer« Nordwand ziehen sie wegen Schlechtwetter ab und kommen erst am 15. August 1909 wieder. Zwischen Kleiner und Großer Zinne steigen sie in die Felsen ein, klettern zuerst nach links und dann gerade empor. Über Bänder, linkshaltend, und über eine Reihe wenig ausgeprägter Risse geht es empor.

Fehrmann: »Noch waren die Schwierigkeiten nicht übermäßig, doch galt es, recht vorsichtig zu klettern, da manchmal der erste nur mangelhaft gesichert werden konnte. Wir befanden uns nun schon in etwa halber Höhe der Nordwand und sahen zu unsrer Freude, dass wir nur ein Stück nach rechts zu queren und dann der Bahn eines seichten, schrägen Spaltes zu folgen brauchten, um zum

Rudolf Fehrmann am Winklerturm
(Elbsandsteingebirge)

Im Elbsandstein kletterte man die Routen in abenteuerlichem Stil, hielt an strengen Regeln fest.
Leo Houlding

Vorrangig unser Regelwerk hat den sächsischen Bergsport in seiner Einmaligkeit geschaffen und erhalten. Wer neue Wege klettern wollte, der musste auf dem Erreichten aufbauen, und zwar mit denselben Mitteln wie seine Vorgänger: Gewandtheit, Kraft und Mut. Da, wo die Regeln wirklich zum Hemmnis geworden waren, wie beispielsweise in den sechziger Jahren hinsichtlich des Ringschlagens, da sind sie schließlich auch gelockert worden.   Herbert Richter

Rudolf Fehrmann am Dreifingerturm

Einstieg in den großen Kamin zu gelangen. So taten wir auch, vorsichtig über das brüchige Gestein hinweggehend, und als wir endlich in dem ersehnten Felsspalt standen, da lachte in uns die helle Freude, das so leicht erreicht zu haben, was manche schon für unmöglich gehalten hatten.«

Der Kamin wird breit, zwei Klemmblöcke erleichtern das Sichern und sie erreichen einen gewaltigen Überhang, der den ganzen Kamin abschließt. Unmöglich? Nein, Fehrmann will die überhängende Stelle an der linken Wand umgehen, aber es ist zu spät geworden für den Gipfelgang und die beiden kehren um. Auf der Hütte erfahren sie, dass es keinen Zweck hat, den Versuch fortzuführen, weil zwei große Überhänge an ihrer Linie unmöglich seien. Früh am nächsten Morgen stehen sie unter dem Überhang, an dem sie am Abend vorher umgekehrt sind. Der Wegverlauf ist klar, eine Sicherung an natürlichen Ankerpunkten aber so gut wie unmöglich.

Fehrmann: »Ich hängte zwei Seilschlingen um und nahm zwei Sicherungsringe und den Hammer an mich. Dann schickte ich mich an loszusteigen; aber Perry-Smith ließ mich nicht fort, ohne zuvor in das schmale Band, auf dem er stand, einen Sicherungsring einzuschlagen. Er fürchtete, ich könnte weiter oben keinen passenden Spalt finden, um den Stift einzutreiben. Währenddessen stand ich ungeduldig draußen an der Wand. Sobald mir der Freund zurief, dass alles fertig sei, stieg ich mit leidenschaftlichem Eifer an. – Anfangs geht's noch leidlich kletterbar ungefähr gerade empor. Dann halte ich mich mehr rechts, und da kommen die Schwierigkeiten. In einem Felswinkel steige ich hinauf. Die Wand ist dort senkrecht, zuletzt sogar etwas überhängend. Griffe und Tritte sind zwar scharfkantig, aber klein; zudem muss ich sie mit äußerster Vorsicht gebrauchen, da mir das Gestein zum Teil recht unzuverlässig scheint. Der mächtige Überhang liegt schon einige Meter unter mir, aber ein zweiter stellt sich in den Weg. Wenn ich hier den Sicherungsring einschlagen könnte, wäre alles schön und gut; sonst aber gilt's, reichlich viel zu riskieren. Die Hauptsache ist, nur keine Zeit zu verlieren, denn die Füße stehen auf recht schmalen Tritten und beginnen bereits zu schmerzen. Noch einmal prüfe ich den Fels über mir, ob ich vielleicht einen weniger bedenklichen Durchstieg finden kann. Als ich aber die Gewissheit habe, dass ich den Überhang entweder gerade über uns überwinden und mich dann nach rechts halten oder gleich jetzt auf schlechten Tritten und mit nicht viel besseren Griffen einige Meter nach rechts queren muss, um da drüben über überhängenden Fels den schmalen Riss zu gewinnen, da halte ich es für geraten, doch auf eine leidliche Sicherung bedacht zu sein. Ich rufe zu Freund Perry hinunter: ›Pass gut auf, ich setze jetzt einen Ring.‹ ›Schön!‹, tönt die Stimme zurück, ›aber sei vorsichtig und beeile dich, ehe du zu schwach wirst.‹ Inzwischen streife ich eine Seilschlinge mitsamt dem daran befindlichen Sicherungsring vom Körper, ziehe den Hammer aus der Tasche, suche eine Zeitlang einen passenden Spalt und finde einen solchen in einer waagrechten Ritze, deren untere Kante etwas hervorsteht. Mit den beiden letzten Fingern der linken Hand greife ich über die Kante, um mich im Gleichgewicht zu halten, mit den anderen halte ich den Stift, in dem der Ring hängt. Dann schlage ich mit dem Hammer zu, erst behutsam, dann mit kräftigen Schlägen. Ich hämmere, bis sich der Stift nicht mehr rührt. Nun wird es höchste Zeit, dass ich das Seil durch den Ring ziehe und sehe, dass ich weiterkomme, denn schon wollen Füße und Knie streiken.«

Ja, Haken schlagen ist anstrengender als klettern und Fehrmann entschließt sich, jetzt als Seilerster gesichert, nach rechts zu queren, um rasch einen Riss zu erreichen und sich darin zu verkeilen.

Fehrmann: »Dieser Quergang erschien mir als das schwerste Stück des ganzen Aufstiegs. … Allerdings, ein gutes Stück musste ich schon noch emporklettern, ehe ich feste Stellung fand und Perry-Smith nachkommen lassen konnte. Der folgte mir auf meinen Zuruf so rasch er konnte nach; doch zog er vor, am Ringe angekommen, gerade hinauf über den Überhang zu gehen.«

Der Kamin ist nicht mehr schwierig, aber wieder versperrt ein Überhang den Weiterweg. Sie umgehen ihn linker Hand und erreichen den Gipfel.

Die Drei Zinnen von Norden

Als ich mich nach einer Möglichkeit, mich bei der Arbeit selbst zu sichern, umsah, entdeckte ich zu meiner Freude, dass sich am Ende des eben druchkletterten Risses ein feiner Hohlgang durchs Gestein zog. Nach langem Bemühen glückte es, einen Bindfaden durchzustecken und daran das Seil nachzuziehen. Ich band mich wieder an das Seil an und hatte das angenehme Bewusstsein: Ich kann machen, was ich will, fallen kann ich nicht!
     Rudolf Fehrmann

Georg Haupt, der vortreffliche Felsmann, Zeuge und Gefährte unserer schönsten Dolomitenfahrten, einer von jenen prächtigen Menschen, nach denen man sich unwillkürlich umsieht, wenn man ihnen fremd begegnet, fiel an der Scharnitzspitze einem fürchterlichen alpinen Geschick zum Opfer.   Walter Schmidkunz

Civetta-Wand, Reich des sechsten Grades

MIT SEIL UND HAKEN

NEUANFANG IN AR-
MUT UND HELDENTUM

Hans Fiechtl

Nur wenige Persönlichkeiten der Kletterkunst können nach dem Krieg dort anknüpfen, wo sie vor dem Krieg aufgehört haben. Und zwar nicht nur, weil in den zwanziger Jahren die Problemstellungen und weniger das reine Kletterkönnen im Vordergrund stehen. Stillschweigend wird beim Bergsteigen jetzt mehr und mehr Technik eingesetzt. Hans Dülfers Haltung setzt sich durch. Einen Pionier, der Dülfers Gegenspieler ist und der diesen um 50 Jahre überleben wird, sehe ich als Scharnier zwischen den zwei Kletterepochen: Otto Herzog.

Ja, Otto Herzog und Hans Dülfer rivalisieren vor dem Krieg um die Lösung der damaligen Felsprobleme in der Fleischbank-Ostwand. Mit Adolf Deye wagt Herzog im Sommer 1910 einen ersten Versuch. In der Höhe des ersten Quergangs geben sie auf. Man verwendet – streng geheim – Feuerwehr-Karabiner zwischen Seil und Haken. Im Grunde keine Neuerung. Sechs Wochen nach Dülfers Erstbegehung gelingt den Brüdern Christian und Otto Herzog am 25. August 1912 die siebte Begehung der Fleischbank-Ostwand.

Nun geht es um die Südwand der Schüsselkarspitze. Hans Dülfer und Werner Schaarschmidt, versuchen den Durchstieg; Tita Piaz, Paul Preuß und Willi von Redwitz ebenfalls. Der Tiroler Bergführer Hans Fiechtl, der mit Georg Sixt 1911 einen Fleischbank-Ostwand-Versuch unternommen hat, tut sich mit Otto Herzog zusammen. Zuerst klettert Herzog voraus. Nach drei Stürzen lässt er Fiechtl an der Pendelstelle den Vortritt. Der Weiterweg ist problemlos. Auf einem abschüssigen Grasfleckchen wird biwakiert. Am 1. Oktober 1913 gilt die Südwand der Schüsselkarspitze als gemeistert. Ist sie die schwierigste Kalkalpentour? Da heftig über Hilfsmittel und Routenführung diskutiert wird, steigt Herzog mit seinem Bruder am 11. Juni 1914 noch einmal in die Schüsselkar-Südwand ein. Im oberen Teil queren sie in die Mitte der Wand und klettern direkt zum Gipfel. Und weil auch die Abseilstellen kritisiert werden, wagen die beiden Brüder kurz vor Kriegsausbruch einen dritten Anlauf. Am 28. Juli 1914 steigen sie vom Gipfel über die Wand ab. Sie sind so gezwungen, die Abseilstellen als Aufstiegsroute zu klettern. Es ist Herzogs letzte Klettertour, bevor er an die Front muss.

Nach dem Krieg sind es Emanuel Strubich aus Dresden, der mit seiner Erstbegehung der Drusenfluh-Südwand im Rätikon 1921 im Alleingang (!) einen Markstein setzt, sowie der Schweizer Adolf Aufdenblatten und der Franzose Armand Charlet, die das Klettern im Kalk- und Granitfels weiterentwickeln. Bergführer und Führerlose steigen problemlos nebeneinander her. Alle Komplexe in dieser Hinsicht sind ausgeräumt. Das Klettern im Fels wird immer extremer und nur ein paar selbsternannte »Ritter des klassischen Alpinismus in den Dolomiten« versuchen diese Entwicklung zu bremsen. Gunther Langes, der Erstbegeher der berühmten »Schleierkante«, schreibt gegen das »todesverachtende extreme Draufgängertum« an. Für ihn ist das »Äußerste« eine »Abart« des Kletterns und er verurteilt diese »Auswüchse«. Der starre Dogmatiker eröffnete zwar viele Freikletterrouten in den Dolomiten, die Haltung des konzilianten Paul Preuß versteht er aber nicht.

Anders Otto Herzog, »Herzog von Laliders« oder »Rambo« genannt. Herzog überlebt seinen Rivalen Dülfer und trägt dessen Ideen weiter. 1888 in Fürth geboren, lebt er in München und ist Schreiner, Zimmermann, Turner und Bergsteiger. Sein Lieblingsgebiet ist das Karwendel. Hier gelingen ihm vor und nach dem Krieg schwierige Neutouren, wobei ihm schon 1921 der Sprung zum VI. Grad gelingt. Er klettert in den Dolomiten, in den Westalpen, im Kaukasus und zählt zu den besten Kletterern vor und nach dem Ersten Weltkrieg.

Am 26. November 1913 stand Hans Dülfer am Vortragspult der Sektion Bayernland in München. Er sagte, dass nach seiner Ansicht die Schüsselkar-Südwand immer noch nicht durchstiegen sei. Als Beweis erwähnte er die beiden Abseilstellen und den Pendelquergang und schließlich bemängelte er den Ausstieg auf den Westgrat. Vom selben Pult herab sprach am 4. März 1914 der Dolomitenführer Tita Piaz über seine Versuche an der Schüsselkar-Südwand mit Preuß und von Redwitz. Unsere Versuche sind fehlgeschlagen, sagte er, aber es freut mich, dass Otto Herzog der große Wurf gelungen ist. Hut ab.

Otto Herzog

GUSTAV HABER UND OTTO HERZOG IN DER HA-HE-VERSCHNEIDUNG

Otto Herzog

An der Lalidererspitze sind die Felsen am schroffsten, auf eine Höhe von 800 Metern im Durchschnitt wohl 85 Grad geneigt; am Lalidererwand-Gipfel, dem mittleren Teil der Mauern, erreichen sie ihre größte Höhe; ihr Ostteil mit der Dreizinkenspitze ist ganz besonders schön an Formen und war damals noch nicht einmal durch einen Versuch berührt.

Gustav Haber

Hermann von Barth beschreibt die Lalidererwand als »Steilwand, wie sie nirgends riesiger, erdrückender, schauernd großartiger dem Bergwanderer gegenübertritt. Die absatzlose, nur von senkrechten Klüften und Schachten durchspaltene Steilwand stürzt über 1000 Meter tief zu Tal; sie ist's, die im versperrten Talkessel von Laliders demjenigen, der von der Riss herein dem innersten Heiligtume des Felsengebirges naht, so unfassbar groß, so gebieterisch abweisend sich entgegenstellt, – sie ist es, die seinen Weg über die ungeheuren Trümmerwälle an ihrem Fuße, über das grüne Hohljoch nach der Engalpe hinüber mit schwarz und feuergelb gestriemter Mauer begleitet und drohend überragt und unter der steten Gefahr ihrer zermalmenden Geschosse hält.« In zwanzigstündiger Kletterei haben Dibona und Rizzi ihre Herren Max und Guido Mayer durch den »schwersten bis jetzt bekannten Felssturz der Alpen« geführt.

Im Juni 1921 wagen Gustav Haber und Otto Herzog, der unermüdliche Erschließer vieler Karwendelrouten, eine Neutour an der Nordwand der Dreizinkenspitze im langen Zug der Lalidererwände. Otto Herzog ist der Veteran, Gustav Haber der Neuling! Für Herzog zählt die Lösung des Problems, Haber will in seinem jugendlichen Ehrgeiz von Herzog lernen.

»Ich glaube, da kommen wir nicht hinauf«, meint Haber. »Und ich glaube, wir sollten es wenigstens versuchen«, antwortet Herzog. Er ist der Erfahrene, sein Wort gilt.

Wandflucht von Laliders

Lalidererwände

1 Grubenkarspitze-Nordostwand; Weg Franz und Toni Schmid, 1931

2 Grubenkarspitze-Nordostwand; im oberen Teil neuer Weg, A. Sattler J. Burghard, Frl. Lisa Fries, 1909

3 Grubenkarspitze-Nordpfeiler; Weg K. Berger, O. Melzer, E. Spötl, 1901

4 Dreizinkenspitze; im unteren Wandteil links Ha-He-Verschneidung von Otto Herzog und Gustav Haber, 1921

5 Dreizinkenspitze; Steilrampe des westlichen Weges Otto Herzog und Gustav Haber. Im mittleren Wandteil links Eisschlucht, rechts westlicher Weg (grat artiger Pfeiler), dazwischen Verbindungswege. Im oberen Wandteil links Eisschlucht, rechts Gipflaufbau mit beiden Anstiegsmöglichkeiten. Ununterbrochene Linie: schwierigster Dreizinkenweg Otto und Willi Herzog und Gustav Haber, 1929

6 Lalidererwand; Weg Ernst Krebs und Toni Schmid, 1931

7 Lalidererwand; alter Weg Dibona, Rizzi, G. und M. Mayer, 1911

8 Lalidererspitze-Nordwand; Weg Matthias Auckenthaler und Hans Schmidhuber, 1933

Der erste Versuch scheitert. Aber Herzog studiert Aufnahmen, die eine winterliche Dreizinkenwand zeigen. Nur da und dort Schneeflecken. Nur neben der östlichen Verschneidung ist im Winter eine zusammenhängende Schneewand zu erkennen. Eine Aufstiegsmöglichkeit? Vielleicht! Winteraufnahmen täuschen das kundige Auge selten. Die beste Linie in der unteren Wand ist gefunden! Während der Anreise schon wird der geplante Weg getauft: »Ha-He-Verschneidung« nach dem Anfangsbuchstaben der Namen der Erstbegeher. Herzog, der Tüftler, ist mit allerlei »Neuheiten« ausgerüstet: »Eine ganz kurze Strickleiter mit Holzsprossen, unaufziehbare Karabiner und Federsicherungen für besonders gefährliche Stellen, riesengroße Grashaken, winzig kleine Messerhaken und Holzklötzchen zum Einklemmen in Spalten«.

Dazu kommt ein »Päckchen Mauerhaken«, das Herzog schon vor dem Krieg im Dachgebälk der Ladiz-Alm versteckt hat. Die Versuche beginnen.

Ideal, kaum von Falllinie abweichend ist der Weg, den wir durch die Lalidererwand zur Spitze erkämpft haben!   Ernst Krebs

Die Dreizinkenwand ist noch immer eine der schwierigsten, in der Verbindung Ha-He-Verschneidung und Gipfelaufbau vielleicht sogar die schwierigste bergsteigerische Unternehmung in den Alpen. Sie bietet zugleich auch eine der spannendsten Klettereien, einen der merkwürdigsten Felswege. Gustav Haber

Dibona, von Saar, Preuß, Herzog, Vinatzer, Rebitsch sind im brüchigen Fels zu großen Könnern herangereift.
Reinhold Messner

Haber: »Schon gleich der Beginn unseres Weges, der Einstieg in den Fels, ist eigenartig. Hier liegt ein großes, beinhart gefrorenes Firnfeld. Rechts und links stößt es unmittelbar an die Wand an, oder ist nur durch eine schmale Spalte von ihr getrennt. In der Mitte jedoch, am höchsten Punkt des Eisfeldes, öffnet sich eine breite und sehr tiefe, nachtschwarz dämmernde Kluft. Gute zehn Meter weit ist die Spitze des Eiskegels vom Fels entfernt, fast zehnmal so tief geht es von dort hinunter, ehe sich Fels und Eis berühren. In den gähnenden Schlund rauscht ein kleiner Wasserfall, der Abfluss der Eisschlucht, hernieder, hinwegsprühend über spiegelblank gewaschene Platten, tiefer unten Eis und Fels überhängend aushöhlend. Diese Kluft ist unüberschreitbar, diese Platten sind nicht zu erklettern.

Die Verschneidung selbst zieht etwas weiter rechts herunter. Die Randkluft ist hier noch immer an die 20 Meter tief, ein Überspreizen vom Eis direkt zum Fels nicht möglich. Erst noch weiter rechts treten beide nahe zusammen. Hier steigen wir in die Kluft hinab. Ein schmaler, mehrmals unterbrochener Sims führt, tiefer als der obere Rand des Eisfeldes, am Fels waagrecht bis fast zur Verschneidung hinüber. Er ist durch Überhänge überdacht und darum nicht kletterbar. Etwas rechts der Verschneidung kämen wir wahrscheinlich ein schönes Stück hoch, doch nirgend sehen wir eine Möglichkeit, hernach links in die Verschneidung hinüberzuqueren.«

Am linken Fuß einen Kletterschuh, am rechten Nagelschuh und Steigeisen, queren sie die Kluft. Der Kletterschuh findet an der Felsleiste Halt, das Steigeisen pressen sie links an die senkrechte Eiswand.

Haber: »Immer breiter klafft der Spalt, und immer weiter reißt uns die Spreizstellung die Beine auseinander, gerade, dass es mit größter Mühe noch langt, in den rinnenartig vertieften Beginn der Verschneidung hineinspreizen zu können. Jetzt, ein kräftiger Abstoß mit dem linken Fuß von der Eiswand, ein fester Schwung. Drüben haschen die Hände rasch einen Griff, und wir sind in der Verschneidung.«

Bald stehen sie unter einem ersten Überhang. Die Schwierigkeiten beginnen.

Haber: »Mit großer Mühe wechseln wir vorsichtig den Platz. Jetzt stehe ich am Haken, Herzog aber hängt an zweifelhaften Haltepunkten knapp neben mir, dass es ganz abscheulich anzusehen ist. Gerade über den Wulst hinweg geht es nicht weiter, er ladet zu stark aus, und außerdem glaubt man, dass der Überhang schon vom bloßen festen Anschauen allein herunterbrechen möchte. Rechts hängt erst recht alles über. Folglich muss es links weitergehen. Das ist allerdings leichter vorgenommen als ausgeführt. Herzog verschwindet um die Ecke, und nun soll ich ihn über drei Stunden nicht mehr zu Gesicht bekommen. Bisweilen höre ich ein paar Worte der Gespräche, die er drüben mit sich und dem Fels hält; öfters surren Steine neben mir vorbei, die er aus dem Fels entfernt hat. Dann und wann klingt und singt das Schlagen eines Hakens, und manchmal, oft erst nach langen Zwischenräumen, bewegt sich das Seil um einige Zentimeter weiter …

Mich fröstelts, bis ich nach langem Ausharren nachkommen darf. Doch gleich wird mir wieder heiß von der harten Felsarbeit. Um die Ecke komme ich glücklich herum. Wo jetzt aber weiter? Gehen muss es, das Seil hängt fast gerade von oben herab. Halt! Da drüben in der überhängenden Platte sehe ich einen Tritt und gleich oberhalb läuft ja auch das Seil durch einen Haken. Ich bin gewiss nicht gerade klein geraten, dennoch reiße ich mir beinahe die ›Haxen‹ aus, ehe ich den Tritt erreiche. Noch schwerer fast ist es, den Körper dort hinüber zu schwingen, denn auch mit Griffen sieht es sehr windig aus. Kaum, dass man in die winzigen Rauigkeiten einige Fingerspitzen einpressen kann. Dazu hängt der Fels auch noch leicht über. Das Herausschlagen des folgenden Hakens, wie auch aller übrigen, frisst kostbare Kräfte. Ein Herzogscher Haken sitzt fest; viel fester, als man es zum Beispiel gewöhnlich von den Haken im Kaisergebirge gewöhnt ist. Mühsam rampfe ich mich höher. Von Herzog vermag ich nichts zu sehen, er muss wohl versteckt dort oberhalb der grauen Platte stehen, über die das Seil sich

In der Lalidererspitze-Nordwand

Es ist die Brüchigkeit einer Wand, die sauberes Klettern lehrt.
Reinhold Messner

Während der Woche trainieren wir noch streng im Klettergarten des Isartales, so lange, bis die Hände wund sind. Auch die einschlägigen Photos studieren wir genau, so viele wir ihrer habhaft werden können. Ganz besonders wertvoll ist uns ein Winterbild. Denn wo Schnee liegt, gibt es meistens auch Schritte. Wir legen die Route im Groben fest.

Ernst Krebs

Angelo Dibona

herabwindet. Von dem Herausschlagen der Haken ermüdet, lange ich an der Platte an. Teufel, die ist aber glatt! Meine Frage nach Griffen und Tritten beantwortet Herzog mit den mir jetzt recht unschön dünkenden Worten ›Schau nur selber‹.

Tastend suchen Fingerspitzen und Kletterschuhsohlen in den winzigen Unebenheiten der Platte, die selbst das suchende Auge kaum zu entdecken vermocht hatte, Halt. Jetzt bemerke ich Herzog knapp ober mir, verkeilt in einem kleinen Spalt, mich lachend ansehend, weil ich mich gar so schinden muss. Zu seinen Füßen erwische ich bessere Griffe, ziehe mich daran hinauf und stehe endlich keuchend vor Anstrengung bei ihm. Was hat Herzog ohne Seilzug von oben erst hier geleistet?«

Herzog klettert gleich weiter und sie kommen bis unter einen zweiten Überhang. Gewaltig!

Haber: »Eine gewagte Querung lässt uns das ungemütliche Hindernis nach links umgehen. Auf den folgenden abgewaschenen Steilplatten fehlen für eine Seillänge die Überdachungen, sie sind vom Regen, der den ganzen Tag fast ständig herniederträufelte, patschnass. Zu diesen hochgefährlichen Platten brauchen wir frische Kräfte!«

Die beiden stehen etwa 100 Meter über der Randkluft. 10 Stunden haben sie für die Strecke benötigt. Es reicht. Eine bunte Flagge, die sie an zwei Mauerhaken anbinden, soll den Umkehrpunkt markieren. (Die Auckenthaler-Route wird später ad hoc geklettert.)

Nach dem zweiten Versuch hängt die Flagge 200 Meter hoch über der Randkluft. Beim dritten Anlauf, nach einem Rasttag, wollen sie ihr Ziel erreichen. Sie turnen an der beim zweiten Versuch hängengelassenen Seilreihe hoch, 200 Meter weit, und erreichen bald eine riesige Grotte, die ihren Standplatz überdacht. Sie stecken in einer Falle. Die Winteraufnahme hat sie in die Irre geführt. Die Wände der Grotte, neben der Verschneidung, sind glatt und überall fließt Schmelzwasser! Alle Rauigkeit ist wie weggewaschen. Schlussfolgerung: Sie müssen durch die Grotte.

Haber: »Hier holt uns kein Mensch mehr heraus.«

Die Innenwand der Grotte ist fast senkrecht, mit schleimigen Algen und Moos überzogen. Unbegehbar! Die Außenwand hängt über. Darüber ein waagrechtes Dach. Nicht zu erklettern! Sie steigen bis in den innersten Winkel der Grotte. Die Höhle setzt sich ins Berginnere fort. Sie aber bleiben draußen.

Haber: »Zwischen Innen- und Außenwand der Grotte schneidet ein niedriger schmaler Spalt ein. Waagrecht läuft er nach außen, doch vorerst können wir sein Ende noch nicht sehen. Das ist der folgende Weg! In Kamintechnik stemmen wir uns hinaus, fast 50 Meter weit, die Füße an die Innenwand der Grotte, den Rücken an die Außenwand des Spaltes gepresst. Gleich unterm Gesäß wendet sich das Dach der Grotte nach außen; immer weiter, immer waagrechter, je mehr wir hinauskommen. Immer tiefer weicht der Boden unter unseren Füßen zurück, immer schwindliger wird der Abgrund zwischen unseren Beinen, jeder Meter schwieriger und schwieriger.«

Staunend stehen sie am Grottenende. Es scheint nicht weiter zu gehen. War all ihre Mühe vergeblich? So kurz vor dem Ziel!

Haber: »Nein, Herzog ist mit seinem Können nicht am Ende. Wir müssen vorwärts, irgendwie! Fünf Meter links gibt es in den Steilplatten eine kleine Abflachung. Von ihr dürfte wahrscheinlich ein Weiterweg zu finden sein. Aber wie hinübergelangen? Eine spiegelblanke, senkrechte Platte trennt uns von dort. All unsere Kunst würde bestimmt nicht ausreichen, in freiem Klettern über sie hinwegzukommen. Das brave Seil wird uns helfen müssen. Um die Wette suchen wir beide nach einem Platz, wo sich ein Haken zum Einhängen des Querungsseiles anbringen lässt. Es ist vergeblich. Uns packt die Wut. Jetzt ist alles Wurst. ›Aut in scutum, aut cum scutum‹, sagten schon die alten Spartaner. Es sei nun auch unser Wahlspruch, also lieber ›derfallen‹, als geschlagen heimkommen.«

Diese Einstellung beseelt nicht nur die besten Kletterer, eine ganze Epoche lang nutzen sie die Machthaber in Italien und Deutschland um Spitzenleistungen zu provozieren.

Es ist gefährlich, ja geradezu ein Unding, einzelne Kletterstellen als die schwierigsten der bis dahin ausgeführten zu bezeichnen. Wir möchten daher auch nicht behaupten, dass einzelne Stücke der Dreizinkenwand andere schwierigste Kletterstellen übertreffen. Doch es steht fest: In keiner der von uns bis heute ausgeführten neuzeitlichen Felsfahrten haben wir nochmals eine solch ununterbrochene Andauer und Gesamtlänge größter Schwierigkeiten gefunden als an der Dreizinkenwand.

Gustav Haber

Die Goldene Medaille für den Führer einer Seilschaft, die eine Erstbegehung des sechsten Gradees vollbracht hat, und die Silberne Medaille 1. Klasse für die übrigen Teilnehmer dieser Seilschaft.

Anregung für Bergsteiger im Mussolini-Faschismus

Uns dünkt, dass die Schwierigkeiten der Ha-He-Verschneidung bei anderen Felsfahrten jahrelang überhaupt nicht mehr erreicht wurden, wir also der bergsteigerischen Erschließung ebenso lange Zeit vorausgeeilt waren. Erst in jüngster Zeit scheint der großartigste Dreizinkenwand-Durchstieg, die Verbindung Ha-He-Verschneidung und Gipfelaufbau, durch andere schwierigste Felswege erreicht, vielleicht aber noch immer nicht übertroffen worden zu sein.

Gustav Haber

In dieser Zeit hat auch Ludwig Böttkher am Mulaz, Westwand, in der Pala den VI. Grad geklettert.

Reinhold Messner

Rechte Seite:
In der Fleischbank-Südostwand

Langsam, am Seil hängend, schiebt sich Herzog über in die senkrechte Wand.

Haber: »Wird es Herzog gelingen, den Platz drüben zu erreichen? Zentimeter für Zentimeter gewinnt er in zähem Ringen. Es ist ein Genuss, diesem besten Kletterer seiner Zeit zuzusehen. Wie ruhig, wie überlegt, wie vorsichtig ist jede seiner Bewegungen; der Laie würde es gar nicht merken, wie außerordentlich schwierig und gefährlich diese Stelle ist. Gespannt folge ich ihm mit den Augen, jeden Augenblick bereit, den Körper, falls er stürzen sollte, zu halten.«

Das scheinbar Unmögliche gelingt. Herzog erreicht die flache Stelle. Haber folgt am Seil über überhängende Platten. Mit Herzogs Unterstützung hangelt er sich zu ihm hinauf. 20 Meter senkrechter Fels trennen sie vom Ausstieg in die Eisschlucht: 20 Meter voller Schwierigkeiten, 20 Meter Verschneidung, in der kein Haken anzubringen ist.

Lehmverschmiert, mit zerrissenen Kleidern, erreichen sie den Grund einer Schlucht, durch die ein steiler Eisfaden hochzieht. Die Ha-He-Verschneidung ist »gemacht«.

Aber das Pfeifen fallender Steine treibt sie zurück, sie müssen schnell hinab, damit sie die Dunkelheit nicht überrascht, ehe sie wieder am Einstieg sind. Nach Mitternacht erst erreichen sie ihre Unterkunft auf einer Almhütte.

Ein Jahr später, im Frühsommer, Firn bedeckt die losen Schuttflächen, seilen sich die beiden von oben in diese Schlucht ab und erklettern sie Stufe um Stufe im Anstieg. Bis zur Grathöhe. Kurze Zeit später, fast genau ein Jahr nach der ersten Begehung der Verschneidung, setzen sie einen neuen Gedanken in die Tat um. Ha-He-Verschneidung und Eisschlucht werden erstmals zusammenhängend durchstiegen. Und sieben Jahre später glückt den beiden der direkte Durchstieg an der Dreizinkenwand bis zur Gipfelkrone. 16 Jahre lang gelingt keine Wiederholung der Ha-He-Verschneidung. Die besten Bergsteiger versuchen vergebens sie zu wiederholen. Haber und Herzog haben 1921 also die bis dahin schwierigste Felsfahrt der Alpen, ja der ganzen Welt gemeistert.

NORDWÄNDE

1919–1929

DER WEG IST DAS ZIEL

Hans Dülfer

Ich will daran erinnern, dass Piaz, Preuß und Dibona vor dem Krieg an die Grenze des damals Möglichen gelangt sind, Dülfer ging noch einen kleinen Schritt weiter und war dabei, sich dem sechsten Grad zu nähern. Wahrscheinlich hat ihn allein der Krieg daran gehindert, die großen Träume zu verwirklichen. Vittorio Varale

1919 durchsteigen Hruschka, Neuner und Gefährten die Nordwand des Peitlerkofels. Mit dem Maler Erwin Merlet steigt im darauffolgenden Sommer der in San Martino di Castrozza lebende Gunther Langes über die »Schleierkante« auf die Cima della Madonna in der Pala. Freiklettern ist Trumpf, Schwierigkeiten werden überwunden, nicht gemessen. Wie auch?

Schwierigkeitsbewertungen von Felstouren gibt es nicht erst seit Hans Dülfer, der meint, fünf Grade würden ausreichen. Im März 1914 erscheint in der Österreichischen Alpenzeitung ein Artikel des Wieners Karl Plank, der anstelle der Dülferschen Bezeichnungen »leicht«, »mittelschwer«, »schwer«, »sehr schwer« und »äußerst schwer« eine Schwierigkeitsbewertung in Ziffern fordert.

Dülfer hat die schwierigsten Wandprobleme im Kaisergebirge, im Rosengarten und an den Drei Zinnen gelöst. Sein Können gilt nach dem Krieg immer noch als Maßstab. Mit seinen Routen am Totenkirchl, an der Ostwand der Fleischbank und vor allem mit seiner kühnsten Erstbegehung, dem Alleingang des »Dülfer-Risses« an der gleichen Wand, hat er neue Maßstäbe gesetzt. Da und dort hat er den oberen fünften Grad erreicht, die oberste Grenze des damals Kletterbaren. Obwohl Dülfer eine größere Anzahl von Haken einzusetzen bereit war als Paul Preuß, ist er in seinem Selbstverständnis Freikletterer gewesen. Er kletterte elegant, ja kunstvoll. Erfahren im Fels, ist Dülfer ein Meister im Spreizen, Queren und Abseilen. Beim Mauerhaken-Streit ging es ihm wie auch Preuß um Sicherheit. Ob diese eher durch die Preußsche Forderung nach Sportlichkeit oder durch den Einsatz von Haken garantiert wird, ist jetzt sekundär.

Der Krieg bringt für den Alpinismus einen Rückschlag. Viele der führenden Vertreter fallen, andere sind 1918 zu alt, um dort weiterzumachen, wo sie fünf Jahre vorher aufgehört haben. Trotzdem wird der Anschluss an den Leistungsstand der Vorkriegszeit gesucht. Zwei Gruppen von Kletterern – die »Münchner Schule« (mit den Tirolern als Gegenspieler) und die »Wiener Schule« – konkurrieren miteinander. Im Kaisergebirge, in den Dolomiten und im Karwendel findet man die neuen Probleme. Die großen Routen am Croz del Altissimo, an der Lalidererwand (beide von Angelo Dibona erstbegangen), an der Kleinen Civetta und am Langkofel (von Gabriel Haupt gemeistert) gelten als Nonplusultra. Auch die Südwand der Schüsselkarspitze im Wettersteingebirge gehört dazu. Welzenbach hat später im Hinblick auf diese Führe sogar von VI– gesprochen. Er ist es, der knapp nach Kriegsende das Studium um die Schwierigkeitsbewertung intensiv aufnimmt. Die Unsicherheit, die sich in der Bewertung neuer Routen breit macht, die alle Dülfer-, Preuß- und Dibona-Führen übertreffen, soll in den nächsten Jahren beseitigt werden. Es ist Otto Herzog, der 1921 mit der großen Verschneidung an der Dreizinkenspitze im Karwendel den ersten sechsten Grad in den Alpen klettert, den es offiziell noch gar nicht gibt. Er bringt die Erfahrung der Vorkriegszeit mit, beherrscht die Seiltechnik und sichert dynamisch.

Aber noch bedeutungsvoller als die nach Herzog und Haber benannte »Ha-He-Verschneidung« ist eine andere Route, die ebenfalls im Jahre 1921 erstbegangen wird: Francesco Jori, ein Bergführer aus dem Fassatal, durchsteigt gemeinsam mit Arturo Andreoletti und Alberto Zanutti die Nordwand des Monte Agnér. Die 1500 Meter hohe Wand in der Pala ist eine der größten Führen der Dolomiten, auch wenn sie den fünften Grad kaum übersteigt.

Fiechtl und Weinberger wagen dann eine Erstbegehung an der Westwand des Predigtstuhl-Mittelgipfels, Diem und Schüle eine neue Route zwischen Nord- und Mittelgipfel an derselben Wand,

An der direkten Langkofel-Nordkante

Francesco Jori

Wer die schlanken Türme und kühnen Zacken des Elbsandsteingebirges erlebt, wer seine prallen Wände, die engen Risse und die hohen Kamine durchstiegen, wer dabei hart, oft auch gefährlich gekämpft hat, der wird von diesem Kletterparadies nachhaltig begeistert sein. Hier kannst du deine Felstechnik an senkrechten Wänden und glatten, schnurgeraden Rissen erproben. Da ist noch der reine Klettersport zu Hause: Kein Mauerhaken darf dir als Griff, als Tritt oder zum Seilzug dienen, jede Seillänge wird in oft schwierigster Kletterei frei (hilfsmittellos) durchstiegen. Otto Dietrich

Links: Roland Rossi
Rechts: Fritz Wiessner

Peterka gelingt der Pfeiler am Peternschartenkopf und die beiden Grazer Schneider und Hein vollenden die Kante am Mandlkogel, an der Paul Preuß zu Tode gestürzt ist. Die beiden Bergsteigerzentren München und Wien rivalisieren weiter miteinander. Man versucht einander mit immer schwierigeren Touren zu übertrumpfen. Im Karwendel, an der Nordwand der Praxmarerkarspitze, stehen 1921 Innsbrucker »Gipfelstürmer« und Münchner »Hochemporler« in scharfem Wettstreit zueinander.

Die allergrößten Könner aber teilen sich ein kleines Felsenreich vor den Toren Dresdens. Emanuel Strubich, A. Sieber und K. Eisold gelingt am 9.5.1918 die Erstbegehung der Westkante am Wilden Kopf im Elbsandsteingebirge. Nach heutiger UIAA-Skala ist das Schwierigkeitsgrad sieben. Unglaublich!

Strubich und Otto Dietrich sind knapp nach dem Krieg die Extremen im Sächsischen Bergsteigen und ihre Touren haben Symbolcharakter, wie die Erstbegehung der Falkenstein-Westkante am 10. Oktober 1920.

Der endgültige Durchbruch zum sechsten Grad kommt in den Alpen erst fünf Jahre später, der zum siebten lässt ein halbes Jahrhundert auf sich warten. Die Jahre 1924 und 1925 sind entscheidend für die Entwicklung des Kletterns. Besonders in Deutschland und Österreich. Vor allem der Mehreinsatz an Haken macht es möglich, Probleme zu lösen, die als »unmöglich« gegolten haben. Die 300 Meter hohe Fleischbank-Südostwand gelingt 1925 dem Innsbrucker Roland Rossi und dem Sachsen Fritz Wiessner aus Dresden.

Eine sensationelle Route! Drei Tage lang, mit Unterbrechungen, klettern die beiden in der Wand. Sie schlagen an einigen Stellen eine beträchtliche Anzahl von Haken. Der Vorwurf, das künstliche Klettern zu forcieren, trifft Wiessner mehr als Rossi. Wiessner, der in der Sächsischen Schweiz mit Strubich kletterte und der die Ethik des hilfsmittellosen Kletterns verinnerlicht hat, ärgert sich über diese Kritik. Der Innsbrucker Bergführer Roland Rossi hingegen zählt zur Garde moderner dynamischer Führer, die sich an internationalen Skiwettkämpfen beteiligen und fürs Klettern regelmäßig trainieren. Ein Jahr vorher, im Alter von 21 Jahren, hat er mit Felix Simon die Pelmo-Nordwand erstmals durchstiegen, an der Dibona, Rizzi und Fiechtl gescheitert sind.

Emil Solleder, dem nach seinen Dolomiten-Erstbegehungen auch die erste Wiederholung der Fleischbank-Südostwand gelingt, sieht die Entwicklung sachlich: »Es besteht kein Zweifel, dass heute viel größere Klettertouren möglich sind als früher und es ist Tatsache, dass die jüngsten Routen wie die Fiechtl/Weinberger am Predigtstuhl, die Fleischbank-Südostwand, die Furchetta-Nordwestwand und die Nordwestwand der Civetta größere Schwierigkeiten aufweisen. Ich aber führe das Gelingen dieser modernsten Klettereien nicht auf irgendeine Verbesserung der Technik, vielmehr auf einen veränderten psychologischen Status der Erstbegeher zurück und will diese Behauptung näher begründen.

Vor dem Krieg galten Routen wie die von Dülfer an der Fleischbank als die ernstesten Unternehmungen. Sie waren nur für die Allerbesten möglich, für diejenigen, die sich eigens dafür trainierten. Nach dem Krieg allerdings stellte sich heraus, dass diese Routen auch von mittelmäßigen Leuten bei relativ gutem Training wiederholt werden konnten. In erster Linie deshalb wurden die Spitzenleute immer weiter gefordert, noch größere Schwierigkeiten zu überwinden.

Heute nun besteht kein Zweifel, dass das Bewusstsein, an der oberen Grenze der Leistungsfähigkeit zu sein, ein wesentlicher Faktor für die stetige Verschiebung dieser Leistungsgrenze ist. In anderen Worten: das Wissen um das eigene Können bewirkt in der Gruppe der Spitzenbergsteiger wenigstens, dass die alten Grenzen in dem Maße überschritten werden, in dem sie die Mehrzahl der Spitzenbergsteiger überschreitet. Dank der breiten Spitze werden heute Leistungen vollbracht, die früher nicht nur unversucht geblieben wären, sondern die sogar als unmöglich galten.« Gilt das nicht heute genauso?

Wie viele Haken in der Südostwand der Fleischbank als Steighilfe geschlagen worden sind, entzieht sich meiner Kenntnis,

Im großen Seilquergang in der Fleischbank-Südostwand im Wilden Kaiser

Wir stellten Vergleiche an mit anderen schweren Touren, mit der direkten Totenkirchl-Westwand, mit der Laliderer-Nordwand und der Schüsselkarspitze-Südwand, auf der Rossi die sechste Begehung ausgeführt hatte. Diese drei hielten unserer Meinung nach den Vergleich mit der Pelmo-Nordwand nicht aus. Sie war noch höher als die Laliderer, die Orientierung fiel schwer, und immer wieder traten neue, außerordentliche Schwierigkeiten auf. Damit verlangte die Wand einen größeren Aufwand an Nervenkraft als die anderen äußerst schweren Touren der klassischen Zeit. Felix Simon

Die Nordwestwand der Civetta

Leo Rittler

das Werturteil über die alpin-sportliche Leistung der Seilschaft Wiessner/Rossi sollen andere abgeben. Jedenfalls haben Roland Rossi und der Leipziger Felix Simon mit der Erstbegehung der Pelmo-Nordwand tatsächlich eine Weiterentwicklung des extremen Kletterns vorgeführt. Am 11. und 12. August 1924 durchsteigen sie die 850 Meter hohe Nordwand des Pelmo in gerader Linienführung mit nur acht Haken. Anfangs werden die Schwierigkeiten unterschätzt, heute zählt die Route zu den großen Klassikern.

1925, wenige Tage nach der Erstbegehung der Furchetta-Nordwand, trifft Solleder in der Coldaihütte zufällig mit Lettenbauer und Göbel zusammen. Alle drei wollen den Nordwestabsturz der Civetta, die »Wand der Wände«, meistern. Zusammen steigen sie ein. Am ersten Tag schaffen sie 300 Höhenmeter! Göbel aber verletzt sich bei einem Sturz, das Wetter schlägt nachts um, am Morgen regnet es. Kein angenehmer Rückzug.

Am 7. August 1925 gelingt Solleder und Lettenbauer der Durchstieg an einem Tag. Bei Einbruch der Nacht sind sie am Gipfel. Nach fünfzehnstündiger äußerst schwieriger Kletterei. Die erste Wiederholung schaffen Leo Rittler und Willi Leiner 1928, wobei im Mittelteil der Wand eine Variante zur Solleder-Route geklettert wird, allerdings nicht jene Linie, die Willi Leiner mehr als ein halbes Jahrhundert später als »Rittler-Variante« in die Bilder einträgt.

Inzwischen ist jene Schwierigkeitsbewertung gebräuchlich, die als Welzenbach-Skala in die Diskussion eingebracht worden ist und heute noch als Basis der UIAA-Skala verstanden werden darf. Die »Solleder« in der Civetta-Wand gilt als VI. Grad. Der Ingenieur Wilhelm Welzenbach, von seinen Freunden Willo genannt, ist ein Münchner Bergsteiger, eine Persönlichkeit, die den extremen Alpinismus nach dem Ersten Weltkrieg fünfzehn Jahre lang wesentlich prägt. Welzenbach setzt die im Fels bewährte Seiltechnik in steilen Eisflanken ein. Er benützt Haken und Karabiner und überwindet Eiswülste mit Doppelseiltechnik. Welzenbach sammelt Erstbegehungen an den großen Nordwänden der Alpen und definiert den sechsten Grad als Nonplusultra. Weder in Italien noch in England noch in der Schweiz spielt die Schwierigkeitsbewertung eine Rolle, ehe Welzenbach seine Skala vorstellt.

Als Techniker und Extrembergsteiger wird er allgemein als der tiefgründigste Experte in Sachen Schwierigkeitsbewertung anerkannt und sein Urteil wird Allgemeingut.

Welzenbach erkennt, dass mit dem bis dahin höchsten Schwierigkeitsgrad – »äußerst schwierig«, also V – eine fiktive Grenze gesetzt ist, die die Entwicklung des extremen Felskletterns hemmt. Man kann, nein, man will und muss über die erreichten Grenzen hinausgehen können und damit sind wir beim VI. Grad, den Welzenbach als Limes, die »Grenze des Kletterbaren« definiert. Welzenbach stirbt 1934 am Nanga Parbat.

Dass der Schritt vom V. zum VI. Grad nur langsam vollzogen werden kann, versteht sich von selbst, da man sich einem Grenzwert nur annähern kann. Wer die Schwierigkeitsgrade beherrscht, hat damit ein völlig neues Spielzeug – das theoretische Vergleichen! In der Lalidererwand und am Croz del Altissimo hat es Dibona in der Kletterkunst – wenn wir uns auf große Wände beschränken – am weitesten gebracht. Vielleicht hat ihn nur Haupt in der Nordwestwand der Kleinen Civetta übertroffen. Aber auch diese Grenze kann nicht ewig gelten. Hat sie Jori in der Agnér-Nordwand verschoben? Oder Herzog in der Ha-He-Verschneidung? Welzenbach ist der Ansicht, dass Führen, die den V. Grad wesentlich übersteigen – vorausgesetzt, die Schwierigkeiten kommen auf längere Strecken vor –, mit dem VI. Grad zu bewerten sind und in einer Tabelle stellt er konkrete Beispiele aus mehreren Gebirgsgruppen zu den einzelnen Schwierigkeitsgraden zusammen. Damit sind wir bei der Praxis und bei der Historie. Im Rückblick ist zu erkennen, dass die Schwierigkeiten im Rhythmus von jeweils zehn Jahren gesteigert worden sind.

Willo Welzenbach

Östliche Dolomiten:

I (leicht) Tofana di Rozes, Normalweg, Grohmann (1864)

II (mittelschwierig) Croda da Lago, Nordgrat, Normalweg

Zur 6. Wertstufe »äußerst schwierig« gehören alle Kletterfahrten, die in freier Kletterei im Allgemeinen zumeist nicht mehr zu bewältigen sind. Die Benutzung von allen nur erdenklichen künstlichen Hilfsmitteln ist meist Zwang.

Willo Welzenbach

III (schwierig) Kleine Zinne, Normalweg, Innerkofler (1881) oder Zsigmondy-Kamin (1885)

IV (sehr schwierig) Campanile di Val Montanaia, Normalweg, v. Glanvell (1902)

V (überaus schwierig) Teufelsturm, Normalweg, Dülfer (1913)

VI (äußerst schwierig) Civetta, direkte Nordwestwand, Solleder (1925)

Westliche Dolomiten:
I   Kesselkogel, Normalweg, Santner (1878)
II   Langkofel, Normalweg, Grohmann (1869);
III Grohmannspitze, Enzensperger-Weg (1895)
IV   Crozzon di Brenta, Nordkante (1905)
V   Cima della Madonna, Schleierkante, Merlet / Langes (1920)
VI   Furchetta, Nordwand, Solleder (1925)

Nördliche Kalkalpen:
I   Karlspitze, vom Ellmauer Tor aus
II   Totenkirchl, Führerweg
III Musterstein, Südwand
IV   Dreitorspitze Nordostgipfel, Ostwand
V   Fleischbank, Ostwand, Dülfer
VI   Schüsselkarspitze, Südwand, Fiechtl / Herzog
VI   Fleischbank-Südostwand, Wiessner / Rossi

Welzenbach garniert den VI. Grad also mit Namen, Daten und authentischen Berichten. Dieser praktische Zugang wird die Stärke und zugleich die Schwäche der Welzenbach-Skala. Denn sie bleibt nach oben geschlossen. Es folgt eine lebhafte Diskussion um Routen wie die Südostwand der Fleischbank. Die Erstbegehungen Solleders an Furchetta und Civetta werden sofort als VI anerkannt. Solleder gilt als bester Felskletterer seiner Zeit.

Solleder kommt aus der Münchner Schule. Er gehört zur Schar der Felskletterer, die im Isartal trainieren. Stundenlang probiert er einzelne Klettermeter, Stellen, die nur er überklettern kann. In Alaska hat er sich als Goldgräber versucht und zurück in Europa begeistert er sich fürs Bergsteigen, wird Bergführer und Skilehrer. Seine schwierigsten Fahrten allerdings unternimmt er mit Freunden, als Amatuer.

Mit der Durchsteigung der 1200 Meter hohen Civetta-Nordwestwand ist Solleder eine Meisterleistung gelungen: zweifelsfrei eine Führe im VI. Grad. Damit liefert Welzenbach einen Prototyp für die neue Schwierigkeitsstufe, eben den VI. Grad. Fiechtl war noch der Ansicht gewesen, dass eine so große, so lange und steinschlaggefährliche Wand unmöglich sei. Dülfer, Preuß, Dibona und Haupt haben den Durchstieg dort, wo Solleder an einem Tag und mit nur zwölf Haken durchkommt, nicht gewagt. Damit ist klar: es gibt eine neue Grenze des Kletterbaren. Die Civetta-Nordwestwand gilt als Messlatte für die besten Kletterer der Welt.

Mit Solleders Erfolg an der Civetta wird die Diskussion um die Schwierigkeitsbewertung abgeschlossen und die sechsgradige Skala, die Welzenbachs Namen erhält, wird allgemeingültig. Stillschweigend übernehmen sie nach und nach alle extremen Alpenbergsteiger.

Und die »Münchner Schule« bekommt Aufschwung. Aber auch die besten Kletterer aus Tirol und Wien, eifersüchtig darum bemüht mitzuhalten, klettern im VI. Grad. Die Kletterer aus Deutschland und Österreich haben damit einen starken Einfluss auf die Entwicklung, und von den Dolomiten aus, wo sie ihre Spielfelder gefunden haben, verbreitet sich der VI. Grad über alle Felsen Europas. Überall also testen junge Kletterer ihr Können, unabhängig von Herkunft, sozialem Stand und Nationalität. Ihren Wert als Felskletterer messen sie an Solleders Können, am VI. Grad. Aber weder an den Aiguilles von Chamonix noch an den Türmen des Val Màsino oder in den Julischen Alpen ist es möglich, den V. Grad zu überschreiten. Auch Adolpho Rey gelingt dies nicht, als er den langen Aufstieg über den Hirondelles-Grat auf die Pointe Walker an den Grandes Jorasses meistert. Auch die kurze, aber schwierige Route, die Piaz

Ich muss zugeben, dass die reine Klettertechnik nach Dülfer keinen Fortschritt gemacht hat. Seiltechnik ist Seiltechnik, und wenn man heute mit dieser Technik einen höheren Grad erreicht, ist im Detail alles wie früher geblieben. Auch die Hakentechnik ist dieselbe geblieben; die heutigen Klettereien aber verlangen mehr Ausdauer, weil man oft lange braucht, um in einer kritischen Stelle einen sicheren Haken anzubringen. Emil Solleder

Ich habe die Pelmo-Nordwand neunmal gemacht, fünfmal die Civetta-Nordwestwand. Trotzdem ist es mir nie gelungen, mit Eindeutigkeit festzustellen, welche der beiden Routen die schwierigere bzw. die leichtere ist. Hans Steger

Paula Wiesinger und Hans Steger

Links: Walter Stösser
Rechts: Ernst Krebs

und sein Neffe Virgilio Dezulian an der Rosengarten-Nordwand eröffnen, hat mit dem VI. Grad nichts zu tun. Und die anderen Italiener, die aus Trient und Triest in die Dolomiten drängen, können anfangs die von den Ausländern gesetzten Grenzen nicht erreichen.

Die Eroberung der Civetta-Nordwestwand hat vor allem nördlich des Brenners Begeisterung ausgelöst und 1926 setzt Solleder eins drauf. Die Ostwand des Sass Maor in der Pala-Gruppe mit dem berühmt-berüchtigten Doppelüberhang wird sein dritter Weg des VI. Grades.

Ein anderer Münchner, jünger als Solleder, auch er groß und blond, ein typischer Wandervogel, ist inzwischen nach Süden gezogen und dort bleibt er: Hans Steger. Um Italien kennenzulernen ist er in Genua Hafenarbeiter, in Rom Tischler, in Neapel Pferdeknecht. Auf der Rückreise entdeckt er seine Leidenschaft: das Klettern in den Dolomiten. Er schafft die dritte Begehung der Dibona-Führe am Croz del Altissimo und die zweite der Preuß-Route an der Guglia di Brenta. Er lernt die Boznerin Paula Wiesinger kennen und bald unternehmen die beiden Erstbegehungen. In den Sextener Dolomiten steigen die beiden über den Einser-Nordpfeiler: 900 Meter, VI. Grad. »Weg der Jugend« nennen sie ihre Route. In der Zwischenzeit wiederholen Leo Rittler und Willi Leiner die Solleder-Führe in der Civetta. Wenig später eröffnen Toni Schmid und Ernst Krebs in der Laliderer-Nordwand eine Führe des VI. Grades. Das Trio Walter Stösser, Ludwig Hall und Fritz Schütt, mit dem Fahrrad in die Dolomiten gekommen, klettert in direkter Linie durch die Südwand der Tofana di Rozes, VI. Grad.

Adolf Deye, der sich wiederholt in die Diskussion um die Schwierigkeitsbewertung eingeschaltet hat, und Rudolf Peters schaffen die Nordwand des Gamsmutterturms in den Julischen Alpen: 800 Meter, VI. Grad. Hans Steger, in der Zwischenzeit in den Dolomiten ansässig, packt die Rosengarten-Ostwand an. In idealer Linienführung steigt er mit Paula Wiesinger, dem Studenten Fred Masé-Dari und dem Garmischer Sigi Lechner durch eine senkrechte

Rissreihe: 600 m, VI. Grad. Im August 1929 beweisen ein paar junge Italiener, dass auch sie den VI. Grad beherrschen. An der Cima di Mezzo der Tre Sorelle im Sorapisgebiet klettern die Triestiner Emilio Comici als Seilerster und Giordano Bruno Fabjan die Nordwestwand: 700 Meter, VI. Grad. Ein weiterer Meilenstein in der Geschichte des VI. Grades ist die Erstbegehung der Westkante an der Cima della Busazza in der Civetta-Gruppe. Am 30. und 31. August 1929 klettern Renzo Videsott, ein Tierarzt aus Trient, sein Freund Rudatis und Leo Rittler über diese 1000 Meter hohe, glatte Kante. Leo Rittler, der große Erfahrung hat – erste Wiederholung der Solleder-Führe an der Civetta, Nordwand der Praxmarerkarspitze, Südostwand der Fleischbank, Südwand der Schüsselkarspitze, Fiechtl/Weinberger am Predigtstuhl – ist sicher: VI. Grad.

Diese beiden Routen – die »Comici« an der Cima di Mezzo der Tre Sorelle und die Busazza-Kante – werden später abgewertet. Eine dritte Führe aber, am 6. und 7. September 1929 erstbegangen, bleibt lange Zeit das schwierigste Unternehmen im Dolomitenraum: der Südpfeiler der Marmolada. Mit dieser Route ist bewiesen, dass italienische Bergsteiger mit dem VI. Grad zurechtkommen. Rizzi, Piaz und Jori, die besten Bergsteiger ihrer Zeit, sind inzwischen zu alt, um noch in die Entwicklung des Kletterns eingreifen zu können. Die jungen Führer kommen aber über den V. Grad nicht hinaus. Mit einer Ausnahme: Luigi Micheluzzi aus Canazei. Robert Perathoner und Ettore Castiglioni können ihn, der eher bedächtig in seinen Entscheidungen und ohne Eigeninitiative ist, für das extreme Felsklettern begeistern. Perathoner hat zwei Deutsche in den Südpfeiler der Marmolada einsteigen sehen, die aber aufgeben mussten. Er erzählt Micheluzzi davon. Perathoner überredet Demetrio Christomannos, den Pfeiler gemeinsam mit Micheluzzi zu versuchen. Christomannos, Sohn des unermüdlichen Dolomitenpioniers aus Meran, ist kein Felsakrobat, aber er begeistert sich für die Idee. Er besitzt ein Auto und verspricht Micheluzzi eine Fahrt nach Rom, wenn er ihn und Perathoner durch den Pfeiler führt. Micheluzzi zögert. Als er aber hört, dass Hans Steger Paula Wiesinger

Rudolf Peters

In der 1000 Meter langen Route haben wir nur fünf Haken geschlagen ... Das ist ein Beweis für die Stilreinheit unseres Unternehmens ... Wir haben Rittler deshalb mitgenommen, weil seine Erfahrung als Sestogradist ein klares Urteil erwarten ließ. Die Hauptschwierigkeiten lagen nach seiner Meinung in den ersten 300 Metern. Dieses Stück hatten wir vorher bereits in einer Erkundung durchklettert.
Domenico Rudatis

Die »Micheluzzi« (VI/AO) ge-hört bis heute zu den an-spruchsvollsten Routen in der Südwand: Sie ist fast das ganze Jahr hindurch nass, vereist, brüchig und daher überaus gefährlich. Heinz Mariacher

Luigi Micheluzzi

Von allen meinen Bergfahrten kann ich nur eines sagen: Ich könnte sie alle, ja, ich möchte sie sogar wiederholen. Ausge-nommen den Marmolada-Süd-pfeiler. Denn was denselben anbetrifft, so schließe ich mich voll und ganz dem Urteil der Seilschaft Schütt/Stösser an, das in dem Ausspruch gipfelt: »Alle unsere Bergabenteuer verblassen gegen diese eine Fahrt, die wirklich an der Grenze des Menschenmög-lichen steht.« Fritz Kasparek

telefonisch für eine Erstbegehung an der Marmolada bestellt, ist er bereit. Steger, der wie Micheluzzi Bergführer ist, hatte ihm kurz zuvor die Rosengarten-Ostwand weggeschnappt.

Der Pfeiler gelingt in 30 Kletterstunden. Das Biwak in der Wand und eine völlig vereiste Seillänge sind unvergessliche Erlebnisse für die drei. Micheluzzi klettert an der Grenze des Menschenmögli-chen. Auf eine Länge von 600 Klettermetern hat Micheluzzi alles in allem sechs Haken geschlagen.

Alle anderen Sportler feiern ihre Rekorde in der Zeitung. Die Erstbegehung von Micheluzzi, damals die schwierigste Route welt-weit und in vorbildlichem Stil durchgeführt, wird zuerst angezwei-felt. Die angegebenen Schwierigkeiten nimmt man nicht ernst. Da es für die Felskletterschwierigkeiten kein konkretes Messinstrument gibt, kann man den Erstbegehern glauben oder nicht. Micheluzzi, der vom VI. Grad selbst noch nie gelesen hat, braucht Zeit, bis er eine Beschreibung seiner Route verfasst hat und diese Beschreibung ist ungeschickt formuliert, lückenhaft und wenig klar. Als sie im Jahresheft der SAT, zu der sich die Bergsteiger aus Trient zusam-mengeschlossen haben, erscheint, gibt sie Anlass zu heftigen Dis-kussionen. Im Gegensatz zu Steger, Comici und Rittler gibt Mi-cheluzzi den Schwierigkeitsgrad für seinen Weg nur vage an. Er weiß ja nicht genau, was es damit auf sich hat. Unter die techni-schen Daten setzt er den Schlusssatz: »Der Weg ist sehr schwierig, und man findet darin Hindernisse, die nur in Zusammenarbeit von zwei Bergsteigern überwunden werden können.« Wie recht er be-halten sollte!

1930 scheitern Stösser und Schütt am Pfeiler. Im folgenden Som-mer bleiben zwei junge Dolomitenführer unter dem großen Dach im oberen Wandteil stecken und müssen geborgen werden. 1932 endlich gelingt es Stösser mit Kast an der Schlüsselstelle, einen Spalt hinter dem Klemmbock zu erweitern und ein Seil durchzu-schleudern. Mittels eines Pendelmanövers können sie den Über-hang überwinden. Nach »unheimlichsten« Stunden erreicht die Seilschaft den Gipfel. Sie sind voller Respekt für Micheluzzi.

EMIL SOLLEDER IN DER FURCHETTA-NORDWAND

Das große Ziel der Kletterer ist 1925 die Furchetta-Nordwand. Vor dem Ersten Weltkrieg haben schon Leuchs, Dibona und Rizzi, Dülfer und Trenker unter der gelben Gipfelwand kapituliert. 1925 kommt Solleder mit Fritz Wiessner, einem im Elbsandstein herangereiften Bergsteiger. Der erste »Angriff« endet im Wettersturz: Neuschnee, Abseilen – Aufschub! Am 1. August folgt der entscheidende Versuch. Wiessner kommt aus dem Kaiser, geradewegs von der Fleischbank-Südostwand. Beide sind durch die Touren, die sie in der Zwischenzeit gemacht haben, in bester Form.

Solleder: »Lau war die Nacht zum 1. August, der Himmel bewölkt, und über die Rodella zuckte ein Netz von Blitzen; nur ganz selten funkelten die Sterne durch jagende Wolkenlücken, alles schlechte Vorboten für eine große Felsfahrt! Das Barometer war zwar ein wenig gestiegen – ein schwacher Hoffnungsschimmer auf gutes Wetter.«

Sie wollen es trotzdem versuchen. Auf alle Fälle brechen sie von der Regensburger Hütte am Südfuß der Geißler auf. Kurz nach Mitternacht steigen sie zum Kar auf. Der schwache Schein der Laterne hilft beim Aufstieg zur Mittagsscharte. Im Morgengrauen erreichen sie den Einstieg. Die Felsen sind kalt, dichter Nebel überall. Als es aufreißt, klettern sie los und an der steilen

Die Nordwand der Furchetta

Emil Solleder

Hände: Schlosserhände, Herz: gesund, Sinne und geistige Verfassung: stadtfremd, stadtfeind und leicht zigeunerlich.　Leo Maduschka

Pfeilerkante aufwärts. Solange es die Schwierigkeiten erlauben, gehen sie seilfrei. Geradewegs auf die heiß ersehnte Dülfer-Kanzel zu. Sie wollen kein Biwak riskieren.

Solleder: »Dicht unter der Dülfer-Kanzel verbanden wir uns mit dem Seil, und nach Überwindung einer griffarmen Wandbucht standen wir schon um 9 Uhr vormittags auf dem Haupte der Kanzel, einem 40 Meter langen, geröllbedeckten Felsplatz, der nach links zum höchsten Punkte verschmälernd ansteigt, um dann jäh in der lotrechten Wand zu enden. Ein halb zerfallener Steinmann auf diesem letzten Ruhepunkt in der Wand zeugt sehr beredt von kühnen Versuchen. Warum diese alle scheiterten, war mir auch sofort klar. Mächtige Überhänge versperren den Weg nach oben; hier in der gelben, verschlossenen Wand scheint die Natur jegliche Anstiegsmöglichkeit versagt zu haben. Dazu ist der feste Fels gänzlich verschwunden und nur morsches Zeug von fürchterlicher Brüchigkeit durch die ganze, 250 m hohe Wandzone zu erwarten. In zäher Arbeit versuchte hier der Innsbrucker Buratti mit zwei Begleitern direkt zum Gipfel emporzuklettern, doch ein Sturz des Vorausgehenden zwang zu einem Biwak auf der Kanzel. Leider forderte die unerbittliche Wand damals ihr zweites Todesopfer, denn einer der Begleiter Burattis stürzte beim Zurückseilen auf die Kanzel tödlich ab.«

Solleder und Wiessner sind sich einig, dass ein Versuch, direkt zum Gipfel durchzukommen, scheitern muss. Es ist aussichtslos.

Solleder: »Eingedenk des Ausspruches Dülfers, dass hinter der linksseitigen Kante, die verheißungsvoll herüberschaut, der Schlüssel der Ersteigung liegen müsse, versuchten wir es dort. Ein rostiger Haken zeugte noch von Dülfers Absicht, zu dieser Kante hinüberzukreuzen. Über wackelige Gesimse und plattige Aussprengungen querten wir die ausgesetzte Wand. Unsere Hoffnung wächst und wächst; doch als wir an der Kante stehen, sinkt sie zusammen in ein Nichts. Ein Blick auf die hinter der Kante liegende Wand ließ uns sofort zu der Überzeugung kommen, dass auch hier ein Durchkommen ganz unmöglich sei.«

Sie kehren zur Kanzel zurück und Solleder erkennt eine Klettermöglichkeit in einer Wandeinbuchtung. Wiessner klettert zuerst über rote, brüchige Wülste nach rechts und nach dieser Passage, die einzige, die der Sachse in der Gipfelwand vorsteigt, klettert Solleder wieder voraus.

»Ein breiter Riss ist da«, meint Wiessner, »doch er verliert sich in einer gelben, überhängenden Wand.« Solleder drängt nach rechts.

Solleder: »Von diesem kargen Stande halfen uns etwas festere Felsen nach oben zu einem größeren Überhange. Ich turnte über den morschen Bau hinweg, von meinem Freund eindringlich gemahnt, beizeiten eine gute Hakensicherung anzuwenden. In den brüchigen Felsen kam mir mein vieles Karwendel-Klettern vom Frühsommer sehr zugute, bald hatte ich das 40-Meter-Seil ausgeklettert und fand leidlichen Stand. Eine Querung nach links brachte uns nach 20 Metern zu einem schwach ausgeprägten Riss, der uns neidisch nicht einmal den zum Seilwechsel notwendigen Platz lassen wollte. Der erste Mauerhaken, ein riesengroßer Stift, fährt hier ins weiche Gestein, dann kommt Wiessner nach, und nachdem er mein Seil sorgsam zur Körpersicherung über Schulter und Rücken genommen hat, steige ich an kleinen, ungünstig geschichteten Haltepunkten hoch. Über mir baut sich ein heraushängender Wulst vor; ich sehe zwar nicht darüber hinweg, doch scheint das Gelände oberhalb freundlicher zu werden. Im Zickzack erreiche ich diese Wandpartie, aber da wird es immer noch schlimmer statt besser! Der rotbraune Fels ist splitterbrüchig und hängt etwas über. Endlich bringe ich zur Sicherung einen Haken in den Fels und verweile etliche Minuten auf schlechten Trittchen, die mir, statt der gewünschten Erholung, nur noch mehr Kraft rauben. So dränge ich einige Meter weiter nach rechts zu dem verbreiterten Riss, an dessen unterem Ende mein Gefährte kauert. Nun bin ich drüben am vier Finger breiten Spalt, in dem alles wackelt und wegfliegt. Während ich riesenweit gegen festere Felsen spreize, sehe ich nach einer Möglichkeit aus, einen der treuen Mauerhaken in eine Ritze zu zwängen, doch ich muss mich auf weiter oben vertrösten. Da, was

Unsere Zweitbegehung der Fiechtl-Weinberger-Route am Predigtstuhl gelang in freier Kletterei. Dasselbe Ziel verfolgte ich mit großer Beharrlichkeit bei der 3. Begehung der Schüle-Diem-Route am gleichen Gipfel, in der Schüsselkar-Südwand (Fiechtl/Herzog). Fritz Wiessner

Mittags um 1 Uhr stehen wir immer noch zirka 80 Meter unterhalb der Kanzel. Deutlich sehen wir die angebaute, sehr lange Querrippe. Darüber baut sich die völlig schneefreie Schlusswand in eindrucksvoller Steilheit auf. Dort oben liegt die Entscheidung. Doch der Fels ist stumm, ohne Andeutung. Besorgt errechnen wir die uns verbleibende Zeit, noch besorgter betrachten wir die rasch einfallenden schwergrauen Wolken. Da kommt kein Gewitter, viel eher ein Wetterumsturz! Emil Solleder

*Nun ist die ersehnte, heiß umworbe-
ne Wand gefallen! Ich will es nicht als
stolzberauschter Sieger hinausrufen,
aber ich möchte festhalten: Die
Furchetta-Nordwand wurde mit reiner
Klettertechnik bezwungen! Ich weiß,
man sprach und schrieb, nur wenn
ein moderner Eisenbetonkletterer
kommt, wird es gelingen, aber nun
ist trotz des jahrelangen Nimbus der
Unersteiglichkeit die sportlich einwandfreie Erkletterung möglich geworden, wenn auch manche eifern
werden, was man noch und was man
nicht mehr machen soll!*

Emil Solleder

ist das? – Deutlich höre ich Schmerzenslaute von meinem Gefährten
unten. – Ein Stein, einer von den vielen, die ich aus dem Riss in die
Tiefe befördern musste, war ihm an den Kopf geflogen, als er sich
über den Überhang herausgebeugt hatte, um nach mir zu sehen.
Das fehlte uns gerade noch! Ich versuchte ihn aufzuheitern, sagte
ihm, dass wir das Schwerste bereits hinter uns hätten, und ich
wusste selbst nur zu gut, dass die Entscheidung erst weiter oben
lag. Immer höher komme ich in dem Riss, immer weiter hängt er
nach außen; da erfassen die schon leicht zitternden Hände einen
festgeklemmten Brocken. Hei, was ist das für ein Gefühl, wie kann
man da zufassen! ›Drei Meter Seil‹, tönt es schwach von unten; ich
bejahe, trotzdem ich sehe, dass es nur knapp reichen wird, um in
die kleine Nische über mir zu kommen, die nach einem Stande aus-
sieht. Der Riss weitet sich unter einer Überdachung zu einem kurzen Kamin. Eine heikle Stelle in unheimlicher Exposition überwand
ich noch, dann konnte ich mich in der kleinen Aushöhlung verklemmen. Das Seil war so restlos ausgegeben, dass ich den starken Zug
in der zusammengekauerten Stellung verspürte. Nun kam Wiessner
nach. Der Stein hatte ihm scheinbar stark zugesetzt, denn zögernd,
langsam kam er höher. Mit einem raschen Blick hielt ich Umschau
nach dem Wetter – Nebelfetzen zogen die Wände entlang, eine
jagende Wolkenlücke zeigte mir das tiefe Kar gespensterhaft weiß,
als läge dichter Schnee darauf. Meine Hauptsorge war jedoch der
Weiterweg, der sich über mir im Nebel verlor. Ein Zurück ließ die
vorgerückte Zeit nimmer zu, nur ›Vorwärts, aufwärts!‹ das musste
unsere Losung sein. Freund Wiessner war endlich bei mir; wir
wechselten unter großen Schwierigkeiten die Plätze. Dann unter-
suchte ich seine Kopfwunde, die zum Glück nicht allzu gefährlich
war. Die nun folgende ausbauchende, rissige Wandstelle verlangte
eine eigenartige Spreiztechnik, dann kamen feste, aber nasse und
schmierige Felsen, deren Ursache ein eingeklemmter Eisblock bilde-
te. Dort wäre ein guter Stand, doch wir eilten weiter, eine innere
Unruhe trieb mich. Der Fels zeigt wieder die feste, graue Farbe und
neigt sich etwas zurück.« Sie sind am Ende der Schwierigkeiten.

NORD- UND SÜDWÄNDE

Es ist gewiss sehr schwierig, die zahllosen und mannigfaltigen Kletterwege in den Alpen einer einheitlichen Schwierigkeitsstufung zu unterziehen. Es muss aber verwunderlich sein, wenn beispielsweise ein im Jahre 1932 erschienener Kletterführer nicht weniger als 22 verschiedene Schwierigkeitsbezeichnungen aufweist. Es wäre daher die Beibehaltung einer einheitlichen Schwierigkeitstabelle höchst wünschenswert. Die von Dr. Willo Welzenbach aufgestellte Tabelle wäre die geeignetste. Wohl muss auch ein kurzer, äußerst schwieriger Kletterweg von großzügigen, ernsten Bergunternehmungen oder großzügigen, schwierigsten Kletterfahrten zu unterscheiden sein. Karl Poppinger

Hans Steger und Paula Wiesinger gehören 1930 zu den erfolgreichsten Kletterern in den Dolomiten. 1928 gelingt ihnen der Nordpfeiler des Einserkofels, »Weg der Jugend«, genannt! Außerdem klettert Steger die Winklerturm-Südwand sowie die Rosengartenspitze-Ostwand und macht die Zweitbegehungen des Marmolada-Südpfeilers, der Zwölfer-Nordwand und der Pelmo-Nordwand. Paula Wiesinger, Stegers Seilgefährtin, durchsteigt als erste Frau die Wände des Pelmo und der Civetta.

Eine neue Schwierigkeitsbewertung wird diskutiert und »Die großen Kalkklettereien von gestern und heute« werden so eingestuft:

»Überaus schwierig:
untere Grenze (V–VI): Marmolada-Südwand (Leuchs-Weg); Bischofsmütze-Nordwand; Schleierkante; Tofana-Südwand; Einser-Nordwand (Fiechtl); Triglav-Nordwand (Bayerländerweg); Watzmann-Ostwand (Salzburgerweg); Roßkuppe-Nordwestkante; Laliderer-Nordwand;
obere Grenze (VI): Fleischbank-Ostwand; Einser-Nordwand (Dibona); Totenkirchl-Westwand (Dülfer).
Äußerst schwierig:
untere Grenze (VI–VII): Spik-Nordwand; Festkogel-Nordwand; Predigtstuhl-Westwand (Fiechtl / Weinberger); Civetta-Nordwestwand (Solleder); Pelmo-Nordwand;

obere Grenze (VII): Schüsselkarspitze-Südwand (Herzog); Fleischbank-Südostwand; Christaturm-Ostwand; Predigtstuhl-Mittelgipfel (direkte Westwand); Tofana-Südwand (unmittelbarste).

Die Welzenbach-Skala, die mit ›äußerst schwierig‹ endet, reicht nicht mehr zur Bewertung der allerschwierigsten Bergfahrten. Sprachlich ist eine Steigerung der letzten Schwierigkeitsbezeichnung nicht mehr möglich, aber tatsächlich weisen mehrere Unternehmungen eine wesentliche Steigerung der Schwierigkeiten der in dieser Gruppe verzeichneten Kletterwege auf. Um auch diese Wege der Schwierigkeitstabelle zuzuordnen und in der Berwertung unterschiedlich zu machen, sei hier vorgeschlagen, die Tabelle mit der Stufe ›alleräußert schwierig‹ zu erweitern und zu ergänzen. Die in diesem Aufsatz noch erwähnten Kletterfahrten dürften sich dann vermutlich folgendermaßen einreihen:

Alleräußerst schwierig:
(VII–VIII): Dachl-Nordwand; Marmolada-Südpfeiler;
(VIII): Einser-Nordpfeiler.«

Im Karwendel sind es die Brüder Schmid, Auckenthaler und Frenademetz, die die Kletterentwicklung vorantreiben. 1931 ringen Toni Schmid und Ernst Krebs der Lalidererwand, links der Dibona-Führe, einen schwierigen Gipfelanstieg ab. Die unmittelbare Nordostwand der Grubenkarspitze gelingt Franz und Toni Schmid 1931, und Hias Auckenthaler wird der Felsgeher der Zeit. Er wiederholt den Herzogweg in der Dreizinkenwand, die Schmid/Krebs in der Lalidererwand und allein die unmittelbare Grubenkarspitze-Nordostwand. 1930 glückt ihm der Kleine Lafatscher durch die Nordverschneidung, 1931 legt er eine gerade Führe durch die Nordwand der Praxmarerkarspitze, und schließlich, 1933, folgt seine größte Leistung: die Ersteigung der Laliderspitze über die Nordwand zusammen mit Schmidhuber.

Matthias Auckenthaler

Auckenthaler war für mich ein Gott im Klettern. Hias Rebitsch

Der Auckenthaler-Weg an der Laliderspitze-Nordwand, rechts unten die Falkenhütte

Oben: Celso Gilberti
Unten links: Gian Battista Vinatzer
Unten rechts: Attilio Tissi

Die Kunst des Kletterns erlernte Battista 'd Val alleine, indem er seine erstaunliche Begabung mit regelmäßiger Übung verband. Jede körperliche Arbeit in der Werkstatt, am Hof oder auf dem Feld oder wo auch immer wurde zum Anlass und Vorwand, seinen Körper in Form zu halten.

Ingrid Runggaldier

Im Sommer 1931 kommen Emilio Comici und Giulio Benedetti in die Civetta-Gruppe. Nicht, um die Solleder-Route zu wiederholen, nein, um eine Erstbegehung zu machen. Etwa 300 Meter links der Solleder-Route steigen Sie ein, am nächsten Tag stehen sie am Gipfel. Sie haben die Wand damit diagonal durchklettert. Comici, der das moderne, teils technische Klettern verkörpert, trifft auf die »Solleder«, die große klassische Kletterei in den Dolomiten. Mir geht es hier darum, auf Einstellung und Technik einzugehen, die eine stetige Weiterentwicklung des extremen Bergsteigens fördern. 1931 sind es der Wettstreit zwischen den Seilschaften und bessere Absicherung. In den Westalpen sind so die Studenten Giusto Gervasutti und Celso Gilberti zu Könnern herangereift und Attilio Tissi gelingt mit seiner Direttissima an der Südwand der Tofana in den Dolomiten ein großer Wurf. Der Mann aber, der mit einem Schlag alles bis dahin Erreichte in den Schatten stellt, ist der Grödner Gian B. Vinatzer. Der Holzschnitzer Vinatzer, »Battista 'd Val« genannt, ist 20 Jahre alt, als er mit Florian Rifesser in die Furchetta-Nordwand einsteigt. Bis zur Dülfer-Kanzel, 200 Meter unter dem Gipfel, steigen die beiden gerade empor. Ihre Ausrüstung ist knapp: fünf Haken, drei Karabiner und ein Hammer für beide. Überdies steigt Vinatzer barfuß, weil er sich die zu seiner Zeit üblichen Bergschuhe mit Hanfseilsohlen nicht leisten kann.

Die berühmt-berüchtigte Nordwand der Furchetta in der Geislergruppe, seit zehn Jahren ins Blickfeld der Elite der Felskletterer gerückt, ist wegen ihrer Steilheit und Brüchigkeit sowie einiger tödlicher Unfälle ein Mythos. Der direkte Anstieg über die Dülfer-Kanzel glückt Battista Vinatzer mit Florian Rifesser am 8. August 1932 an genau der Stelle, an der alle anderen Partien zuvor gescheitert sind, und die Vinatzer-Route – 50 Jahre lang gefürchtet – zählt heute noch zu den schwierigsten Klettereien aus der klassischen Periode des »sechsten Grades«. Die Schwierigkeiten der Schlüsselseillänge sind mit dem siebten Grad zu bewerten.

An der Nordwand der Großen Zinne haben sich Leute wie Steger, Comici, Carlesso versucht. Im Sommer 1933 setzt sich Giuseppe

Dimai die Wand in den Kopf. Seine Partner sind zuerst Ignazio Dibona, der Sohn des berühmten Angelo, und der Fotograf Ghedina, der Ansichtskarten von den Dolomiten herstellt. Sie erreichen den Umkehrpunkt Comicis und seilen ab, weil es in der Zwischenzeit Nacht geworden ist. Zwanzig Tage später sind Dimai und Dibona wieder in der Wand, mit Verzi als drittem Mann. Unbekannte haben inzwischen einen Versuch unternommen und alte Haken herausgeschlagen. Wettersturz und Müdigkeit zwingen erneut zur Umkehr. Tage später kommen Angelo Dimai und Emilio Comici dazu. Zu fünft wollen die Bergführer die Wand schaffen. Nur 35 weitere Wandmeter kommen sie höher. Blitz und Donner sowie starker Regen zwingen zum Rückzug. Dibona und Verzi steigen nach Cortina ab, nur die Brüder Dimai und Comici bleiben am Berg. Am 13. August steigen sie ein, den Rucksack voll mit Proviant, Haken und Reepschnüren. Die »Kletterpatschen«, die sie am Fuß der Nordwand anziehen, sind neu. Die Kletterschuhe der Brüder Dimai haben Sohlen aus Stoffresten, »made in Cortina«, die von Comici Krepp-Gummisohlen. Sie kommen nur langsam höher. Am Abend, im Biwak, binden sie sich an Haken fest, um im Halbschlaf nicht aus der Wand zu fallen. Am nächsten Tag schon erreichen sie den Gipfel und kommen – als Helden gefeiert – in die Hütte zurück. Nachdem die Nordwand auch auf Wanderer großen Eindruck macht, wird diese Erstbegehung berühmt und überall öffentlich diskutiert. Hat damit eine neue Ära des Bergsteigens begonnen? Bereits in der Comici-Führe an der Civetta kamen vermehrt künstliche Hilfsmittel zum Einsatz, in der Nordwand der Großen Zinne erst kommt das Hakenklettern systematisch zum Tragen. Die Anfänge dieser Hakenkletterei liegen allerdings weiter zurück. Eines der ersten Beispiele dafür ist die Rossi-Wiessner-Führe an der Fleischbank-Südostwand, ein weiteres die Dachl-Nordwand, die den Österreichern Moldan, Schintlmeister und Rössner gelungen ist.

Sofort stellt sich heraus, dass die Wiederholer in diesen teils technischen Routen die Zeiten der Erstbegeher weit unterbieten können. Ein Effekt, der in den großen Freiklettertouren Solleders bis

Ein Bedürfnis nach Vorbildern hatten wir nie, aber zwei Kletterern bezeugten wir großen Respekt: Hias Rebitsch und Hans Vinatzer. Jedes Mal, wenn wir eine ihrer Routen wiederholt hatten, waren wir beeindruckt, was die beiden vor beinahe einem halben Jahrhundert mit primitivster Kletterausrüstung geleistet haben. Heinz Mariacher

Emilio Comici (Mitte) und die Brüder Giuseppe und Angelo Dimai am 14. August 1933 nach der Durchsteigung der Nordwand der Großen Zinne

Links: Paul Aschenbrenner
Rechts: Peter Aschenbrenner

Vinatzer während der ersten italienischen Wiederholung der Comici-
Dimai-Route an der Großen Zinne

dahin ausgeblieben ist. Mit diesen ersten hakentechnischen Klettereien beginnt der technologische Alpinismus, der die bisherigen
Werte in Frage stellt.

Damals schon diskutiert man über Fortschritt oder Rückent-
wicklung des Felskletterns. Der Wettstreit um die großen Wände
aber geht weiter und die öffentliche Anerkennung des VI. Grades
wächst. Vinatzer, Carlesso und Soldà nähern sich bald jener Grenze,
die vor dem Zweiten Weltkrieg als die ultimative gilt.

Die »Sieger« über die Nordwand der Großen Zinne kommen gerade vom Gipfel zurück, als sich in Kufstein die Brüder Peter und
Paul Aschenbrenner auf ihr vollbeladenes Motorrad schwingen. Sie
haben all ihr Erspartes mitgenommen, wären aber nicht mehr nach
Hause gekommen, wenn ihnen in Cortina nicht ein italienischer
Graf das Benzin für die Rückfahrt bezahlt hätte. Sie sind die ersten
Wiederholer der Nordwand. Ihnen folgt in den nächsten Jahrzehnten eine große Schar von »Extremen« – Österreicher, Deutsche, Belgier, Franzosen, Slovenen, Engländer, Schweizer, Spanier, Tschechoslowaken, Japaner, Amerikaner, Norweger, Italiener. Bis Ende 1936
sind es etwa 40 Begehungen; im Herbst 1951, mit der Begehung des
berühmten Hermann Buhl, sind es 160; 1964 dann 2000. In den Dolomiten zählt lange Zeit keine extreme Route so viele Wiederholungen wie die Comici-Dimai-Führe an der Großen-Zinne-Nordwand.
Es ist eine allgemeine Erscheinung, dass sich um berühmte Taten
Mythen spinnen.

Der Mythos um Paul Preuß hat sich bis heute erhalten. Niemand
kann seine Stilreinheit wegdiskutieren. Aber wie die einen seine Art
zu klettern als unverantwortlich ablehnen, loben andere sie als weise. Es ist heute müßig, darüber nachzudenken, wie sich Klettern
entwickelt hätte, wenn sich alle an die Theorien von Paul Preuß gehalten hätten. Paul Preuß forderte eine Überlegenheit über die zu
überwindenden Schwierigkeiten in der Form, dass jede erkletterte
Stelle ohne Sicherung auch im Abstieg gemeistert werden muss. Er
lehnte den Mauerhaken und, mit Ausnahme von Notfällen, auch
die Abseiltechnik ab. Wollten wir heute die schwierigsten Touren

der Alpen in seinem Stil wiederholen, so wäre das in den meisten Fällen glatter Selbstmord. Hätte man sich aber an die Theorien von Preuß gehalten, so wäre es nie zu so schwierigen Herausforderungen gekommen – oder man hätte sie anders gelöst.

Preuß selbst nahm seine Theorien so ernst, dass er auf die Erstbegehung des Südgrates der Aiguille Noire de Peuterey verzichtete, weil er von unten bereits festgestellt hatte, dass ohne Haken kein Durchkommen war. Umgekehrt sind die Erstbegehungen von Paul Preuß später oft allein und ohne jedes technische Hilfsmittel wiederholt worden, was ein Beweis dafür ist, dass Preuß kein »Übermensch« war. Er war von seinen Ideen überzeugt und wohl einer der vielseitigsten Bergsteiger seiner Zeit.

Auch Comici hört nicht auf seine Kritiker. Nach dem Erfolg an der Großen Zinne steigt er in die »Gelbe Kante« an der Kleinen Zinne ein. Seine Begleiter sind Renato Zanutti und Mary Varale. Sie schlagen in die 300 Meter hohe, fast durchgehend senkrechte Kante 20 Haken. Der schmale Obelisk übt eine große Faszination aus und Comici als Erstbegeher sieht darin ein Kunstwerk.

In weniger als fünf Jahren haben Micheluzzi, Vinatzer und Comici das Reich des VI. Grades besetzt und den Dolomitenkletterern weltweit Anerkennung verschafft. Natürlich werden sie auch angegriffen. Feindseligkeit und Neid gibt es überall. Warum nicht unter den Kletterern? In den Jahren 1934 und 1935 aber gelingen weitere große Wände und es sind vor allem Raffaele Carlesso, Alvise Andrich, Gino Soldà, Bruno Detassis und Riccardo Cassin, die das Leadership übernehmen. Gervasutti ist inzwischen nach Turin umgezogen und hat einige junge Piemontesen für das Bergsteigen begeistert. In Frankreich gewinnt der Alpinismus extremer Richtung Anhänger, obwohl sie keine mit den Dolomiten vergleichbare Berge haben. Sie halten eine Schwierigkeitsskala aber für reine Theorie und unrealistisch. Vermutlich, weil sich in den Wänden im Hochgebirge wo sie klettern die Verhältnisse ständig ändern. Den Franzosen fehlt also der VI. Grad und der Kontakt zur Schule der Dolomitenkletterns. Der Generation zwischen den Kriegen bleibt die

Emilio Comici, Mary Varale und Renato Zanutti, die Erstbegeher der »Gelben Kante«

Giusto Gervasutti

Riccardo Cassin

Andrich – ein Genie. Er war fast noch nie geklettert und schon über dreißig. Aber die Leidenschaft brach in ihm aus und traf auf günstige Elemente: einen eisernen Willen und eine solide Moral, wie man sie selten antrifft. Attilio Tissi

Links: Mary Varale
Rechts: Bruno Detassis

Kunst der modernen Felskletterei fremd. Erst Lucien Devies, der öfters mit Comici in den Dolomiten klettert, trägt später ein Ahnung von Felskletterkunst nach Frankreich.

Riccardo Cassin, einem Mechaniker aus dem Friaul, der sich in Lecco niedergelassen hat, ist die 11. Begehung der Großen-Zinne-Nordwand und die 4. Begehung der Gelben Kante gelungen. Dann sieht er an der Kleinsten Zinne, an ihrer völlig überhängenden, etwa 250 Meter hohen ockergelben Südwand, eine neue Route. Sie gelingt: eine kurze, aber extrem schwierige Tour. Damit hat eine alpine Karriere begonnen, die die vielseitigste und wohl größte des 20. Jahrhunderts werden soll.

Im September 1934 legt Alvise Andrich eine Neutour durch die gewaltige Südwestwand des Cimone della Pala, der sich oberhalb des Rolle-Passes aufbaut. Mit Furio Bianchet und Mary Varale gelingt eine Führe, die lange Zeit geheimnisumwittert bleibt.

In den Piccole Dolomiti trainiert Gino Soldà, ein bekannter Skifahrer aus Recoaro bei Vicenza, dem mit dem Studenten Franco Bertoldi die 350 Meter hohe Nordostwand des Zahnkofels gelingt. Der Trientiner Bergführer Bruno Detassis, der den Beruf des Hydraulikers gelernt hat, legt mit Enrico Giordani und Ulisse Battistata eine überaus elegante Route durch die 500 Meter hohe Nordostwand der Brenta Alta. Sie ist bis heute eine der schwierigsten unter den Klassikern der Brenta geblieben.

Zwei Erstbegehungen aber übertreffen 1934 alle anderen: die Südwand des Torre Trieste, 700 Meter hoch, von Raffaele Carlesso und Bortolo Sandri mit 50 Haken in abwechselnder Führung gemeistert, und die Nordwestwand der Punta Civetta, 800 Meter hoch, die Alvise Andrich als Seilerster und Ernani Faè ebenfalls mit 50 Haken lösen. Beide Touren sind als Marksteine in der Entwicklung des Felskletterns anerkannt, weil sie einige ungemein schwierige Freikletterstellen aufweisen.

Alvise Andrich, 19 Jahre alt, stürzt mehrmals an der hakenabweisenden Andrich-Platte. Erst am Morgen nach dem Biwak gelingt die Schlüsselstelle frei. Was für ein begnadeter Freikletterer!

Raffaele Carlesso, ein Hitzkopf, arbeitet als Assistent in der Textilfabrik Marzotto und ist ein Kämpfer, ein Tüftler, ein Spieler. Für die Südwand des Torre Trieste trainiert er Tag für Tag. Um vier Uhr früh steht er auf, um zu laufen, um Klimmzüge zu machen, um seine Hände und Finger zu üben. Im VI. Grad sind es die Finger, die alles entscheiden. Zwischen zwei Unwettern klettern sie über nassen Fels aufwärts, biwakieren und tags darauf wechseln sie sich in der Führung ab. Ein Vier-Meter-Dach hält sie auf. Sie versuchen es direkt. Nicht zu überklettern. Nein, es gelingt nicht. Rückzug? Unter äußerster Anstrengung – die Fingerspitzen finden nur an einer kleinen Ritze Halt – kann Carlesso das Hindernis umgehen, sie haben gewonnen.

Die Südwand des Torre Trieste! Heute noch verrät diese unsichtbar in die Wand gezeichnete Route den Wert und das Können ihrer Erstbegeher. Auch wenn sie inzwischen häufig wiederholt wird, zählt sie für immer zu den schwierigsten Felsanstiegen dieser Epoche – schwieriger als die »Cassin« an der Westlichen Zinne, die Andrich-Führe an der Punta Civetta, die »Carlesso« am Torre die Valgrande.

August 1935. Seit einer Woche steht ein kleines Zelt unter den Nordwänden der Zinnen. Joseph Meindl und Hans Hintermeier hausen dort und belagern die Nordwand der Westlichen Zinne. Auf der Hütte an der Südseite der Zinnen warten Comici, Zanutti und Del Pianto auf ihre Chance. Sie sind über das Band in der Wandmitte etwa zehn Meter weiter gekommen als alle anderen vorher. Der Regen hat sie zurückgetrieben. Wie Diebe in der Nacht, jeden Lärm vermeidend, schleichen Cassin und Ratti zum Einstieg. Sie kommen so den Deutschen im Zelt und den Triestinern auf der Hütte zuvor. Nebel. Niemand sieht die beiden. Hintermeier und Meindl bemerken die beiden erst, als sie hoch oben in der Wand hängen. Schnell die Seile, die Haken, sie laufen zum Einstieg, wählen eine andere Route, in der Hoffnung, schneller zu sein und die Italiener vor dem großen Quergang einzuholen. Pech – sie schaffen es nicht und seilen ab.

Alvise Andrich

Raffaele Carlesso

Vittorio Ratti

Riccardo Cassin und Vittorio Ratti mit ihren Konkurrenten Meindl und Hintermeier am Gipfel der Westlichen Zinne nach der ersten Begehung der Nordwand

Oben springt ein Dach vor, und eineinhalb Meter darunter bricht die Wand in einem Dach ab – dazwischen gilt es zu klettern. Hans Hintermeier

Gino Soldà

54 Stunden lang sind Cassin und Ratti in der Wand. Zwei Biwaks, zwei Unwetter lang. Völlig durchnässt erreichen sie den Gipfel. Hintermeier und Meindl erwarten sie dort, beglückwünschen die »Sieger«. Sie haben einen Fotoapparat dabei und ein Freund Cassins, der die Seilschaft in der Wand per Reepschnur mit Proviant von unten versorgt hat, fotografiert alle vier. Es ist der 30. August.

Das Gerücht, die Nordwand der Westlichen Zinne sei die schwierigste Route überhaupt, hält sich nicht lange. Abgesehen von der Versorgung von unten, hat sich nichts an der Technik geändert. Der große Quergang, ungemein ausgesetzt – Cassin hat vier Stunden gebraucht, um einen einzigen Haken zu schlagen –, beeindruckt zwar alle Wiederholer, aber er schreckt sie nicht ab. Hintermeier und Meindl gelingt die zweite Begehung. Ein Jahr später, 1936, gelingt es Gino Soldà, zwei große Neutouren innerhalb von wenigen Tagen zu eröffnen, zwei Meisterwerke, die heute noch gefürchtet sind. Soldà, ohne richtigen Beruf, betreibt den Skilanglauf als Amateur und nimmt an den Olympischen Spielen von Lake Placid teil. Er ist 30 Jahre alt, als er mit seinem Seilpartner Franco Bertoldi in die gewaltige Nordwand des Langkofel einsteigt. Vom Gipfel zurück, marschiert er weiter zur Marmolada, wo er mit Umberto Conforto an der Südwestwand, links des Micheluzzi-Pfeilers, eine weitere Route eröffnet. Am Langkofel schlug er 50, in der Marmolada-Südwand 70 Haken. Die Anzahl liegt im damals üblichen Rahmen.

Die Soldà-Führe an der Marmolada wird erst nach dem Zweiten Weltkrieg wiederholt. Zuerst von Stenico und Franceschini, dann von den Franzosen Couzy und Schatz, die von hakentechnischen Schwierigkeiten sprechen.

Auch Vinatzer macht in jenem Sommer 1936 zwei große Erstbegehungen. Nachdem er mit dem Holschnitzer Peristi eine Route durch die direkte Nordwand der Rosengartenspitze gelegt hat, steigt er mit Ettore Castiglioni in die Südwand der Marmolada di Rocca ein. Dieser Castiglioni, ein geübter Seilerster, hat den Micheluzzi-Pfeiler geführt. Nur mit einem Biwak steigen die beiden durch die 800 Meter hohe Route, bis heute ein Prototyp extremer Dolomitenkletterei.

Im Biwak, noch unter dem großen Band, sollen die beiden eine harte Auseinandersetzung gehabt haben. Castiglioni, der sich in der Rolle des Seilzweiten betrogen vorkam, wollte auch führen, »Battista 'd Val« aber weigerte sich, die Führung abzugeben. Castiglione: »Dann geh' ich eben zurück«. »Mach' was du willst«, soll Vinatzer geantwortet haben, »ich lass' dir eines der beiden Seile und jeder geht auf eigene Faust weiter.« Der Streit war damit beendet, Castiglioni stieg nach, Vinatzer voraus. Der Wert seiner Erstbegehungen wurde lange nicht erkannt, sie haben ihm weder Geld noch Ruhm eingebracht.

Die Kletterer in den Nördlichen Kalkalpen orientieren sich an den Dolomitenkletterern, aber einer ist besser als alle anderen: Hias Rebitsch. Einer, von dem man nicht viel spricht und über den man nur in Bergsteigerkreisen flüstert, er sei ein Teufelskerl. Er stammt aus Brixlegg in Tirol, hat sein Studium in Innsbruck vernachlässigt. Ihm ist das Bergsteigen zur Lebensform geworden. Seine Erstbegehungen sind wie jene von Vinatzer. Wenn er irgendwo einsteigt und durchkommt, kann man sicher sein, dass die Route von den Wiederholern das Äußerste verlangen wird. Rebitsch trägt später das Kletterkönnen der Zwischenkriegszeit in die Nachkriegszeit. Von ihm lernen Kuno Rainer, Otto Eisenstecken, Hermann Buhl, Erich Streng, Toni Egger und Erich Abram.

Giusto Gervasutti, der mit Gabriele Gallo-Boccalatte die dritte Begehung der Sass-Maor-Ostwand und mit Piero Zanetti die zweite des Südgrates an der Aiguille Noire de Peuterey gemacht hat, bringt das extreme Felsklettern in das Mont-Blanc-Gebiet, wo Armand Charlet im kombinierten Gelände führend ist. Lucien Devies aus Paris kommt jung und begeistert in die Dolomiten, klettert mit Comici, lernt Gervasutti kennen und kehrt mit ihm in die Westalpen zurück, ohne die Schwelle des VI. Grades zu erreichen. Auch am Pic d'Olan nicht.

Ettore Castiglioni

Nur zwei Tage später durchsteigen Hans Vinatzer und Ettore Castiglioni mit nur einem Biwak die 800 Meter hohe Südwand der Punta Rocca (»Vinatzer«, VI+). Vinatzer war sich damals wohl kaum bewusst, dass er einen neuen Maßstab im Dolomitenklettern gesetzt hatte. Heinz Mariacher

Links: Otto Eisenstecken
Mitte: Toni Egger
Rechts: Arman Charlet

Pierre Allain

Risskletterei im VI. Grad in der
Dru-Nordwand

Es ist in Frankreich dann Pierre Allain aus Paris, der im Klettergarten von Fontainebleau trainiert und sein Können in die Alpen
trägt. Mit der Erstbegehung der Dru-Nordwand leitet er die Reihe
großer alpinistischer Unternehmungen im Mont-Blanc-Gebiet der
Moderne ein. Allain gehört zur »Groupe de Haute Montagne«, handelt mit Sportartikeln und kommt im Juli 1935 mit Raymond Leininger dort durch, wo Franz Lochmatter – mit Nagelschuhen – und
später Raymond Lambert – mit primitiver Ausrüstung der Nachkriegszeit – gescheitert sind. Die Wand ist 800 Meter hoch, die
Schlüsselstelle, der Allain-Riss, hat den VI. Grad. Trotzdem, die
Klettereien in den Ostalpen sind schwieriger. Erst nach dem Krieg
finden die Franzosen Anschluss an die europäische Spitzenklasse,
ja, übertreffen sie sogar.

Die Zeit ist reif für große Sechser-Touren im Granit. Gervasutti
gilt in den Westalpen so viel wie Carlesso und Vinatzer in den Ostalpen. Am Pic Gugliermina eröffnet er mit Boccalatte eine äußerst
schwierige Route durch die Südwand. Und Boccalatte legt 1935 mit
Nini Pietrasanta eine Route durch die Westwand der Aiguille Noire
de Peuterey, diagonal zum Südgrat. Die Direkte Westwand gelingt
vier Jahre später Vittorio Ratti und Gigi Vitali, die den Gipfel unter
größten Schwierigkeiten erreichen.

Auch die lange unbeachtet gebliebenen Granitwände im Bergell,
an der Grenze zwischen der Lombardei und der Schweiz, treten in
den Mittelpunkt des Interesses. Alfonso Vinci erklettert die glatte
Cengalo-Südkante. Die größte Faszination aber übt die Badile-
Nordostwand aus. Riccardo Cassin steigt mit Vittorio Ratti und
Gino Esposito ein und gewinnt. Trotz eines Wettersturzes holen sie
die Seilschaft Molteni-Valsecchi ein und nehmen sie mit. Tragischer-
weise sind Molteni und Valsecchi den enormen Anstrengungen und
den schlechten Verhältnissen nicht gewachsen und sterben beim
Abstieg an Erschöpfung. Eine typische Tragödie damals.

Cassin, der Dolomitenkletterer, ist also auch im Granit erfolgreich. Aber ist er auch dem Walker-Pfeiler an den Grandes Jorasses
gewachsen? Neben der Nordostwand der Aiguille de Leschaux –

von Cassin und Tizzoni dann 1939 erstbegangen – und der Ost-wand der Grandes Jorasses – von Gervasutti und Gagliardone durchstiegen – ist der Walker-Pfeiler das letzte große Problem im Fels vor dem Zweiten Weltkrieg. Seit der Erstbegehung des Mar-molada-Südpfeilers sind nur zehn Jahre vergangen. Alle großen Wände der Alpen sind durchstiegen und der VI. Grad hat sich gegen alle bürgerlichen, akademischen und politischen Vorurteile durchgesetzt.

1928 hat das Rennen um die Jorasses-Nordwand begonnen, 1938 soll es enden. Der Pfeiler, der von der Pointe Walker in gerader Linie auf den Leschaux-Gletscher abfällt, ist der ideale Weg. Der Mittelpfeiler auf die Pointe Croz ist von Rudolf Peters und Martin Meier 1935 in extrem schwieriger Granitkletterei erobert worden. Der Walker-Pfeiler wird nun zum letzten großen Kletterproblem der Alpen, nachdem im Juli 1938 trotz der schlechten Wetterbe-dingungen und der Vereisung Anderl Heckmair, Fritz Kasparek, Ludwig Vörg und Heinrich Harrer unter der Führung des zähen Heckmair die Durchsteigung der berühmten Nordwand des Eiger gelingt.

Walker-Pfeiler: Franzosen – Charlet, Couturier, Belin, Frendo – haben ihn versucht; Schweizer – Gréloz, Roch, Lambert, Loulou Boulaz; Italiener: Gervasutti, Zanetti, Croux, Carrel, Cretier, Binel, Chabod, Boccalatte, Gasparotto; Deutsche: Haringer, Rittler, Brehm – letztere stürzten zwischen Whymper- und Walker-Pfeiler tödlich ab –, Heckmair, Kröner, Welzenbach, Toni Schmid, Steinauer, Meier; Österreicher: Bratschko und Rupilius; der Amerikaner Herron.

Am 3. August 1938 sind drei Italiener auf der Leschaux-Hütte. Allain und Leininger haben drei Tage vorher 200 Meter über dem Einstieg aufgegeben. Cassin, Esposito und Tizzoni meistern am 4. August die große Verschneidung, glatte Platten, pendeln nach rechts, biwakieren, klettern weiter. Am Morgen des dritten Tages kommt ein Unwetter, dann erreichen sie den Gipfel. Er ist in Nebel gehüllt. Ist mit diesem Weg der Wettstreit im Alpinismus abge-schlossen? Nein, er fängt neu an. Immer wieder.

Links: Anderl Heckmair
Rechts: Fritz Kasparek

Eine gewaltige Wand, ein jah-realter Traum und vielleicht der dornenvollste Weg, den ich je gegangen. Fritz Kasparek

Die Jorasses-Nordwand

EMILIO COMICI IN DER NORDWAND DER GROSSEN ZINNE

Kletterei im VI. Grad in der Nordwand
der Großen Zinne

Vielleicht kommt der Tag, an dem ein Kletterer, wahnsinniger als alle anderen, diese Wand bezwingen wird.
Emil Solleder
über die Zinnen-Nordwand

Am 12. August 1933 steht Vittorio Varale, ein Journalist, am Fuß der Drei Zinnen. »Ihre Frau wartet unter der Nordwand auf Sie!«, teilt man ihm mit. Er lässt alles Überflüssige in der Auronzo-Hütte zurück und marschiert über den breiten Steig, der am Südfuß der Drei Zinnen entlangläuft, zum Paternsattel hinüber. Den Südpfeiler der Kleinen Zinne, der sich scharf gegen den blauen Himmel abhebt, über sich fragt er sich, wer ihn durchsteigen wird und wann. Dass er drei Wochen später als »Gelbe Kante« bekannt werden sollte, kann er nicht ahnen.

Am Paternsattel hört Varale eine bekannte Stimme, biegt nach links, läuft über das Kar an der Kleinsten Zinne vorbei, hinüber zur Kleinen und steht dann unter der Nordwand der Großen. »Sie sind um 7 Uhr eingestiegen«, erklärt Mary, seine Frau. Sie ist eine extreme Kletterin, wiederholt Partnerin von Emilio Comici. »Jetzt sind sie dort oben, schau, links von der gelben Wand. Siehst du die gelbe Jacke von Emilio?«

Emilio Comici sowie die Brüder Angelo und Giuseppe Dimai aus Cortina sind mit anderen Führern am Vortag 150 Meter weit gekommen. Dann wurde abgeseilt, um in der Hütte zu übernachten.

Sie sind nicht die ersten, die es versuchen. Hans Steger, Paula Wiesinger, Walter Stösser, Attilio Tissi, Raffaele Carlesso, Ignazio

Dibona und Giuseppe Ghedina waren vor ihnen in der Wand. Ohne Erfolg. Emilio Comici hatte mit Renato Zanutti bis dahin die höchste Stelle erreicht. Auch Angelo und Giuseppe Dimai waren bereits in der Wand. Einige Tage nach ihrem Versuch hat Angelo Dimai Comici den Vorschlag gemacht, es gemeinsam zu wagen. »Comici«, sagte er, »wir müssen unsere Kräfte vereinen.« Comici sagte erfreut zu. So kommt es, dass er das Angebot, die Wand nochmals mit Renato Zanutti anzupacken oder sie mit Raffaele Carlesso – damals einer der besten Felskletterer – zu versuchen, ausschlägt.

Die beiden Brüder und Emilio Comici wollen am 13. und 14. August die erste Durchsteigung der 550 Meter hohen Nordwand erzwingen. 400 Meter Seil, 150 Meter Reepschnur, 90 Haken, Steigschlingen und 40 Karabiner haben sie dabei.

Die wenigen Leute am Einstieg schauen nach oben. Fast 600 Meter hoch baut sich die Wand über ihren Köpfen auf. »Wenn alles gut geht, könnten sie morgen den Gipfel erreichen.« Hammerschläge hallen, Rufe sind zu hören. Varale hat das Glück, Augenzeuge der wichtigsten Erstbegehung jener Zeit zu werden und zwei Tage später sollte der Name dieser Wand in der Zeitung stehen, für die er schreibt: Große-Zinne-Nordwand. Dazu Fotos und ein sonderbarer Ausdruck: »Sesto grado« – »VI. Grad.« Ein mysteriöses Wort!

Nun gilt es die Schlüsselstelle zu überwinden. Emilio Comici führt.

Comici: »Es gelang mir, den Überhang zu überwinden, der uns am Tage vorher zum Stehen gebracht hatte. Aber das Schlimmste zeigte sich unseren Blicken erst nachher: eine offene und völlig überhängende Wand, keine Kamine, keine Risse, keine Leisten … Das Ringen um den Berg wurde hier zum gefährlichsten, verwegensten und ausgeklügeltsten, das man sich denken kann. Die Haken drangen nur einen Zoll tief ein. Man kletterte nicht mehr auf dem Fels, sondern auf vier Steigbügeln. Dabei ruht der Absatz im Steigbügel, währen die Fußspitze nach einer rauen Stelle im Fels sucht. Weshalb dieses Verfahren? Weil man auf diese Weise so viel Überhang beseitigt, als die Fußlänge beträgt. Ich habe Stunden und

Emilio Comici

Eine Ersteigung von außerordentlicher Schwierigkeit, zu deren Gelingen wir zu den ausgesuchtesten Mitteln moderner Felstechnik greifen mussten, war für mich die der Nordwand der Großen Zinne. Wie lange schon hegte ich den Wunsch, diese wunderbare Wand zu erobern! Seit wenigstens fünf oder sechs Jahren, vom ersten Augenblick an, als ich sie sah. Emilio Comici

Eine Klettertour des äußersten Schwierigkeitsgrades stellt eine gewaltige psychische Leistung dar, die noch größer ist, wenn man sich auf jungfräulichem Gelände bewegt. Das Risiko steigert sich im Verhältnis zur Nervenanspannung. Emilio Comici

Nach dem Jahre 1929 bewies eine Reihe wunderbarer italienischer Erfolge in den Dolomiten die außerordentliche Klettertüchtigkeit. Es genügt, an die Erkletterung der Großen Zinne über die Nordwand zu erinnern, die 1933 den Brüdern Dimai mit dem Triestiner Emilio Comici gelang. Comici, der die Große-Zinne-Nordwand 1937 in verblüffender Kühnheit allein durchkletterte. Domenico Rudatis

Stunden gebraucht, um nur wenige Meter voranzukommen. In diesen Augenblicken hält man sogar den Atem an, weil man sich selbst vortäuschen möchte, dass man dann leichter wird.«

Das ist reines hakentechnisches Klettern. Die Erfahrung mit dieser Art des Vorankommens ist minimal und auch das Hakenschlagen will geübt sein. Wenn der »VI. Grad« damals meist mit Hakenleitern gleichgesetzt wurde, dann auch deshalb, weil es erst erprobt werden musste. Durch Versuch und Irrtum. Es war mehr als anstrengend.

Comici: »Als ich diesen außerordentlich harten Wandabbruch überwunden hatte, entrang sich mir ein Freudenruf; denn ich sah, dass nur noch ein ungemein ausgesetzter Quergang zu bewältigen war, der mir aber wie ein Spiel im Vergleich zu der eben erkämpften Wand erschien. Dann kam eine große Terrasse, der ein gut ausgeprägter Riss im gesunden Fels folgte. Damit wäre also der erste Teil der Nordwand gemacht gewesen, der vom Einstieg bis hierher immer überhängt.«

Der schwierigste Teil der Wand ist gemeistert, aber Comici ist überanstrengt.

Comici: »Welche Enttäuschung musste ich erleben, als ich versuchte diesen Quergang anzugehen! Meine Arme gehorchten meinem Willen nicht mehr; die Handgelenke waren infolge der Anstrengungen steif geworden, die es mich gekostet hatte, die Seile heraufzuziehen, die nicht durch die Karabiner laufen wollten!«

Giuseppe Dimai kommt nach und übernimmt die Führung. Im Nu ist er drüben. Dann geht es durch einen Riss weiter. Bis sich alle drei auf einer bequemen Terrasse vereint sehen, vergehen Stunden.

Comici: »Wir jubelten, weil der ungefähr 250 Meter hohe, überhängende Wandabschnitt unter uns lag. Die Schwierigkeiten der zweiten Hälfte des Aufstieges konnten nicht mehr das extreme Ausmaß des bisher Überwundenen erreichen«.

Biwak. Die Nacht verläuft ruhig und friedlich. Eine Stunde vor Mitternacht finden sich am Wandfuß einige Freunde ein. Sie sorgen für fröhliche Stimmung, Lieder werden gesungen.

Um 10.30 Uhr des folgenden Tages erreichen sie den Gipfel der Großen Zinne. Die erste Durchsteigung der Nordwand ist geglückt. Aber nicht alle wissen den »Sieg« zu schätzen.

Im Sommer 1937 erfasste mich die Lust des Alleingehens; ich wollte nach so langer Zeit meine Nordwand wiedersehen, wie sie nun aussah. Ich erstieg sie allein in nur 3 ¹/₂ Stunden.
Emilio Comici

Ich habe gesagt, Preuß und Dülfer wären Künstler gewesen. Nun lasst mich hinzufügen, dass sie große Künstler waren. Mag einer einwenden, dass es keiner Kunst bedarf, um auf einen Felsen zu steigen, nur etwas Mutes. Nein! Zu wissen, wie man den logischsten und elegantesten Weg entwirft, um einen Gipfel zu erreichen, wobei man die bequemere und leichtere Seite verschmäht, und diesen Weg in einer einzigen, bewussten Anspannung aller Nerven und Sehen zu beschreiten und dabei sich zum Herrn über die Anziehungskraft der Leere und den Sog des Schwindels zu machen, das ist ein wirkliches und manchmal wunderbares Kunstwerk, eine Meisterleistung von Geist und Ästhetik. Emilio Comici

Im Quergang an der Westlichen-Zinne-Nordwand, wo Comici gescheitert ist

Für die modernen Kletterer bedeutet »sechster Grad« soviel wie »äußerst schwierig«. Für die großen Kletterkanonen ist die erste Bezeichnung klarer, umfassender und bezeichnender als die zweite. Zaghaften Bergsteigern und allen Leuten, welche sich die Berge lieber von unten ansehen, wird der Ausdruck »sechster Grad« freilich ziemlich rätselhaft bleiben, die Bezeichnung »äußerst schwierig« dagegen klar und verständlich erscheinen — und doch ein sehr relativer Begriff bleiben, weil jeder die äußerste Grenze der Schwierigkeit nach seinem eigenen Maße annehmen wird. Domenico Rudatis

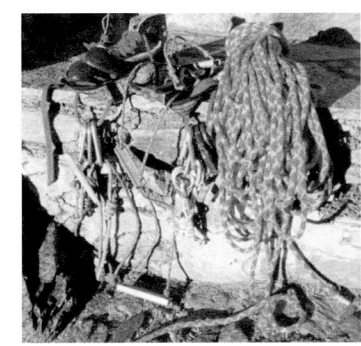

El Capitan und Half Dome, Yosemite, Kalifornien

JENSEITS DER VERTIKALEN

MEHR ÜBERHANG, MEHR HAKEN

Wenn ich kletterte, machte ich mir keine großen Sorgen über das, was ich tun sollte; ich betrachtete vor allem den Einstieg und den Ausstieg. Wenn ich in Schwierigkeiten war oder wenn es brüchig war, dachte ich mir: Der Fels mag mich ein wenig. Und so ließ ich mich von ihm weiterleiten.

Gian Battista Vinatzer

Lino Lacedelli

Kurz vor dem Zweiten Weltkrieg verlagert sich die Entwicklung des Felskletterns auf die Ränder der großen Wände in den Dolomiten – zum Beispiel Cima-di-Gasperi-Nordwestkante und Cima-Su-Alto-Nordwestwand in der Civetta-Gruppe – und 1944 steigt die Cortineser Seilschaft Costantini/Appolonio über die Dächer des Tofana-Pfeilers. Nach dem Krieg werden mehr und mehr Haken eingesetzt. Und die Franzosen kommen in die Dolomiten. In idealer Linienführung erzwingen Gabriel und Livanos vom 10. bis 12. September 1951 mit 128 Mauerhaken einen direkten Nordwestanstieg auf die Cima Su Alto. Ist sie die schwierigste Dolomitenfahrt?

Das Gegenstück dazu ist die Südwestwand der Cima Scotoni, die vom 10. bis 12. Juni 1952 Ghedina, Lacedelli und Lorenzi gelingt. 550 Meter senkrechter Fels, 140 Haken. Die Schlüsselstelle wird mittels eines dreifachen Steigbaumes an Trittschlingen und durch einen Pendelquergang gemeistert. Fritz Stadler stuft die fünf schwierigsten Dolomiten-Klettereien wie folgt ein: 1. Cima Su Alto – direkte Nordwestwand (1951); 2. Cima-Scotoni-Südwestwand (1952); 3. Marmolada-di-Rocca-Südwand (1936); 4. Torre-di-Valgrande-Nordwestwand (1936); 5. Westliche-Zinne-Nordwand (1935).

Man misst sich also an Routen! Jaques des Lepiney: »Wer von uns hat nicht schon die Genugtuung erlebt, dort durchgekommen zu sein, wo andere scheiterten? Der Wettkampf ist die Basis aller großen alpinen Taten.«

Jetzt erst setzt die Reihe der Wiederholungen der großen Fahrten ein. Die Nordwand der Großen Zinne als Modewand der Extremen, von Comici wegen des Hakensegens als »arme Nordwand!« bezeichnet, haben bereits mehr als 200 Seilschaften durchstiegen. Allein fünf Alleingeher: Emilio Comici (1937), Leo Seitelberger (1951), Hans Wörndl (1952), Karlheinz Gonda und René Simek (1953). 19 Seilschaften sind es bis 1951 in der Nordwand der Westlichen Zinne, neun sind es in der Marmolada-Südwestwand bis 1953 auf der Führe Solda/Conforto. Die Südwand der Marmolada di Rocca ist auf der Route Castiglioni/Vinatzer bis 1953 viermal durchstiegen. Der Solleder-Weg in der Civetta zählt 1950 etwa 70 Begehungen, die Comici bis 1951 acht, die Nordwestwand der Punte Civetta bis 1952 fünf und die Torre-di-Valgrande-Verschneidung acht. Die Gabriel/Livanos und der Ratti-Weg an der Cima Su Alto haben bis 1952 drei Begehungen und der Südostpfeiler der Tofana di Rozes fünf.

Was sagen uns diese Zahlenreihen? Dass mit der Anzahl der Wiederholungen die Schwierigkeiten schwinden. Und nun kommen die Winterbegehungen. Schon im März 1938 haben Sepp Brunhuber und Fritz Kasparek bei grimmiger Kälte eine Winterdurchsteigung der Großen-Zinne-Nordwand geschafft. Im März 1950 gelingt Kuno Rainer und Hermann Buhl die Marmolada-Südwestwand und im Winter 1953 schaffen Carlo Mauri und Walter Bonatti die Nordwand der Westlichen Zinne.

Zu den tüchtigsten Kletterern dieser jungen Generation zählen Ghedina, Lacedelli, Eisenstecken, Abram, Buhl, Schließler, Gabriel, Livanos und Couzy. In der Mitte der Entwicklung vom naiven Felsklettern bis zur hohen Schule des Freikletterns heute stehen ein paar »Mauerspringer« wie Matthias Rebitsch, die das Felsklettern der Vorkriegszeit in die Nachkriegszeit tragen, und eine sich rasch wandelnde Einstellung zum Berg. Das Klettern wird mehr und mehr als Sport gesehen. Die Technologie verbessert sich rasant und die Erschließung scheint abgeschlossen. Einige Vergleiche zwischen der Einstellung einst und heute: Zu Beginn des 20. Jahrhunderts

Luigi Ghedina

Das Alleingehen durch schwierige Wände ist das Gefährlichste was man unternehmen kann. Die meisten der kleinen Auslese, die solches gewagt hat, sind dabei zugrunde gegangen. Emilio Comici

Martin Schließler

Es war mehr eine Feuerwehr-übung als eine Kletterei, ein Hinaufnageln, da der Neu-schnee jeden Halt verwehrte.

Hermann Buhl

Wird diese äußerste Grenze je überschritten werden? Es mag sein, dass Wunder der natür-lichen Befähigung bei größter Übung sie ein wenig erweitern können, aber gewiss nicht viel. Alle die letzten Spitzenleis-tungen seit dem Solleder-Lettenbauer-Weg in der Civetta sind ein Wandeln auf der Schneide der unbedingten Grenze des Möglichen.

Domenico Rudatis

galten die Guglia di Brenta oder die Überschreitung der drei süd-lichen Vajolettürme als die Grenze des Möglichen. Auch die Durch-steigung der Marmolada-Südwand. Bis 1950 haben 3419 Kletterer die berühmte Guglia betreten. Der Bergführer Franz Wenter aus Tiers machte 1949 im Alter von 73 Jahren seine 120. Überschreitung der Vajolettürme. Wie oft wurde in den zurückliegenden hundert Jahren die »Grenze des Möglichen« auf immer glattere und steilere Wände übertragen. Die Wertung »unmöglich« hat sich als relativ erwiesen. Heute klettern Gelegenheitskletterer die schwierigsten Routen von 1950 und die Besten von heute sind in eine Dimension vorgedrungen, die vor 20 Jahren unvorstellbar war.

Gunther Langes, der den VI. Grad als Fiktion bezeichnete, könn-te sicher nicht nachvollziehen, dass Alexander Huber heute so ele-

Technisches Klettern an der Dachl-Roßkuppen-Verschneidung

gant und zügig den XI. Grad klettert wie Langes und Merlet 1920 den V. an der Schleierkante geklettert haben. Nein, der Schwierigkeitsgrad ist keine Spielerei mit verwickelten Formeln. Was Schwierigkeit ist, wissen alle, die ihr Können ins Verhältnis zum Gelände setzen und erleben, was jenseits ihrer Möglichkeiten liegt: das Unmögliche eben.

Mit den ersten Erfolgen an den Achttausendern kommt der Expeditionsstil auch in die Alpen. Ja, die Eroberung der Dru-Westwand 1952 bedeutet in diesem Zusammenhang eine Wende im Alpinismus. 1939, vor dem Krieg, versuchen es zwei Kletterer aus den Pyrenäen. Sie müssen aufgeben. Auch Georges Livanos, »der Grieche«, Gaston Rébuffat, Jean Couzy und Marcel Schatz geben auf. Danach kommt es zu einem Wettstreit und zuletzt zu einem Zusammenspiel zwischen Kletterern aus Lyon und Paris. Gilbert Vignes, 1950 einer der besten Kletterer in Frankreich, stößt auf Guido Magnone, Lucien Berardini, Adrien Dagory und Marcel Lainé aus Paris. Die erste extrem schwierige Kletterstelle an der Dru-Westwand, den 25 Meter hohen »Vignes-Riss«, löst Vignes 1950 bei einem Versuch mit Dubost, Dagory und Berardini. Nach vier Tagen in der Wand eilen Lainé, Schatz, Allain und andere zu Hilfe. Die Viererseilschaft aber schafft den Rückzug allein. 1951 bleiben Roger Duplat und Gilbert Vignes an der Nanda Devi im Garhwal Himal verschollen. Guidio Magnone gelingt am 2. Februar 1952 zusammen mit Lionel Terray die erste Ersteigung des Cerro Fitz Roy in Patagonien.

Im Sommer 1952 sind Berardini, Dagory und Magnone wieder da. Sie erreichen den Beginn der 90-Meter-Verschneidung. Mit technischen Mitteln bezwingen sie die Verschneidung und müssen anschließend einen Seilquergang machen. Aber sie wissen nicht, ob es nach der Querung weitergeht. Am 13. Juli kehren sie mit Marcel Lainé über die Nordwand in die Westwand zurück, mit Expansionshaken, Fixseil und Hakengalerie. Die letzten Tabus sind aufgehoben. Hias Rebitsch aber geht einen anderen Weg, den Weg des Freikletterns.

Gaston Rébuffat

Mein Herkommen vom Sächsischen Bergsteigen Fehrmannscher Prägung sowie nicht zuletzt auch die Sorge über mancherlei Geschehnisse im alpinen Bergsteigen veranlassten mich zu einer beharrlichen Propaganda des stilreinen Kletterns ohne künstliche Hilfsmittel, so wie es im heimischen Elbsandsteingebirge war und ist.   Fritz Wiessner

MATHIAS REBITSCH IN DER NORDWAND DER LALIDERERSPITZE

Lalidererspitze-Nordwand,
die Rebitsch-Route beginnt zwischen
den Fichtenwipfeln

1936 unternehmen Hias Rebitsch und der Innsbrucker Felsgeher Kurt Loserth den ersten Versuch an der 750 Meter hohen Direkten Lalidererspitz-Nordwand. Fünf Seillängen weit kommen sie. Eine griffarme, überhängende Einkerbung stoppt sie.

Rebitsch: »Eine Weile plage ich mich an ihr vergeblich auf ›klassische Art‹ ab, dann wird's mir zu bunt und trotz meiner Abneigung gegen Hakenleitern muss ich mich eine kurze Passage hinaufschlossern. Der Himmel hat sich unterdessen mit dunklem Gewölk überzogen. Donnergrollen – eine ernste Mahnung zur Umkehr! Bei starken Regengüssen würden sich in der Gipfelschlucht eingefangene Wasserschwälle genau auf uns herab ergießen … Zudem wölbt sich der Fels direkt über unseren Köpfen fast chancenlos heraus. Wir stehen an.

Aber rechts von mir, gleich ums Eck', da durchschneidet den mehr als senkrechten Plattenpanzer ein gelblicher Riss. Nur er könnte uns aus der Sackgasse helfen. Eine Schlüsselstelle! Wenigstens die ersten paar Meter des problematischen Risses will ich mir noch vorknöpfen, ihn auf seine Begehbarkeit hin praktisch prüfen und mit einem Eisenstift präparieren. Die ›Prüfstrecke‹ erweist sich als ungemein schwierig und verlangt ein äußerst präzises, freies Klimmen. An die Hälfte habe ich dem Riss bereits abgewonnen. Vereinzelte Regentropfen! Ich darf mich nicht mehr länger spielen. Und da bietet sich eben eine geeignete Ritze an. Es gelingt mir, sehr anstrengend, in heikler Position, einen soliden Stift bis zur Öse einzudreschen. Der würde einen Flug verlässlich abfangen. Das noch fehlende Reststück des ›Gelben Risses‹ vom Haken bis hinauf zu einem Standplatz ist damit gut gesichert. Als Problem ist der ›Gelbe‹ ausgeschieden, er wird sich bestimmt bis zur Gänze machen lassen – das nächste Mal. Denn jetzt darf ich wirklich keine einzige Minute mehr an ihm verplempern – jede verlorene kann sich schicksalsentscheidend für uns auswirken. Ich dülfere zu Kurt hinunter. Ein wüstes Hagelgewitter begleitet unseren Rückzug.«

Bäche, Wasserfälle, herabsurrende Felsbrocken am Einstieg. Es ist Schluss mit der »Direkten«. Vorerst. Erst zehn Jahre später ist es wieder so weit. Rebitsch kehrt nach dem Krieg zur »Direkten« zurück. Sein Lebensziel? Das sicher nicht mehr. Aber obwohl er schon 35 Jahre alt ist, gehört er noch nicht zum »alten Eisen«, ist noch nicht »reif« für ein gefahrloses, geruhsames Dasein. Mit Sepp Spiegl bereitet er sich auf die »Direkte« vor. Aber die Konkurrenz ist schon in der Wand – Kuno Rainer und Herbert Eberharter! Überstürzt radeln Rebitsch und Spiegl los. Mit Kartoffeln, Kraut, Rüben, Schöpsenfett und einem Beutel mit Polenta als »Kraftnahrung« im Gepäck. Die Nahrungsbeschaffung ist in der Nachkriegszeit nicht einfach. Sie schleppen wie die Kuli. Vom Achensee geht es über die Jöcher zur Falkenhütte. Die »Rivalen« überlassen Rebitsch vornehmerweise den Vortritt. Am nächsten Tag schon steht er unterhalb der Umkehrstelle von 1936. Sepp Spiegl soll nun vorausgehen.

Rebitsch: »In blendender Form packt Sepp den Riss an, klettert schnell, fast zu riskant für meinen Geschmack, schnappt sich den soliden Stift, welchen ich vor zehn Jahren zum Abseilen geschlagen hatte, hängt rasch Karabiner und beide Seile ein. Es kann nichts mehr passieren, ich atme auf.«

Spiegl macht Stand. Darüber geht wieder Rebitsch an die Spitze. Er sieht am Rande des »Balkons« einen Durchschlupf.

Mathias Rebitsch

Allmählich kristallisierte sich im Karwendel ein großes Problem heraus, das heimlich die Gedanken der Kühnsten beschäftigte: Lalidererwand! 800 Meter hoch schießt diese düstere, glatte Wand zum zerborstenen Gratfirst empor. Kilometerlang! Der Fels ist nicht eisenfest, sondern unten splitterbrüchig und kleingriffig und oben unheimlich morsch.

Fritz Schmitt

Kuno Rainer

In den Kampf mit den gleichwertigen Partnern muss zusätzlich die eigene Selbstüberwindung mit einbezogen werden … Die Bergsteiger versuchen sich an immer größeren Wänden, an immer größeren Schwierigkeiten, sie streben eine endlose Entwicklung an.
Jacques des Lepiney

Die »Direkte Lalidererspitze« wurde zum großen Klassiker. Die meisten Wiederholer glauben, dass sie für Jahrzehnte zur vielleicht größten Kletterei in den Nördlichen Kalkalpen wurde. Hermann Huber

Rebitsch: »Vorerst aber bringt mich ein abdrängender Spalt, der handbreit und glatt ausläuft, ins Schwitzen. Aus ihm heraus muss ich mich unter dem Balkonwanst schräg links aufwärts schwindeln. Das lässt sich nur mit Hilfe eines Holzkeils bewerkstelligen, den ich – als passionierter Freikletterer – mit einem schlechten Gewissen in die schmale Kluft eintreibe. Ich empfinde es als Verstoß gegen die klettersportlichen Regeln. Nun stecke ich selber in diesem Dilemma der Jungen, die sich neue Felswege erschließen wollen und dafür den übermäßigen Einsatz von ›unfairen‹ technischen Hilfsmitteln in Kauf nehmen müssen.«

Der Balkon ist überwunden, leichteres Gelände erreicht. Von den Überhängen der Trichterschlucht plätschert Wasser herab.

Rebitsch: »Mit einem Seilquergang schleiche ich 15 Meter nach links zu einem flacheren Absatz. Ein Risskamin würde zweifelsohne ein Höherkommen unter das Dach ermöglichen, mit dem die Gipfelschlucht abbricht – als zweite fragliche Barriere der geplanten Führe. Doch vom Dach gischtet ebenfalls das kalte Nass in Strähnen herab. Keine Chance, Umkehr.«

Der Erkundungsvorstoß ist zu Ende. Im Dülfersitz fahren die beiden in großer Ausgesetztheit in die Tiefe.

Das Wetter hat umgeschlagen. Regen! Sepp Spiegl hat eine Blutvergiftung am Oberarm und fällt aus. Kuno Rainer springt ein.

Rebitsch: »So verbünden wir alten Freunde uns wieder einmal als Gespann wie bei früheren Fahrten. Wir vertrauen einander uneingeschränkt. Nach wir vor sperren schwarze Sickerstreifen die untere Hälfte der ›Direkten‹. So wollen wir sie vorläufig auf der ›Auckenthaler‹ umgehen, nach rechts bis oberhalb des Schluchtwulstes traversieren und von ihm aus einen geraden Ausstieg durch den oberen Wandteil zur Spitze suchen.«

Nach einer verregneten Nacht klettern Rebitsch und Rainer die Auckenthaler-Route empor. Über ein Band erreichen sie die Schlucht, die die Wand bis zum Gipfel spaltet.

Rebitsch: »Kuno quert aus ihr heraus raffiniert nach rechts zu weißgescheuerten Felsbuckeln. Dann winden wir uns über eine leichtere Stufe höher, durch einen brüchigen Kamin auf den Kopf des ›Gelben Pfeilers‹. Ein nasser Überhang wehrt sich, eine glitschig feuchte Verschneidung, eine glatte Platte und ein letzter Felsvorsprung stellen sich uns noch entgegen, dann legt sich die Wand zurück. Es ist auch höchste Zeit. Fahlgeränderte Wolkenbänke schieben sich über den Hochalmsattel heran. Schlagartig und mit voller Wucht überfällt uns das Hochgewitter. Wehrlos dem Wüten der Elemente preisgegeben, pressen wir uns an die Wand und können nur auf das Glück vertrauen. Eiskaltes Wasser und Hagelkörner rinnen hinter der Kleidung an unseren Körpern herab. Sturzbäche rauschen durch die Schlucht, verschwinden im bordelnden Dunst. Ohrenbetäubendes Gellen naher Blitzeinschläge, vorbeischwirrende Steinsplitter, Schwefelgestank – unmittelbar drohende Todesgefahr.«

Das Unwetter ist vorbei. Ausgekühlt bis in die Knochen arbeiten sich die beiden über die triefende Wand aufwärts. Wallende Nebel verzerren alles, aber sie stoßen auf eine gut gangbare Rampe. Ja, ein gerader Anstieg bis zur Spitze wäre bei normalen Verhältnissen unproblematisch. Jetzt aber, im Nebel, mit eingeschränkter Sicht, ziehen sie es vor, zum Nordgrat hinauszuqueren, den sie knapp unterhalb des Gipfels erreichen. Das Ziel ist erreicht.

Über die Spindler-Route steigen sie ab, in die zunehmende Dunkelheit hinunter.

Die »Direkte« hat einen Schönheitsfehler: Das Verbindungsstück von der unteren zur oberen Wandhälfte, die Barriere des Schluchtüberhangs, ist noch nicht geklettert. Das große Fragezeichen!

Rebitsch: »Im Herbst nisten Sepp Spiegl und ich uns wieder auf der Falkenhütte ein. Die glitzernden Streifen unter dem Schluchtüberhang sind kurz und schmal geworden, der Fels trocknet aus. Auf geht's! Der Seilquergang liegt hinter uns. Überraschend leicht verhilft uns gestufter Fels bis zum Sockel des Gelben Turmes, der unter dem Schluchtüberhang endet. Der Turm formt mit der Wand einen mehrfach überhängenden Kaminriss. Ich zumindest überwinde ihn nur mit einer Art von Hemmungen, wie ich sie beim Klettern noch nie kennengelernt hatte. Denn der schlanke Torre vibriert

Lalidererwand: Schluchtüberhang am Auckenthaler-Weg

Das ist die Wand, fast 1000 Meter wie mit dem Lot gepeilt zum schrundigen Grat, unwahrscheinliche Flucht von Stein, nicht Gipfel, nicht Berg – nur Mauer. Sie heißt die Lalidererwand.
Leo Maduschka

Mit solchen Kletterfahrten wie an der Einserkofel-Nordwand und der direkten Ostwand der Rosengartenspitze hat wahrscheinlich das sportlich einwandfreie Felsklettern in den Alpen seine Höhepunkte erreicht. Um aber noch schwerere Wände erschließen zu können, ging man dazu über, »künstliche« Hilfsmittel anzuwenden. Das sind Trittschlingen, Haken als Griffe und Tritte, Griffkarabiner, Hochziehen am Doppelseil von Haken zu Haken von unten durch den Sicherungsmann, Seilwurf, Prusikknoten – kurz alles, was nicht der Sicherung, sondern der Überwindung der Schwerkraft dient. Der Seilzugquergang liegt zwischen technischen und künstlichen Hilfsmitteln; denn sein Gelingen hängt sehr von der körperlichen Geschicklichkeit ab.

Felix Simon

Rechte Seite:
Hakenklettern im Yosemite-Granit

und tönt unheimlich ›hohl‹ bei jedem Hammerschlag, der einen Haken in seinen Leib jagt. Und wie ich mich in den engen Spalt zwischen Wand und Turm zwänge und mich gegen ihn stemme, plagt mich die grausige Vorstellung, ich könnte ihn von der Wand wegdrücken … Das ist zwar absolut lächerlich und wider die geringste Wahrscheinlichkeit. Bei der Eisschmelze in jedem Frühjahr wirken seit Jahrtausenden urgewaltige Sprengkräfte darauf ein, ohne ihn zu fällen – belehrt mich die Ratio. Trotzdem überschichten kaum verdrängbare Angstgefühle dieses Argument. Wir sind ja mit dem steineren ›Koloss auf tönernen (schmalen) Füßen‹ durch Haken und Seil verbunden. Das erinnert mich drastisch an das einprägsame Bibelgleichnis vom ›Mühlstein um den Hals gehängt‹.«

Nun hocken sie auf der Turmspitze unter dem Schluchtwulst. Zwei feine Rissadern ermöglichen das Weiterkommen, mittels zweier Haken, Seilzug und einem Spreizschritt meistern sie das Schluchtbollwerk. Der Anschluss an die Gipfelroute ist gefunden, das Problem »Direkte Lalidererspitz-Nordwand« ist gelöst!

Als die beiden zuletzt die gesamte »Direkte« in einem Zug durchklettern wollen, führt Spiegl den Gelben Riss.

Rebitsch: »Er fingert nervös nach Griffen, scharrt nach Tritten. Sepp hängt acht Meter über meinem schlechten Standplatz droben im Riss, stockt beunruhigend lange, doch bereits in Armreichweite zum Haken. Es wird verdammt ernst. Wenn er bloß noch den rettenden Stift erwischen würde. Gott sei Dank, jetzt tappt er nach dem Haken – erwischt ihn nicht mehr! Ein heiserer Angstschrei: ›Hias!‹ – im nächsten Augenblick stürzt er frei durch die Luft stöhnend an mir vorbei und baumelt regungslos zehn Meter unter mir am Doppelseil. Erst auf meine Anrufe hin besinnt er sich, dass er noch am Leben sei. Ich kann ihn auf ein Band hinablassen. Der wenig vertrauenerweckende Standhaken und meine Hände haben gehalten. Aber ein Strick ist eingerissen.« Sepp Spiegl hat Schmerzen am Fuß, der Daumen von Rebitsch hängt zurückgeklappt an der gequetschten Hand herab. Zerrissene Gelenkkapsel! Sie müssen zurück – aus ist der Traum.

HAKENKLETTERN

1945–1957

VIELE SCHULEN – VIEL TECHNIK

Der VII. Grad? Große Zinne Direkte Nordwand. Um diese Tour in eine bereits bestehende Rangordnung eingliedern zu können, müsste man den jetzigen oberen sechsten Grad zum oberen fünften erniedrigen. Ich habe das Gefühl, dass viele damit nicht einverstanden sein werden … Und wenn sie, sich ereifernd, behaupten, das sei kein Alpinismus mehr, ein siebter Grad sei unmöglich, so mögen sie es sich nur erst einmal ansehen, dann kommen wir wieder darauf zu sprechen.

René Desmaison

Nach dem Zweiten Weltkrieg machen die Bergsteiger dort weiter, wo sie vor dem Krieg aufgehört haben. Beim VI. Grad. Als gäbe es keine Weiterentwicklung beim Felsklettern. Aber kein Rekord kann ewig währen, solange bestimmte Grundregeln eingehalten werden. Diese galt es neu zu schaffen.

Wenn die Geschichte vor dem Krieg klar zu übersehen war, weil es nur ein Dutzend Männer gab, die die Entwicklung des extremen Kletterns bestimmten, so werden es nach dem Zweiten Weltkrieg bald so viele, dass eine vollständige Aufzeichnung der Entwicklung unmöglich wird. Schon wenige Jahre nach dem Krieg kann der Grenzwert der Vorkriegszeit wieder erreicht werden. Wer mit den Bergsteigern von damals spricht und ihre Berichte liest, kann jene Zeit, in der es viel Hunger und trotzdem viel Begeisterung fürs Felsklettern gab, leicht verstehen. Aus einem furchtbaren Krieg zurückgekehrt, sind die Kletterer wieder in den Bergen unterwegs: Österreicher und Franzosen, Deutsche und Italiener, Jugoslawen und Engländer. Mit Hanfseilen, Schwarzbrot und Kartoffeln im Rucksack wiederholen sie die Routen, die in der Vorkriegszeit nur einer Elite vorbehalten waren. Erstbegehungen kommen dazu, und wenn man bedenkt, dass vielfach barfuß oder mit notdürftig zusammengeflickten Schuhen geklettert wird, darf ein großes Können konstatiert werden.

Noch während des Krieges hatten einige junge Burschen Erstbegehungen durchgeführt: Hermann Buhl, Kuno Rainer, Jože Čop und Lionel Terray. In Cortina d'Ampezzo taten sich einige junge Bergsteiger zusammen und gründeten den Kletterclub »Scoiattoli«.

Neue Anregungen kommen jetzt vor allem aus dem südlichsten Teil der Alpen, den Calanques, dem Klettergarten von Marseille, wo Georges Livanos groß geworden ist. Livanos ist der Ansicht, das Freiklettern sei nach Vinatzer und Rebitsch nicht mehr weiterentwickelbar: »Es wird immer möglich sein, hundert Meter schneller zu laufen oder den Diskus noch weiter zu werfen als bisher, aber eine Kletterei hat Grenzen, die nicht übertroffen werden können. Diese Grenzen sind durch die Struktur der Berge und die des Menschen gegeben. Um zu klettern, braucht man Griffe. Nach dem Griff kommt der kleine Griff, dann vielleicht noch ein ganz kleiner Griff und dann die glatte Wand, über die kein Mensch frei hinaufklettern kann. Die Haken haben uns zwar die Illusion gegeben, diese Grenze überspringen zu können, aber es war eben nur eine Illusion.«

Es ist Georges Livanos, der nach dem Krieg mit den großen technischen Touren in den Dolomiten beginnt. Nur auf den Bohrhaken verzichtet er. Im September 1951 erobert er mit seinem Landsmann Robert Gabriel die große Verschneidung an der Cima Su Alto in der Civetta. Die Wiederholer dieser Route werden bestätigen, dass damit im Hakenklettern ein Schritt nach vorne gemacht wurde. Die Entwicklung des technischen Kletterns aber geht auf Kosten des Freikletterns. Die »Su Alto« gilt bald als die schwierigste Tour der Dolomiten.

Einige Zeit später erschließt Livanos, »der Grieche« genannt, eine Route an der gewaltigen Westwand des Heiligkreuzkofel im Fanesgebiet. Der höchste der drei Pfeiler dort trägt heute seinen Namen und dürfte die schwierigste Erstbegehung der beiden Calanques-Kletterer sein. Livanos schlug fast alle Haken wieder heraus, und bei der Wiederholung dieser Tour kamen mein Bruder Günther und ich zwar mit der Hälfte der Haken der Erstbeger aus, fanden diesen 600 Meter hohen Pfeiler aber schwierig. Noch schwieriger ist die Südostwand der Cima Scotoni im selben Gebiet, die wir auf der Scoiattoli-Route als dritte Seilschaft begingen.

Es ist kein Zufall, dass sich aus diesem logischen gedanklichen Aufbau eine nur sechsstufige Skala ergeben hat. Sie ist ein natürlich erstehendes Schätzungsmittel von hohem relativem Wert. Wer sie übersteigert, vergeht sich gegen die klare Vernunft; wer sie mit weniger als fünf Graden unterschreitet, fördert einen Mangel.   *O. W. Steiner*

Georges Livanos

Vor kurzer Zeit tauchte die Frage auf, einen siebten Schwierigkeitsgrad einzuführen. Aus nachfolgender Überlegung wird jeder verantwortungsbewusste, extreme Bergsteiger seine Zustimmung dazu nicht geben. Der siebte Schwierigkeitsgrad sollte sich nur auf Hakenseillängen beziehen. Demnach würde die frei zu kletternde Seillänge herabgemindert werden. Diese Zurücksetzung ist nicht nur unrichtig, sondern auch sehr gefährlich, denn das Risiko der äußerst schweren, freien Kletterei ist doch um vieles größer als das einer Hakenseillänge.

Otto Eidenschink

Die »Scoiattoli« – Eichhörnchen – aus Cortina d'Ampezzo sind ein extremer Kletterclub und verdienen eine eigenen Seite in der Geschichte des Alpinismus. Sie hatten sich in der Kriegszeit zusammengetan und nach dem Krieg große Erfolge errungen. Während es Anfang der vierziger Jahre in Italien höchstens zwanzig Männer gab, die den VI. Grad einwandrei beherrschten, gab es jetzt allein bei den »Scoiattoli« so viele, und im gesamten Alpenbogen waren es viele Hunderte.

Die Südostwand der Cima Scotoni ist nach den Routen am Tofana-Pfeiler der größte Erfolg der »Scoiattoli«. Lino Lacedelli, Luigi Ghedina und Guido Lorenzi brauchen beim dritten und entscheidenden Versuch drei Tage, um die 600 Meter hohe Wand zu durchsteigen. Die Erstbegeher biwakieren 1953 zweimal in der Wand, klettern 38 Stunden lang und schlagen alle Haken bis auf zwei wieder heraus. Nie zuvor im Leben hatten sie soviel riskiert, und an einer Stelle hilft allein ein dreifacher menschlicher Steigbaum weiter. Ghedina – Bibi genannt – bezeichnet diese Wand in einem Vergleich mit der Dru-Westwand, der Capucin-Ostwand und der Livanos-Verschneidung an der Cima Su Alto als die Wand mit den schwierigsten Kletterstellen. Wenn die anderen drei Routen auch einen größeren Materialaufwand erfordern und überaus anstrengend sind, so bleibt die Scotoni-Wand deshalb die schwierigste, weil ihre Schwierigkeiten in der Freikletterei liegen.

Während die anderen drei Routen bald zu Modetouren werden, bleibt die Scotoni-Wand lange Zeit ohne Wiederholung.

Nach diesen Pionieren sind es vor allem die Brüder Alverà, Ugo Pompanin, Albino Michielli – genannt Strobel –, Beniamino Franceschi und Bruno Menardi, die die Tradition der »Scoiattoli« fortsetzen. An der Tofana di Rozes, am Pelmo, in der Civetta und in den Cinque Torri erschließen sie viele neue Routen. In der Zwischenzeit erreicht Lacedelli den Gipfel des K2, was den »Scoiattoli« neuen Auftrieb gibt. In der Schiara-Gruppe und an der Rocchetta Alta di Bosconero setzen sie ihre Erfolgsserie fort. In vorbildlicher Zusammenarbeit holen sie sich zuletzt im Rennen um die Zinnen-Direttissimas die Nordwestkante der Westlichen Zinne und beweisen damit, dass sie auch mit technischen Hilfsmitteln umgehen können.

Ein anderer Kletterclub in Italien sind die »Pell e Oss« aus Monza. »Pell e Oss« heißt übersetzt »Haut und Knochen«. Nach dem Beispiel der »Scoiattoli« aus Cortina tun sich einige junge Kletterer aus Monza bei Mailand zu einem Kletterclub zusammen, der in kürzester Zeit sogar die »Ragni« aus Lecco in den Schatten stellt. Andrea Oggioni, zuerst Tischler, dann Lokomotivführer, sowie die Fabrikarbeiter Walter Bonatti und Josve Aiazzi sind der Kern der »Pell e Oss«. Zuerst wiederholen sie die drei großen Nordwände Cassins. Während sich Bonatti mit der Erstbegehung der Capucin-Ostwand (technisch erstbegangen) den Westalpen zuwendet, erobern Oggioni und Aiazzi die große Verschneidung an der Brenta Alta in den Dolomiten. Die Burschen haben wenig Geld und beschränken sich bei ihren Touren auf das Allernötigste. Ich bin sicher, diese harten Jahre haben wesentlich dazu beigetragen, aus Bonatti einen der größten Bergsteiger aller Zeiten werden zu lassen. Man erzählt, Oggioni sei barfuß an der Westlichen-Zinne-Nordwand weitergeklettert, nachdem sich die Schuhsohlen vom Oberleder abgelöst haben.

Walter Bonatti entwickelt sich vom Techniker zum klassischen Alpinisten. Er ist nicht nur der führende Vertreter des italienischen Alpinismus, er bleibt zehn Jahre lang der beste Bergsteiger der Welt. Bei ihm sind es nicht allein die außergewöhnlichen alpinen Taten zwischen dem K2 und dem Gasherbrum IV, dem Rondoi-Nord und dem Cerro Torre, der Matterhorn-Nordwand, die er allein im Winter über eine neue Route bezwingt, sondern es ist vor allem seine Einstellung zum Alpinismus, die ihn aus der Zahl der Spitzenbergsteiger heraushebt. Mit seiner Erstbegehung des Dru-Pfeilers stellt er sich ein Zeugnis aus, das ihm für alle Zeiten eine Sonderstellung einräumt. Bonattis Erfolge reichen von den extremen Touren über seine großen Erstbegehungen im Granit bis zur Nordwand des Pilier d'Angle, die zu den schwierigsten Eiswänden der Alpen gehört.

Andrea Oggioni

Walter Bonatti

Links: Armando Aste
Rechts: Walter Philipp

Wie in Lecco, München, Innsbruck, Monza und Cortina gibt es auch in zweitrangigen alpinen Zentren Kletterclubs. Wenn diese oft auch nur aus einer Handvoll Leuten bestehen, so gehören diese doch zur Weltelite der Felskletterer. Otto Eisenstecken aus Bozen zum Beispiel, ein »Bergler«, ist ein Dolomitenspezialist wie der Triestiner Guglielmo Del Vecchio. In Trient sind es vor allem Marino Stenico und Marco Franceschini, die gleichzeitig mit Armando Aste aus Rovereto den VI. Grad beherrschen.

Armando Aste hat ein paar Dutzend Erstbegehungen in den Dolomiten gemacht. Seine schönste Route bleibt die »Via Ideale« an der Marmolada d'Ombretta.

Zu den Kletterern, die damals eine Klasse für sich sind, gehört der Wiener Walter Philipp. Seine Erstbegehung an der Punta Tissi in der Civetta, die ihm 1957 mit Dieter Flamm gelingt, bleibt lange Zeit gefürchtet. Der Belgier Claude Barbier dazu: »Lieber wiederhole ich die Andrich-Führe an der Punta Civetta oder die Cassin an der Westlichen Zinne im Alleingang, als die Philipp-Flamm in Seilschaft.«

Wieder sind die Dolomiten zum Eldorado aller Sestogradisten Europas geworden. Die Franzosen haben ihren Rückstand aufgeholt. Jean Couzy ist es, der dort anfängt, wo Pierre Allain aufgehört hat. Mit 17 Jahren hat er mit dem Bergsteigen begonnen und mit 20 ist er eines der Asse von Fontainebleau, einem Klettergarten nahe Paris. Er wird rasch zum vielseitigsten französischen Sestogradisten. 1946 reist er mit Marcel Schatz in die nördlichen Kalkalpen, ein Jahr später in die Dolomiten. Die zweite Wiederholung der Soldà-Führe an der Marmolada wird zu einer bahnbrechenden Tat für den gesamten französischen Alpinismus. Obwohl Gaston Rébuffat und Edouard Frendo die erste Wiederholung des Walker-Pfeilers geschafft haben, hat bisher kein Franzose den VI. Grad der Dolomiten kennengelernt. Couzy, Ingenieur und Jazz-Musiker, schafft nach den großen Dolomitenwänden die Winterbegehung der Dru-Westwand und zeigt damit, wie wichtig die Dolomiten als Kletterschule sind, als Maßstab für das Mögliche.

Jean Couzy

Ein weiterer Vertreter des französischen Alpinismus, dessen Leben zum Mythos wird, ist Lionel Terray. Er stammt aus Grenoble und wird im letzten Augenblick aus der Olympiamannschaft für Lake Placid zurückgezogen, wo er Frankreich als Skifahrer vertreten soll. Zusammen mit Louis Lachenal holt er sich dann die erste Wiederholung der Eiger-Nordwand. In den Anden, an den Granitwänden des Fitz Roy in Patagonien, an der Annapurna und am Jannu setzt er sein überragendes Kletterkönnen ein. Terray, der populärste Bergsteiger Frankreichs, stürzt am 19. September 1965 in der Gerbier-Ostwand, an einer leichten Stelle, ab. Wie Comici, Tissi, Kinshofer und Couzy.

Wie zwanzig Jahre vorher die Italiener sind es jetzt die Franzosen, die die Entwicklung des extremen Kletterns bestimmen. Die Vorurteile ihnen gegenüber sind abgeschüttelt und sie lösen viele Probleme im Mont-Blanc-Gebiet. Guido Magnone und Lucien Berardini sind die Wortführer als es gilt, den Stil zu verteidigen, mit dem sie die Westwand des Dru erobert haben. Sie beweisen ihr Können überall. Als die Elite der französischen Schule im Jahre 1954 die Südwand des Aconcagua bezwingt, ist ein neuer Markstein gesetzt. Die erste der großen Wände der Welt ist gefallen. Was Livanos mit seinen Erstbegehungen in den Dolomiten begonnen hat, setzen Robert Paragot, Berardini und Magnone an den Bergen der Welt und in den Westapen fort.

Dann wird René Desmaison zum führenden französischen Bergsteiger. Inzwischen in Chamonix als Bergführer niedergelassen, gelingen ihm Jahr für Jahr große Erstbegehungen sowie Winter- und Alleinbegehungen.

Auch die Schweizer, lange Zeit traditionsgebunden, sind jetzt bereit, den »akrobatischen« Alpinismus der Ostalpen zu tolerieren. Vor dem Krieg waren es Raymond Lambert, André Roch und Robert Gréloz, die den extremen Alpinismus mitbestimmten. Jetzt sind es vor allem Studenten, die sich dem extremen Klettern widmen. Michel Vaucher, der innerhalb weniger Jahre zu einem der erfolgreichsten europäischen Bergsteiger heranreift, durchsteigt

Links: Lionel Terray
Rechts: Louis Lachenal

Links: Robert Paragot
Rechts: Lucien Berardini

Magnone und seine Kameraden haben damit die bisherige bergsteigerische Tradition völlig umgeworfen. Sie haben eines der letzten, wenn nicht das letzte Problem der Alpen gelöst. Ihre Leistung stellt den Anfang einer neuen Phase in der Geschichte der Alpinistik dar. Der Unterschied liegt hier nicht mehr beim graduellen Niveau, vielmehr entwickelt sich eine gänzlich andere Wesensart der extremen Bergsteigerei. Maurice Herzog

Links: Max Niedermann
Rechts: Jože Čop

mit Walter Bonatti erstmals den Whymper-Pfeiler an den Grandes Jorasses.

Max Niedermann wagt die modernen Westalpentouren: Dru-Westwand, Capucin-Ostwand, Westwand der Petites Jorasses. Aber auch in den Dolomiten durchsteigt er die modernen Klassiker: Nordwand der Westlichen Zinne, Tofana-Pfeiler sowie die Vinatzer-Führe an der Marmolada di Rocca, wo er eine extrem schwierige Variante eröffnet. Voll aktiv ist er in seinen heimatlichen Bergen, wo er nicht weniger als 30 Führen des VI. Schwierigkeitsgrades eröffnet, dazu die direkte Nordwand des Scheidegg-Wetterhorns, den Südpfeiler des Großen Drusenturms und die Westwand der Scheienfluh im Rätikon.

Die junge Bergsteigergeneration der Schweiz – darunter Paul Etter und Peter Arigoni – kann alle Wege in den Dolomiten, in den Westalpen und im Yosemite wiederholen.

In Deutschland wird Martin Schließler bald zum besten Kletterer. Als Vierzehnjähriger durchsteigt er die Totenkirchl-Westwand auf der Dülfer-Route. Ihm gelingen viele Wiederholungen in den Westalpen, die größten Dolomitentouren und die Erstbegehung der Peitler-Westwand.

Auch die Julischen Alpen, von Julius Kugy »besungen«, bieten den Sestogradisten viele Möglichkeiten. Aschenbrenner und Peters haben dort schon vor dem Krieg einige Routen erschlossen, die mit dem höchsten Schwierigkeitsgrad bewertet wurden. Bei Kriegsende ist es dann Jože Čop, der an der mehr als 1000 Meter hohen Nordwand des Triglav ideale Routen findet. Dies bedeutet für den jugoslawischen Alpinismus den Anfang des extremen Kletterns. Später spielt Ante Mahkota eine bedeutende Rolle. 1953 erobern Nitja Kilar und Igor Leustek die 700 Meter hohe Verschneidung am Travnik und setzen mit dieser Erstbegehung neue Maßstäbe in den heimischen Bergen.

In Norwegen ist es der international bekannte Philosoph Arne Näss, der nach dem Krieg dem Klettern neue Impulse gibt. Der Ingenieur Vigerust, der die Badile-Nordostwand und die Gonda-

Verschneidung im Wetterstein wiederholt hat, löst in seiner Heimat Wandprobleme. Der 1200 Meter hohe Absturz des Trollryggen steht der Civetta-Nordwestwand, der Lalidererspitze-Nordwand oder den Nordabstürzen der Grandes Jorasses um nichts nach. Im Jahre 1958 eröffnen Randers Heen und Ralf Höibakk eine Route am Ostpfeiler des Trollryggen. Eliassen, Enersen, Petterson und Teigland erobern 1965 die Nordwand am gleichen Berg.

1967 dann legen die Franzosen Claude Deck, Yves Boussard, Jérome Brunet, Patrick Cordier und Jean Fréhel eine direkte Route zwischen die norwegische und die britische Führe. In der 1200-Meter-Wand schlagen sie 800 Haken und brauchen 20 Tage. Sie arbeiten mit Fixseilen und zwei Lagern in der Wand. Damit hat der Bohrhaken und der Expeditionsstil auch im Land der Mitternachtssonne seinen Eingang gefunden.

Auch die Kletterer in Spanien holen sich Anregungen für das Extreme im Fels aus den nahen französischen Klettergärten und den Dolomiten. Der Montserrat in Katalonien, ein Klettergebiet aus Konglomeratgestein, eignet sich bestens für schwierige Felsanstiege. Die Griffe sind rund und für Alpenkletterer ungewohnt, da ihre Festigkeit nicht leicht zu prüfen ist. Die führenden Kletterer der jungen spanischen Schule sind José Manuel Anglada und Jordi Pons. 1964 durchsteigen sie die Eiger-Nordwand. Anglada holt sich in den großen Civetta-Touren Dolomitenerfahrung und durchsteigt mit Juan Gerdà die Nordwestkante der Großen Zinne. Mit dieser Erfahrung kehrt er in seine Heimat zurück und löst am Montserrat und an den Picos d'Europa Wandprobleme.

Die Engländer als Erfinder des klassischen Bergsteigens sind zwar spät zum VI. Grad gekommen, aber sie haben die Kletterkunst konsequent weiterentwickelt. Auf den Geschmack des extremen Felskletterns kommen sie in den fünfziger Jahren. Als es galt die Alpengipfel zu erobern, waren sie es, die den Ton angaben, im Himalaja tun sie es wieder.

1952 tut sich eine Gruppe von extremen Kletterern zum North Faces Club zusammen, den sie später in Alpine Climbing Group

Links: Arne Näss
Rechts: Ralf Höibakk

Picos d'Europa

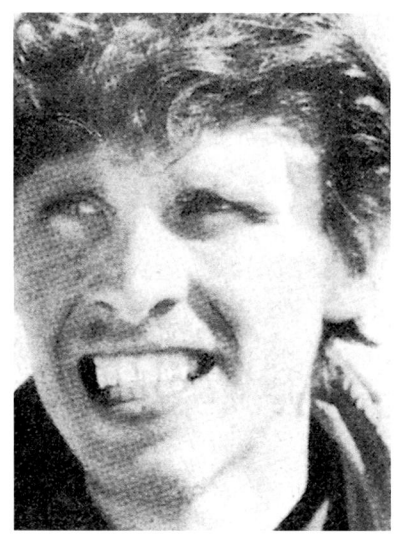

Dougal Haston

umtaufen. Zuerst wird in North Wales, in Cumberland, in Devon-
shire, im Lake District und in Kent an Felsen geklettert. Zum Training. In den Dolomiten wiederholen sie die Gelbe Kante und die
Große-Zinne-Nordwand, in den Westalpen den Pic Gugliermina.
Joe Brown und Don Whillans, zwei junge Männer aus der Arbeiter-
klasse, deren Erstbegehungen in den heimischen Klettergärten wenige Wiederholer finden, sind die ersten Engländer, die auf dem
Kontinent Erstbegehungen des VI. Grades eröffnen. 1954 durchklettern sie die Westwand der Aiguille de Blaitière, deren Schlüsselstelle, der Brown-Riss, zur schwierigsten Kletterstelle der Westalpen
erklärt wird.

Ja, Joe Brown ist der Vater des extremen Kletterns in England.
Dazu hat er den Muztagh Tower und den Kangchendzönga erstbegangen. Don Whillans Verdienst ist die Erstbegehung des Freney-
Pfeilers am Mont Blanc. Auch der mittlere Paine-Turm und die Südwand der Annapurna mit Doug Haston gehen auf sein Konto.

In den USA wird das extreme Felsklettern jetzt erst entdeckt. Im
Yosemite Valley in Kalifornien, einem riesigen Nationalpark, finden
die amerikanischen Sestogradisten ein Betätigungsfeld, wie man es
selbst in den Alpen nicht findet. John Muir, der die Gründung des
Sierra Club in San Francisco angeregt hat, hatte das Bergsteigen mit
dem Naturschutz gekoppelt, die Wahlamerikaner Fritz Wiessner
und Richard Hechtel haben den extremen Alpinismus in die Vereinigten Staaten gebracht, und die Amerikaner bringen sportliche
und ästhetische Kriterien in ihr Tun ein. Die persönliche Entfaltung
steht neben dem Respekt vor der Natur im Vordergrund. Wie
Mummery verteidigen sie die Regeln der Sportlichkeit.

In den vierziger Jahren hat John Salathé hier mit seiner eigenen
Technik zu klettern begonnen. Aber die großen, mehr als 1000 Meter hohen Wände sind ihm nicht zugänglich. Erst eine kleine Clique
von Kaliforniern wagt sich Schritt für Schritt weiter und legt den
Grundstein für jene amerikanische Schule, die zehn Jahre später
die Kletterkunst bestimmen wird. Das Yosemite Valley wird zum
Mekka der Felskletterer.

GUIDO MAGNONE IN DER
DRU-WESTWAND

Als die Pyrenäen-Bergsteiger Mailly und Cazaley zum ersten Angriff auf die Westwand des Dru ansetzen, ist das Problem nur unausgesprochen da.

Sechs Jahre später wagen Georges Livanos und Charles Magol einen zweiten Versuch. Die mächtige Anziehungskraft der Dru-Westwand beginnt als Herausforderung auf die modernen Bergsteiger zu wirken. Auch Rébuffat – wie Livanos und Magol in der Kletterschule der Calanques groß geworden – wagt mit wechselnden Partnern zwei Versuche. Davon überzeugt, dass diese Tour den Rahmen der großen Bergfahrten und die Möglichkeiten einer Seilschaft übersteigt, gibt er auf.

1949 will es der Zufall, dass zwei starke Seilschaften am gleichen Tage in der Wand sind: Georges Livanos und Robert Gabriel sowie Marcel Schatz und Jean Couzy. Auch sie geben auf. Erst 1950 kommen Gilbert Vignes und Lucien Berardini über den bis dahin höchsten erreichten Punkt hinaus.

Was ist das »Unmögliche« an dieser Herausforderung? Die Wandhöhe ist es nicht. 1100 Meter, vom Bergschrund bis zum Gipfel gemessen, sind einschätzbar. Die Länge der Schlüsselstellen – 45 Meter-Riss, 90 Meter-Verschneidung – und die langen Strecken künstlicher Kletterei sind es. Sie übersteigen alles, was bisher in den Westalpen gemacht worden ist.

Die Westwand-Route des Dru mit eingetragenen Biwakplätzen

Die Bezwingung der Dru-Westwand erfordert eine Synthese: die ost- und westalpine Form des Alpinismus mussten sich zusammentun. Das führt zu einem ungewohnten Typus des europäischen Bergsteigertums – der Expedition in der Vertikalen.

Guido Magnone

Mauerhaken und Steigbügel werden schon seit langem in großer Zahl bei vielen großen Klettertouren in den Dolomiten und in Tirol verwandt. Aber bis jetzt schien es so, dass ausschließlich die Ostalpen lange Passagen in künstlicher Kletterei haben durften.

Guido Magnone

Günter Oskar Dyhrenfurth: »Auf die drei letzten Probleme der Alpen – Matterhorn-, Grandes Jorasses- und Eiger-Nordwand – mussten die allerletzten folgen. Bereits im September 1938 schrieb Lucien Devies – ein bestimmt sehr zuständiger Kritiker – in Alpinisme, dass Eiger-Wand und Walker-Pfeiler noch keine Umwälzung auf dem Gebiete des Bergsteigens bedeuteten. Erst wenn es gelänge, die Westwand des Dru zu bewältigen, dann sei in der modernen Kletterei ein wichtiger Schritt vorwärts getan. 1952 war es so weit.«

Aber bringt die erste Durchsteigung der Dru-Westwand wirklich die Wende im Alpinismus? Jahrelang ist diese Wand von verschiedenen Seilschaften berannt worden. Erfolglos. Auch Magnone und seine Kameraden machen drei Versuche. Der letzte, in zwei Zeitabschnitten durchgeführt, bringt mit einer neuen Technik den Er-

Die Mannschaft von links nach rechts:
Marcel Lainé, Adrien Dagory, Lucien Berardini
und Guido Magnone

folg. Guido Magnone, Mitglied der »Groupe de Haute Montagne«, ist 1950 einer der führenden Kletterer Frankreichs. Franzosen sind nun die erfolgreichsten Bergsteiger weltweit. Magnone hat 1949 die Nordostwand des Piz Badile durchstiegen. 1951 gelingt ihm mit Lionel Terray die Erstbesteigung des Cerro Fitz Roy in Patagonien, der damals als schwierigster Berg der Welt gilt. Dann folgt 1952 die Nordwand des Eiger und als Krönung die erste Begehung der Westwand des Petit Dru hoch über Chamonix. Die Zeit für die Lösung so großer Wandprobleme ist gekommen.

Die Ostwand des Grand Capucin ist die erste große Techno-Route im Granit. Sie wird mit künstlichen Hilfsmitteln und nach langen Vorarbeiten erstbegangen und ist der wichtigste Erfolg der Saison 1951.

Im Sommer 1952 gehen Magnone, Lainé, Berardini und Dagory los. Nichts fehlt. Die Dru-Wand steht prachtvoll da. Guido Magnone sagt: »Als wäre sie gebaut, unseren Träumen Ewigkeit zu verleihen.« Sie wissen, die Dauer ihrer Bergfahrt wird nicht nach Stunden, sondern nach Tagen gezählt.

Zwei Stunden lang klettern sie über faulen Fels. Heikelste Kletterei. Bald sind sie beim höchsten Punkt angelangt, den die Seilschaften Schatz/Couzy und Livanos/Gabriel 1949 erreicht haben. Darüber hängt eine Leiter aus Leichtmetall. Sie kommen nur langsam voran und nach zwei Biwaks, am Morgen des dritten Tages, hocken sie auf einem schmalen Absatz, hoch oben in der unerforschten Wand. Magnone holt die ganze Schlosserei aus dem Rucksack, Karabiner und Haken, und stürzt sich ins Neuland. Das dritte Biwak beziehen sie unter der großen Verschneidung, einem furchtbaren Hindernis.

Magnone: »Zwei unglaubliche Mauern streben zum Himmel, wie ein ungeheures aufgeschlagenes Buch, dabei überhängend. Diese Verschneidung entscheidet über den Erfolg unseres ganzen Unternehmens. Wir versuchen ihre Höhe zu schätzen.«

Neunzig Meter! Sie schaffen es, aber dann geht der Proviant zu Ende und sie müssen abseilen. Sofort arbeiten sie einen neuen Plan

Guido Magnone

Wir sind drei winzige Punkte, verloren in einer ungeheuren Mauer.
Guido Magnone

Diesmal wollen wir das Menschenmögliche tun. Wie das unermüdliche Wasser sich einen Weg sucht und mit Geduld erzwingt, so wollen auch wir die Platten und Überhänge bis zum Gipfel bezwingen. Diese Überzeugung verleiht uns Mut.
Guido Magnone

Quergang in der Dru-Westwand

Auf allen Gebieten des menschlichen Tuns erfährt jeder, der aus den Bahnen der Tradition ausbricht, eine mehr oder weniger heftige Reaktion. Auch bei uns bestätigte sich diese Regel. Es wurden schwere Einwände gegen uns erhoben. Diese Vorwürfe, ob sie nun ethisch oder technisch begründet wurden, waren sich einig in der Ablehnung unseres Unternehmens. Es ging dabei letzten Endes um das Problem der Generationen, um den ewigen Kampf zwischen Alt und Jung, zwischen klassisch und modern.
Guido Magnone

aus. Über die Nordwand-Route und einen Quergang wollen sie in die Westwand zurück.

Magnone: »Wir können die dritte große Terrasse des Nordwest-Grates an einem Tag erreichen; dieser Absatz entspricht dem höchsten Punkt, bis zu dem wir in der Westwand vorgedrungen sind. Dann werden wir durch einen Quergang und ein Abseilmanöver die Verbindung herstellen. Ob wir in dieser überhängenden Traverse normale Haken einschlagen können, ist allerdings zweifelhaft. Der Fels ist dort glatt und ohne irgendwelche Risse, aber das ist die entscheidende Stelle. Es wird schwierig, aber sehr kurz sein, glauben wir.«

In der Scharte, die die Nordwand von der Westwand trennt, ein paar Meter oberhalb des Platzes, bis zu dem sie 13 Tage zuvor gekommen sind, wird wieder biwakiert. Sie haben speziell für den Quergang zur Westwand-Route Expansionshaken dabei, die man im kompakten Fels anbringen kann. Mit ihrer Hilfe kommen sie zurück in ihre Route und mittels eines Pendelquergangs weiter nach rechts. Es folgt klassische Kletterei.

Magnone: »Die Westwand endet hier. Höher oben legt sich die Wand zurück, wechselt allmählich die Richtung und geht in die Nordflanke über.«

Die letzten Schwierigkeiten der Westwand liegen hinter ihnen. Wie viele enttäuschte Hoffnungen, wie viele gefährliche Rückzüge!

Magnone: »Was bedeutet uns dieser Aufstieg zum Gipfel? Eine bloße Formalität, der Beginn unseres Heimweges.«

Keine Neutour ist 1952 so gefeiert und umstritten wie diese. G. O. Dyhrenfurth: »War die Westwand des Dru wirklich ein allerletztes Problem, das nicht mehr überboten werden kann? Wer die Geschichte des Alpinismus kennt, wer darüber Bescheid weiß, wie oft alle derartigen Urteile und Voraussagen durch die Entwicklung überholt wurden, der wird eine starke Hemmung gegen jeden derartigen Superlativ empfinden. Und doch … man kann sich nur schwer vorstellen, wie diese zur Vertikal-Expedition gewordene Über-Kletterei noch übertroffen werden könnte.«

BROWN UND WHILLANS IN DER
BLAITIÈRE-WESTWAND

Ganz anders gehen Joe Brown und Don Whillans in der Blaitière-Westwand vor.

Sie versuchen es, spielen und gewinnen. Humor, Understatement und Selbstironie machte immer schon das Besondere der britischen Kletterer aus. Das trifft auch auf Brown und Whillans zu. Ihre Westwandroute an der Aiguille de Blaitière wird 1954 ad hoc zur schwierigsten Kletterführe im Mont-Blanc-Massiv. Der berühmte »Brown-Riss« ist ein Beispiel für Unbekümmertheit und großes Felskletterkönnen geblieben. Bis heute.

Beim ersten Versuch sind sie zu viert und schaffen ein Drittel der Wand.

Brown: »Am Fuß der Blaitière sahen wir sofort, dass sich etwas radikal verändert hatte. Eine riesige, dreihundert Meter hohe Narbe verfärbten Felses war zurückgeblieben, nachdem ein mächtiger Pfeiler in sich zusammengefallen war. Wir stiegen den leichten unteren Wandteil zum Fuß der Narbe empor. Ein Riss, der uns an den Curving Crack am Cloggy in Wales erinnerte, führte zu einem guten Band am Beginn der senkrechten Wand. Diese wurde von einem riesigen, ausbauchenden, nach links geneigten Riss durchzogen. Der Riss sah täuschend leicht aus, und ich stieg in ihn ein, mit dem Rucksack auf dem Rücken. Es dauerte nicht lange, bis ich merkte, dass dieser Riss nicht minder schwierig war als die großen Risse im heimischen Gritstone. Er war grifflos und musste durch Verklemmen je eines Armes und Beines im Riss durchstiegen wer-

Links: Joe Brown
Rechts: Don Whillans

Joe Brown

Der einzige andere Bergsteiger, den
ich so elegant klettern sah wie Joe
Brown ist Chuck Pratt. Royal Robbins

Rechte Seite:
Sepp Mayerl im Dach der »Via Italia«

den. Die Überwindung des Bauches war noch anstrengender, die
Haut an den Knien hing in Fetzen herunter.«

Abseilen. Ein Jahr später, 1954, gelingt der Durchstieg. Die »Eng-
länder-Führe«, von Joe Brown und Don Whillans eröffnet, zieht
durch eine 750 Meter hohe Wand, und zwar rechts jener hellen Narbe, die nach einem Felssturz im Jahre 1947 zurückgeblieben ist.

Brown: »Die Kletterei war hart, aber unglaublich geradlinig. Don
kam herauf zu mir und staunte, wie leicht der Schlüssel zur Tür
durch den Rest der Wand gefunden war. Instinktiv fühlte ich, dass
uns jetzt nichts mehr aufhalten konnte. Risse, Wandstufen, Bänder
führten uns zum Fuß einer wahrhaft massiven Wand. Sie wurde
von dem gewaltigsten Riss, den ich jemals gesehen habe, durchris-
sen.«

Die Wand ist auf einer Länge von hundert Metern senkrecht bis
überhängend. Der Riss verliert sich im Himmel.

Brown: »Zwei Seillängen höher wurde ich von einer abdrängen-
den, überhängenden Zone gebremst, wie sie mir noch nie zuvor
begegnet war. Selbst wenn wir diese Stelle in der Nähe unserer
Sandsteinklippen auf den Boden stellen würden, zweifle ich daran,
dass ich die Stelle geschafft hätte. Sie tropfte von schwarzer Nässe,
war schmierig, grifflos und ohne Möglichkeiten, Haken unterzubringen. Nach fünf, sechs Metern verzweifelt ungesicherten Kletterns seilte ich ab, mit den Nerven ziemlich fertig. Don, der sich an
dem Problem an meiner Statt versuchte, wurde mit demselben Ergebnis abgewiesen.«

Sie seilen ab bis zum Beginn der unmöglichen Wandstelle und
suchen nach einer alternativen Aufstiegsmöglichkeit. Wenig später
entdecken sie eine Wandstufe, die wieder zu einem Riss führt: fünf
Zentimeter breit, mehr oder weniger senkrecht.

Brown: »Finger und Zehen wurden in Klemm- oder Gegen-
drucktechnik im Riss eingesetzt; jede Bewegung nach oben glich
der vorangegangenen.«

Es wird dunkel, sie müssen biwakieren. Im Bewusstsein, dass
ihnen eine großartige Route gelungen ist, vergeht die Nacht.

DIRETTISSIMA

1958–1963

DIRETTISSIMA IN DIE SACKGASSE

Mitte der sechziger Jahre faszinierte mich das Klettern an so genannten Direttissime, hinweg über riesige Dächer und Überhänge. Der damalige Stil war trotz der vielen Haken und der »Fiffis« nicht ohne sportlichen Wert. Das schlechte Material ließ manche Tour zum echten Abenteuer werden.

Albert Precht

Als ich in der Mitte der sechziger Jahre mit dem extremen Dolomitenklettern begann, war die Superdirettissima an der Tagesordnung, der Bohrhaken selbstverständlich, die Strickleiter Griff- und Trittersatz. »Wir sehen den Haken als vollwertigen Ersatz für Griff und Tritt an«, las ich bei Dietrich Hasse.

Wie viele junge Bergsteiger war auch ich seit der Zinnen-Direttissima 1958, von der ich öfters in der Tageszeitung gelesen hatte, von Überhängen, Haken, Meißel und Strickleiter fasziniert. Das technische Klettern wurde für mich der Inbegriff alles »extrem Schwierigen« im Fels, obwohl ich damals schon einige der großen klassischen Sechser-Touren in den Dolomiten kannte.

Jede Generation hat ihr Neuland erobert und deshalb sah ich anfangs die Direttissima als vorläufigen Höhepunkt einer logischen Entwicklung. Ja, es gibt im Bergsteigen rein theoretisch kein Ende der Entwicklung. Allerdings nur dann, wenn technische Hilfsmittel beschränkt eingesetzt werden. Mit dieser Erkenntnis setzte meine Kritik an der Direttissima-Philosophie ein. Die Grundproblematik war mir mit zwanzig schon klar, aber nur unterbewusst. Endpunkt? – Noch nicht. Denn es galt nach der Direttissima noch eine direkte Linie an der Zinnen-Wand – eine Superdirettissima – zu erobern. Die »Superdirettissima« kam. Das Unternehmen, so sehr gefeiert und gepriesen von Presse, Funk und Fernsehen, rief eine unkontrollierbare Manie der Nachahmung hervor, besonders unter den jüngeren Bergsteigern. »Diese Bergfahrt mit ihrem Gefolge von Publizität und Lärm« hatte eine enorme Suggestionswirkung auf die Jugend.

Nach der Direttissima-Polemik versteifen sich einige Italiener darauf, eine absurde Superdirettissima am Monte Popena zu eröffnen, an einem Klettergarten-Felsabbruch, der keine 100 Meter hoch und fünfzehn Minuten vom Grandhotel Misurina entfernt ist. Sieben Tage lang bohren die Auronzani starrköpfig den Fels an. Die Route wird mit Haken gespickt und die Helden kommen schließlich auf den »Gipfel«, nachdem sie zuvor alle Augenblicke zu Tal gestiegen sind, um sich auszuruhen. Im Kreuzfeuer der Blitzlichter von Journalisten, Fotoreportern und Kameraleuten preist man eine »große, superbe und außergewöhnliche Bergfahrt«. So also kommen auch diese Opfer des Nachahmungstriebes zu ihrem Triumph.

Es sind vor allem die Ideologen des hakentechnischen Kletterns, die Nachahmer auf den Plan rufen und so entsteht eine neue Welle des technologischen Steigens. Für Jahre werden wir jungen Kletterer von neuen Mitteln und Möglichkeiten geblendet. »Die heute Alten meinen noch immer, Schönheit des Kletterns sei unverrückbar an freies Steigen gebunden. Wir wissen von der Wucht der Szenerie, vom Erlebnis, das uns der Haken eröffnet.«

Wieder eine Aussage von Dietrich Hasse, der in Europa zum Sprecher der Direttissima-Zeit wurde. Seine Schriften las ich und was für uns zählte, waren die Aussagen der Akteure, die Direttissimas und Superdirettissimas, nicht die Kritik nichtaktiver »Schreibtisch-Bergsteiger« oder alternder Freikletterer. Also werden die Direttissima-Steiger die Idole einer neuen Generation von Alpenkletterern.

Bohrhaken und Verbindungsseil zum Boden sind 1958 nicht neu. Neu ist nur der Expeditionsstil, ein völlig neuer Zugang zum Berg. Die Forderung, auf Bohrer, »Nabelschnur« und Trittleitern zu verzichten, wird von den Direttissima-Steigern abgelehnt. Es gäbe eben extrem schwere Touren, bei denen auf die »Nabelschnur« nicht verzichtet werden könne, bekommen wir zu hören. Abgesehen davon, dass es unmöglich sei, das für solche Touren benötigte Hakenmate-

Direttissima-Stil

Sowohl das Gehen mit Hilfsmitteln als auch die Sicherung bringen – im Vergleich zum stilreinen Klettern – immer eine größere oder geringere Herabsetzung der Gesamtschwierigkeiten mit sich. Der Grad einer Kletterei, und im Besonderen ein sechster Grad, ergibt sich erfahrungsgemäß unter Einrechnung dieser Verminderung. Domenico Rudatis

Sepp Mayerl

Das Sächsische Bergsteigen stand während der ersten Hälfte des 20. Jahrhunderts, was artistisches Überwinden von Kletterschwierigkeiten anlangt, wohl unangefochten an der Spitze allen Bergsteigens. Diese führende Stellung muss es inzwischen wahrscheinlich mit den Leistungshöhepunkten an den Wänden der britischen Inseln und vielleicht auch in einigen anderen weltweit verstreuten Mittelgebirgs-Klettergebieten teilen; ganz bestimmt trifft das auf die extremen Kletterrouten im kalifornischen Yosemite Valley zu.

Fritz Wiessner

rial mitzunehmen, könne in der Wand ja etwas passieren. Es wäre unverantwortlich, wenn dann jede Rückzugsmöglichkeit ausgeschlossen wäre. So also nimmt man dem Felsklettern das Ausgesetztsein, das einmal unabdingbar dazu gehört hat.

Zuerst träumte auch ich – nach Pelmo-Nordwand und Civetta-Nordwestwand – von überhängenden Wänden, Sitzbrett und Verbindungsschnur zum Boden. Obwohl in tausend Freiklettereien zum Große-Wände-Bergsteiger herangereift, wurde mir zuerst das Hakenklettern nach der Art der Direttissima zum Vorbild und nicht das stilreine Freiklettern, wie es im Elbsandsteingebirge 50 Jahre lang fortentwickelt worden ist. Für das Klettern im Elbsandsteingebirge zum Beispiel, wo weiter nur frei gestiegen wurde, gab es feste Regeln. Künstliche Hilfsmittel waren verpönt. Haken hatten nur die Funktion der Sicherung. Die Frage, ob diese Regeln auch für das alpine Klettern verbindlich werden könnten, stellte sich nicht mehr. Denn der Verzicht auf Steighilfen wurde allgemein verneint. Versuche, extrem schwierige alpine Touren ganz frei zu steigen, seien gescheitert. Allein die Wetterbedingungen im Hochgebirge, wo die Voraussetzungen für ein und dieselbe Tour völlig verschieden sein können, mache jede Regel zur Farce, bekam ich zu hören.

Aber Regeln wollten wir so und so nicht, und blindlings folgten wir dem Vorbild der Direttissima-Helden: in der Rotwand im Rosengarten, in der Südwand des Spitz Roé della Ciampié, in der Scoiattoli-Kante an der Westlichen Zinne, dreimal »Via Italia« am Piz de Ciavázes. Dann war es genug. Die Monotonie, das viele Material, die eckigen Bewegungen haben mich gestört. Zugegeben, die ersten paar Touren fielen mir schwer. Ich konnte mit den Strickleitern nicht umgehen, wurde in Überhängen schnell müde, litt unter dem enormen Seilzug. Aber die Routine kam schnell, mit dem Reiz war es vorbei. Das Freiklettern mit möglichst wenig Fortbewegungshaken wurde für mich – wie für meinen Lehrmeister Sepp Mayerl – wieder zur Herausforderung.

Erst nach und nach begann ich zu begreifen, dass das hakentechnische Klettern dem Zeitgeist folgte. Es entsprach den Fortschrittdank-Technik-gläubigen Menschen. Hat die Direttissima-Idee mit ihrer Vorbildwirkung indirekt also eine Weiterentwicklung im Freiklettern gestoppt? Ja, denn der »siebte Grad« als Steigerung der Freikletterkunst war damals im Ansatz da, aber er ist in der Diskussion um Haken- oder Freikletterei weginterpretiert worden.

»Jede Zeit hat ihre bestimmten alpinistischen ›Probleme‹ als Ausdruck des jeweiligen Standes bergsteigerischer Entwicklung. Im Gefolge des allzeit gültigen natürlichen Dranges nach Neuem sind die alpinistischen Ziele ständig anspruchsvoller geworden. Und unmittelbar damit hängt der Aufwand an Hilfsmitteln zusammen, der zur Bewältigung der zeitgemäßen Probleme notwendig ist.« Dietrich Hasse, obwohl in der Schule des Elbsandsteins groß geworden, war damit nicht nur zum Sprecher der Direttissima-Generation, er war zum eindeutigen Promotor eines gesteigerten Einsatzes technischer Steighilfen beim Felsklettern geworden: »Uns schien die Grenze des Vertretbaren damals vielleicht bei halb Haken- und halb freier Kletterei zu liegen.«

Nein, ich bin nicht der Kritiker von Dietrich Hasse, der sich selbst um »so wenig Haken wie möglich« bemühte, ich bin der Kritiker einer Einstellung, die in Hasse ihr Sprachrohr gefunden hat: das Auslöschen des Unmöglichen mittels Technologie.

Anders als in Europa entwickelt sich damals das Klettern in den USA. Die beiden Routen, die Royal Robbins, Gary Hemming und John Harlin in der Dru-Westwand eröffnen, beweisen, dass sie der europäischen Elite der Alpenbergsteiger in künstlicher und freier Kletterei überlegen sind.

Die fünf Regeln – keine geschriebenen Gesetze –, die sich die Amerikaner selbst auferlegen, beeinflussten die Entwicklung des amerikanischen Felskletterns positv:

1. Bei einer Besteigung dürfen keine Spuren hinterlassen werden. Ausnahme: Bohrhaken, wenn diese unbedingt notwendig sind.
2. Im Rahmen der Sicherheit soll frei geklettert werden.
3. Grundsätzlich sollen Seil, Haken, Strickleitern nur zur Sicherung verwendet werden.

Dietrich Hasse in der
Delagoturm-Nordwestwand

Links: John Harlin
Rechts: Gary Hemming

Damit das heilige Stück Natur, der Fels, nicht weiterhin gequält wurde, erfand man, Gott sei Dank, die Klemmkeile. Diese bemerkenswerte Erfindung wurde zuerst am Mt. Snowdon in Nord Wales angewandt. Reinhard Karl

Klettern ist nicht besser oder schlechter als alles andere im Leben. Es ist nur ein anderes, dummes, selbstbezogenes Tun. Warren Harding

Royal Robbins

4. Der Bohrhaken darf nur im äußersten Notfall angewendet werden; überflüssige Bohrhaken dürfen von Wiederholern entfernt werden.

5. Genaue Routenbeschreibungen sollen vermieden werden. Ein Hinweis auf den Einstieg, auf die Schwierigkeiten und auf das notwendige Material muss genügen.

So konnten der urprüngliche Charakter und das Ausgesetztsein der Touren weitgehend erhalten werden.

Eine erste große Route, die in diesem Sinne eröffnet wird, ist die Nordwand des Sentinel Rock im Yosemite Valley, eine Wand wie die Capucin-Ostwand in den Alpen. Nach einigen gescheiterten Versuchen steigen John Salathé und Allen P. Steck ein. Sie brauchen fünf Tage für die 600 Meter hohe Felsflucht. Abgesehen vom schweren Material und den nötigen Nahrungsmitteln tragen sie neun Liter Wasser mit sich. In den ersten 14 Seillängen schlagen sie 80 Haken, die sie mit Ausnahme der wenigen Bohrhaken alle wieder entfernen. Große Routen in Kalifornien werden fast nie mit einem Mehr an technischen Hilfsmitteln als bis dahin üblich wiederholt und der große Pfeiler am El Capitan, den Warren Harding, Wayne Merry und George Whitmore 1958 erstbegangen haben, wird bald großteils, zuletzt ganz frei geklettert.

Die Amerikaner sind gleich nach 1958 bemüht, weniger und weniger Haken einzusetzen. Die Salathé-Route am El Capitan – 1961 von Tom Frost, Chuck Pratt und Royal Robbins erstbegangen – ist ein Beweis dafür. Und mit der Erstbegehung der Südwand der Aiguille du Fou bringen Hemming, Harlin, Frost und der Engländer Fulton 1964 die letzten Feinheiten der amerikanischen Technik in die Alpen. Sie benützen kleine Messerhaken aus Stahl, schlagen einige Bohrhaken, klettern aber den 80 Meter langen Diagonalriss vollkommen frei.

Der beste Mann unter den Sestogradisten Amerikas ist damals Royal Robbins. Bei 100 Erstbegehungen hat er 200 Nächte im Freien verbracht und bei der Alleinbegehung der Muir-Wand verbringt er 10 Tage in der Wand, ohne jeden Kontakt mit der Außenwelt.

In keinem anderen Land findet das extreme Bergsteigen so schnell so viele Anhänger wie in Japan. 1969 eröffnen sechs Bergsteiger aus Tokio, darunter eine Ärztin, jene neue Route am Eiger, die heute als »Japaner-Direttissima« bekannt ist und die Einstellung der japanischen Sestogradisten deutlich macht. Der Expeditionsstil hat im Land der aufgehenden Sonne seine Nachahmer gefunden.

In der damaligen Sowjetunion ist der Alpinismus Sport wie alle anderen Sportarten auch. Die besten Bergsteiger tragen den Titel »Meister des Sports« und Jahr für Jahr findet ein großes Wettklettern statt, bei dem die Teilnehmer nach Punkten bewertet werden.

Wie die Direttissima wird auch das Winterklettern damals zu einer Art Modeerscheinung. Dabei ist das Winterbergsteigen keine Erfindung der extremen Bergsteiger. Es ist so alt wie der Alpinismus selbst. Als sich Kasparek und Brunhuber in die vereiste Nordwand der Großen Zinne wagen, tun sie es in erster Linie, um sich für die Eiger-Nordwand vorzubereiten, die sie im Sommer darauf erstbegehen wollen, damit aber erlangt eine Disziplin des Kletterns Aufmerksamkeit, die erst 30 Jahre später wieder in den Hintergrund treten sollte.

Die Metamorphose des Unmöglichen erlebt also eine anachronistische Entwicklung. Statt im Sommer auf technische Hilfen zu verzichten, wird im Winter die Steigerung des technischen Kletterns geprobt. Problematisch bleiben nur die Winterbegehungen der großen, klassischen Freiklettertouren.

Als sich Peter Siegert, Rainer Kauschke und Gerd Uhner, die »Kolibri« genannt, 1963 in der Linie des fallenden Tropfens zwischen den beiden alten Routen durch die Nordwand der Großen Zinne nageln, mitten im Winter, stellt dies nur eine Weiterentwicklung des Techno-Kletterns dar.

Gleich zwei Mannschaften steigen im Winter 1966 links der Heckmaier-Route in die Eiger-Nordwand ein. Die Deutschen arbeiten getrennt von den Engländern und Amerikanern. Man geht im Expeditionsstil vor, steigt immer wieder zur Kleinen Scheidegg ab, und nach einem Monat erreichen fünf Teilnehmer den Gipfel.

Layton Kor, Klettertalent aus den USA

Das Schöne an einer Besteigung im Alleingang ist, dass sie dir ganz allein gehört. Du musst sie mit keinem teilen. Sie ist nackt. Der perfekte Ausdruck des bergsteigerischen Egoismus. Und auch eine Art, sich selbst zu erforschen. Ein Alleingang ist wie ein großer Spiegel. Du betrachtest dich während der ganzen Besteigung im Spiegel. Es ist eine Art, etwas zu beweisen, auch ein Test deiner selbst, um festzustellen aus welchem Holz du geschnitzt bist. Royal Robbins

An der Salathé Wall war die psychologische Belastung viel größer. Auf die »Nose« steigt man praktisch in einer geraden Linie, man kann Fixseile anbringen oder zumindest abseilen. Unsere Route führt aber in langen Zickzacklinien durch die Wand. Rettungsaktionen aus so einer Wand waren damals absolut undenkbar. Als wir nach einem Drittel der Strecke die Fixseile hinuntergeworfen haben, haben wir all unseren Mut dazu gebraucht.
         Royal Robbins

Warren Harding

Harding hat den Mut gehabt und die Vision, sich an der »Nose« zu versuchen. In dieser Hinsicht war er wirklich außergewöhnlich.   Royal Robbins

Die neue Generation der Bergsteiger in den USA widmet sich den »Bigwalls«. Die beiden Stars Warren Harding und Royal Robbins lernen sich 1955 in den Felsen von Tahquitz kennen, 170 Kilometer von Los Angeles entfernt. Gemeinsam versuchen sie die senkrechte Nordwestwand des Half Dome, die fast 700 Meter hoch ist. Zwei Jahre später, im Juli 1957, schafft Robbins die Wand gemeinsam mit Jerry Gallwas und Mike Sherrick. Harding revanchiert sich mit der »Nose« am El Capitan: knapp 1000 Meter hoch! Warren Harding: »Ich werde den verdammten Weg hochsteigen!« Wie in den Alpen wird die Belagerungstaktik angewandt und nach 47 Tagen – verteilt auf zwei Jahre – ist Warren Harding, der Teufel des Yosemite, Sieger.

Das war's mit der Direttissima-Methode an den Wänden des El Capitan. Warren Harding, Yvon Chouinard, Tom Frost und Royal Robbins bleiben die Akteure, aber bestimmend für die Entwicklung ihres Sports wird die Ethik des »clean climbing«. Abgesichert wird in erster Linie mit Klemmkeilen. Kletterer wie Jim Bridwell, John Bachar, Ron Kauk und Peter Croft, die später an der Spitze dieser Bewegung stehen, tragen diese Einstellung weiter.

Anders in Kontinentaleuropa. Dort entwickelt sich das Klettern in eine andere Richtung. Im Elbsandstein mit seinen strengen Regeln, die nur Sicherungsringe in bestimmten Abständen und Knotenschlingen zur zusätzlichen Absicherung erlauben, geht man den Weg des Verzichts weiter. Die schwierigsten Routen in vielen europäischen Klettergebieten aber werden mit Bohrhaken abgesichert.

Bei der europäischen Methode, »unmögliche« Wände im Expeditionsstil und mit Bohrhaken zu erschließen, handelt es sich nicht um die Eskapaden einzelner, sondern um einen Entwicklungstrend – und Entwicklungen lassen sich bekanntlich nicht aufhalten.

Dieser Trend hatte schon vor dem Ersten Weltkrieg begonnen und musste bis zur stupiden Nur-Nagelei führen, um als »Sackgasse« erkannt zu werden.

»Ursprüngliche Ziele bergsteigerischen Strebens stellten die Gipfel dar. Man suchte ihre leichtesten Aufstiege ausfindig zu machen.

Als nächstes boten sich naturgegebene Linien an: Schluchten und Kamine, Risse und Verschneidungen, Grate und Kanten. Gleichzeitig wurde die Wand zum alpinistischen Problem und schließlich das ›Wie‹ ihrer Durchsteigung.« Wieder Dietrich Hasse und bis hierher pflichte ich ihm bei.

»Während man in ihr anfangs natürliche Durchsteigungsmöglichkeiten suchte, dabei komplizierte Routen über die gegliedertsten, griffigsten und jene Felspartien mit der geringsten Steile aufspürte, wandelte sich das Ideal des leichtesten, ›natürlichsten‹ Wanddurchstiegs schließlich in das der formalistisch schönsten Linienführung. Der gesuchteste Weg wurde der im Gipfellot, der die durchstiegene Wand möglichst noch in zwei gleiche Hälften teilte. Somit wendete man sich von den natürlichen Gegebenheiten ab, um im Formalistischen, im Abstrakten Vollkommenheit zu finden. Wenn über geraume Zeit hin trotz der erstrebten ›Ideallinie‹ die Felsformation letzlich doch den Ausschlag gab, so hat sich die abstrakte Linienführung in den jüngsten Jahren mit umso größerer Kompromissloigkeit durchzusetzen vermocht. Das typische Beispiel der Großen Zinne mit der Comici-Dimai-Route (1933) über die noch natürlichen Linien folgende Direkte (1958) bis zur Superdirettissima (1963) wird nur vom Beispiel der Rotwand noch übertroffen. Ihr dem Kararpass zugewandter markanter Steilabbruch, von dem der Gipfel seinen Namen hat, wurde 1908 und 1932 in seinen peripheren Teilen durchstiegen. 1947 rangen Eisenstecken und Rabanser der Wand einen schon zentralen Durchstieg ab – wohl äußerst schwierig, aber noch immer in freier Kletterei. 1958 endlich wurde der direkte Wandabbruch, wie der Zinnenweg aus dem gleichen Jahr, mit ziemlichem Hakenaufwand, doch ebenfalls natürlichen Linien folgend, daher ein Stück neben der Gipfelfalllinie, durchstiegen. – 1960 legte Maestri eine ›Direkte‹ durch die Wand, und 1962 De Francesch seine Superdirettissima ›Via del Consilio Romano Secondo‹.«

Hasse liefert damit zwei gute Beispiele für den Trend, aber leider auch die Rechtfertigung für den Unfug.

Lothar Brandler in der Dachverschneidung der Großen-Zinne-Nordwand – »Direttissima« während der Erstbegehung im Juli 1958

Bepi De Francesch

Anderl Heckmair als Freikletterer

Ignazio Piussi

Dietrich Hasse: »Ob ich felsgewachsene Griffe und Tritte oder Haken zum Steigen benutze, weil die natürlichen Gegebenheiten fehlen, ist doch wohl bestenfalls ein einstellungsbedingter Unterschied. Die physischen Anforderungen sind bei freier wie bei Hakenkletterei im Wesentlichen dieselben.«

Den Trend hatten Hasse und seine Anhänger also klar erkannt, nur blieben sie mit der Gleichstellung von Haken- und Freikletterei blind für die einzig wahre Weiterentwicklung im Klettern, die Abkehr vom Haken als Fortbewegungshilfe. Bei der Direttissima-Einstellung musste am Ende die »Feuerwehrleiter« durch eine möglichst hohe und überhängende Wand stehen. Als Symbol dieser Entwicklung wieder die Nordwand der Großen Zinne:

»Ihre erste Route aus dem Jahr 1933 wurde bei ca. 200 extrem schwierigen Metern mit rund 80 Mauerhaken durchstiegen. Die ›Direkte‹ verlangte bei ca. 300 schwierigen Metern 180 Haken, davon 14 Bohrhaken. Die Superdirettissima, der ›Sachsenweg‹ also, enthält bei ca. 400 schwierigen Metern gut 450 normale und 25 Bohrhaken. Bei Wegen wie der Maestri-Führe durch die Rotwand wurden gar auf nicht viel mehr als 300 künstliche Meter 450 Haken geschlagen, dabei weit reichlicher gebohrt als im ›Sachsenweg‹. Von De Francesch wissen wir, dass er in seinem Rotwandweg 70 Bohrhaken schlug. Piussi und Redaelli schlugen 1959 in ihrer Direkten Südwestwand am Torre Trieste bei 400 bis 500 künstlichen Metern 350 Normalhaken, 50 Holzkeile und 90 Bohrhaken.«

Hasse war Chronist und Sprecher der Direttissima-Zeit.

Karl Greitbauer stellt dem Trend andere Werte gegenüber: »Von dem alten Begriff der Gangbarkeit einer Wand bleibt durch diese Erzwingung des Aufwärtsweges mit mechanischen Mitteln naturgemäß nicht mehr viel übrig. Das Ziel der bisherigen Bergsteiger, auch unter extremsten Bedingungen die Wandstrukturen geistig aufzuschlüsseln und die einzelnen Wegstücke gangbaren Geländes zu einem Wegganzen zusammenzufügen, ist dem Interesse der Anhänger des neuen Trends gewichen, in eine Wand die Superdirettissima, die Himmelsleiter hineinzumeißeln.«

Bald war das Hassesche »Ideal« ausgeschöpft, eine »Umwertung der Werte« war fällig. Warum sollte es über zehn Jahre dauern, bis die Freikletterei, seit Paul Preuß mehr und mehr ins Hintertreffen geraten, wieder neue Impulse bekam? Warum ist der siebte Grad, der mit der Zinnen-Direttissima gestreift wurde, nicht 1960 schon eingeführt worden? Paul Preuß war absolut gegen jedes künstliche Hilfsmittel gewesen. Mit seiner außergewöhnlichen Intelligenz hatte er schon am Anfang des 20. Jahrhunderts vorausgesehen, wohin die »Schlosserei« allmählich, aber sicher führen würde.

Als die Hakenkletterei dann »direttissima in die Sackgasse« geführt hatte, herrschte in den Alpen ein gutes Jahrzehnt lang Verwirrung und Dietrich Hasse, der sich mit der Zinnen-Direttissima ein Denkmal gesetzt hatte, predigte zwar einen neuen Geist – »so soll der Ruf nach mehr Sportlichkeit im Alpinismus ein Kampfaufruf gegen die schleichende Degeneration, ein Appell für Fairness, für saubere innere Haltung und darauf aufbauend für eine gesunde Weiterentwicklung unseres Bergsteigens sein« – er erkannte sogar die Relativität der absolut schwierigsten Touren – »gegenwärtig sollen Wege wie die Quota IGM-Nordwestwand im Civetta-Massiv, die Zinnen-Direkte oder der Dru-Südwestpfeiler ›Letztmenschenmögliches‹ darstellen. Wirklich Letztem wird man sich, wie ich glaube, jedoch stets nur annährern können. Ob es je absolut zu erreichen ist, scheint mehr als fraglich« – aber mit seinem unerschütterlichen Glauben an die Wachstumsspirale – größere Schwierigkeiten/mehr Haken – redete er dem technologischen Alpinismus weiterhin das Wort: »Wenn in der alpinistischen Entwicklung je eine Entscheidung richtungweisendes Gewicht hatte, so war es die, die vor gut einem halben Jahrhundert zum künstlichen Klettern führte. Sie brachte eine gänzlich neue Qualität ins breite Bergsteigen. Selbst der Protest von Paul Preuß hat das nicht verhindern können. Damals wurden die Weichen gestellt. Alle späteren Ergänzungen verblassen dagegen, sind Nuancen, logische Weiterführung. Das gilt beim Bohrhaken als dem neuesten Erschließungsmaßstab für Erstbegehungen nicht weniger.«

Dru mit Südwestpfeiler (rechts)

Erich Abram

Die Schwierigkeiten sind so groß, dass man sie sich größer kaum vorstellen kann. Man muss verantwortungslos sein, wenn man dort hinaufklettern will.   Erich Abram

Sepp Schrott, Direttissima-Erstbegeher, Seilpartner von Dietrich Hasse und Erich Abram

Hasse setzte sich zwar für das saubere Wiederholen von Touren ein – »wer mit der Tissischen Hakenanzahl nicht auf den Campanile di Brabante kommt und eine Ersteigung der Quota IGM ohne Bohrhaken nicht wagt, hat eben unten zu bleiben oder abzuseilen« – er kam aber nicht auf die Idee, den Haken als Steighilfe überhaupt in Frage zu stellen, wie einst Vinatzer in der Furchetta-Direttissima. – »Das Maß künstlicher Steighilfen sollte für uns der Aufwand der Erstbegeher bleiben. Erfahrungsgemäß sind für den gekonnten Wiederholungsdurchstieg eines Weges meist weniger künstliche Steighilfen nötig als für die Erstbegehung, mehr jedenfalls so gut wie nie.« – Und: »Das soll natürlich nicht bedeuten, dass das Maß des Notwendigen im Ermessen irgendeines Wegspezialisten liegt, der die Route vielleicht schon von zwanzig Begehungen her kennt, jeden Meter davon mehr oder weniger auswendig.«

Unter diesen Aspekten war auch seine eigene Direttissima Flickwerk, das sich dem Wiederholer als Ganzes präsentierte. Die unteren freien Seillängen kannte Dietrich Hasse von mehr als zwanzig Versuchen her, und wenn man dem Bericht der Erstbegehung Glauben schenkt, wurde in der Zinnen-Direttissima nicht nur gebohrt, sondern auch präpariert:

»Allerletztes an Nagelei. Erste Steckhaken fahren in den Fels … Einen anderen Tag klettern wir die drei ersten Seillängen unserer ›Direkten‹ empor und hängen Seile hinein, um beim endgültigen Angriff schneller hinaufzukommen. … Die 300-Meter-Reepschnur wird uns bis hinauf in die Ausstiegrisse den Rückzug offen halten, denn mit ihr können wir uns nötigenfalls Bergungsgerät in Form eines Stahlseiles emporziehen.«

Ich selbst lernte die Direttissima viel später erst und nur ein Stück weit kennen, in einem, wie ich dachte, übernagelten Zustand. Laut Richard Goedeke steckten 1976 etwa 190 Zwischenhaken. Die Erstbegeher benützten 180, dazu viele Knotenschlingen zur Fortbewegung. Goedeke bewertet die Tour mit VI-/A2–3, wobei er nur 150 Haken zur Fortbewegung verwendete. Ich kann nur folgern:

Entweder war die Direttissima nie übernagelt und nie VII oder die Haken stecken heute an anderen Stellen. Die frühen Wiederholer waren fasziniert und beeindruckt zugleich. Vielleicht auch deshalb, weil sie ohne viel Probieren und mit weniger Material als die Erstbegeher auskommen mussten.

René Desmaison anlässlich der dritten Begehung: »Die Haken stecken weit auseinander, die Nervenbelastung ist für den ersten bedeutend größer. Nach zehn Metern extremer Freikletterei an der Grenze des Gleichgewichts erreiche ich einen Haken. Mein erster Gedanke fragt: Wie haben die denn diesen Haken geschlagen? Es ist mir unvorstellbar, wie ich jetzt nach einem Haken und dem Hammer greifen und den Haken einschlagen sollte. Die hatten wohl Flügelchen am Rücken! Wir studieren den Fels genauer und bemerken nun auch zwischen den steckenden Haken Hammerspuren. Später vernehmen wir, dass die meisten Haken in den unteren Seillängen wieder herausgeschlagen wurden, um höher oben weiterverwendet zu werden. Cesare Maestri ist ohne neue Zwischenhaken durchgekommen. Warum also nicht auch wir? Das ist Ehrensache.«

Zwei Sommer lang hatte sich Dietrich Hasse in diese Wand verbissen, ehe ihm mit Hilfe des Klettergenies Lothar Brandler im Juli 1958 der endgültige Durchstieg gelang.

René Desmaison

Jörg Lehne, Dietrich Hasse, Lothar Brandler und Siegi Löw nach der Erstdurchsteigung der Direkten Nordwand der Großen Zinne

1958 haben Lothar Brandler, Dietrich Hasse, Jörg Lehne und Siegfried Löw erstmals die »Direkte« an der Nordwand der Großen Zinne überklettert und damit ein Signal gesetzt, das bald stil(um)bildend wirken sollte, wenngleich dies auf andere Weise als von den vieren erhofft ... Elmar Landes

Cesare Maestri

Eine großartige Route, gewiß, aber nicht die Kletterkunst stand im Vordergrund, sondern die Eroberung der »Direkten«. Es war die Einleitung einer letzten technologischen Phase des Alpenbergsteigens und damit Abkehr vom Freiklettern. Ich weiß von Lothar Brandler wie sehr Hasse darauf gedrängt hatte, nicht zu bohren, die Direttissima-Methode kam trotzdem von ihm. Hasse schob den »schwarzen Peter« später zwar den »Stümpern« zu, die nicht fähig waren, seine Freikletterstellen frei zu wiederholen, und er verteufelte den Bohrhaken, dem er selbst zur »Methode« verholfen hatte. Zu spät.

»Letzte Errungenschaft im ehemals freien Fünfer- oder Sechsergelände altbegangener Wege ist gar der (von jedem Sportgeschäft wohlfeil angebotene) Bohrhaken. Touren, die einst hakenlos erschlossen wurden, besitzen heute oft nicht eine einzige ungenagelte Seillänge mehr.« Die Geister, die er mit seiner Philosophie gerufen hatten, ließen das Klettern lange nicht mehr los. Leider.

Es waren schließlich bekannte Sachsen, erstklassige Direttissima-Geher, berühmte Erschließer gelber überhängender Wandstriche, die in der »Vinatzer« an der Marmolada di Rocca, in der »Philipp-Flamm« an der Punta Tissi oder in der »Carlesso« am Torre Trieste gebohrt haben.

Was nützte Hasses Geschrei nach dem »reinen sportlichen Ideal« – »was hingegen eine klettertechnische Steigerung des alpinen Felskletterns abzuwürgen droht, ist die leider mangelhafte Sportlichkeit im Bergsteigen« –, wenn der Haken und der Bohrhaken zur Gewohnheit geworden waren? Man wusste wirklich nicht mehr, was alles ohne Steighilfe kletterbar war.

Jahre später, als Maestri mit Hilfe einer Bohrmaschine dem Cerro Torre in Patagonien zu Leibe rückte, las ich in der »Süddeutschen Zeitung«: »Seit Hasse, Brandler, Löw und Lehne an der Direttissima der Großen Zinne zum ersten Mal in großem Stil nicht erkletterbare Wände ›perforierten‹, tobt der Kampf um den Bohrhaken. Immerhin ist die ›Vespa pneumatica‹ die folgerichtige Weiterentwicklung dessen, was 1958 an der Großen Zinne begonnen wurde.«

Inzwischen hatte Jörg Lehne, einer der Mitsteiger bei der Zinnen-Direttissima und Pragmatiker, erkannt, dass die »Geister, die er rief« schwer lozuwerden sind: »Ich war lange Jahre der Meinung, mit der ersten Durchsteigung der Direkten Nordwand der Großen Zinne (1958) sei eine neue Epoche in der Bezwingung schwierigster Routen eingeleitet worden. Heute, zehn Jahre danach, bin ich eher der Meinung, dass diese Route als Schluss und zugleich Krönung jener Erschließungsepoche zwischen den zwanziger und fünfziger Jahren anzusehen ist. Was folgt, wird häufig ein mit Material-schlachten und Bohrhakengalerien erkaufter Triumph der abstrak-ten Linie: Westliche-Zinne-Franzosenführe; Torre-Trieste-Direkte-Südwestwand; die Rotwand-Anstiege von 1960 und 1962, Große-Zinne-Superdirettissima (1963).« Auch Dietrich Hasse erkannte jetzt: »Es gibt keinen Zweifel, die Ungewissheit durchzukommen, das Unmögliche, beides wird vom Bohrhaken theoretisch aufgeho-ben.« Und es geht verloren. Für immer. Ohne das Unmögliche aber gibt es keine Weiterentwicklung beim Klettern, denn die Kletter-kunst ist getragen von der Methamorphose, die das Unmögliche in unserem Geiste erfährt.

Die Einsicht kam spät, aber massiv. Plötzlich war der Sicherheits-kreis des DAV der Ansicht, dass »die freie Kletterei wieder in den Vordergund gestellt werden sollte. Denn nur die freie Kletterei for-dert maximales Können, nur die freie Kletterei bietet maximalen Erlebnisgehalt. Dass heute von vielen als ›extrem‹ geltenden Berg-steigern überhängende ›Hakenrasseln‹ schwierigen Freikletterein vorgezogen werden, liegt nicht zuletzt an unserer guten alten Wel-zenbach-Skala und dem verfänglichen VI. Grad. Warum? Weil man weit überhängenden Routen, die nur noch künstlich zu bewältigen sind, den höchsten Schwierigkeitsgrad VI+ zusprach. So hatte man, gegen Ende der fünfziger Jahre beginnend, den Ehrgeiz der Jugend in diese Richtung – besser, diese Sackgasse – gelenkt. Die Vorliebe für ›Hakenrasseln‹ dürfte vielleicht nachlassen, bewertet man diese nur noch mit ›a‹ und Passagen tatsächlicher Freikletterei äußerster Schwierigkeit mit VI+ … Durch die Eröffnung und Glorifizierung

Rotwand im Rosengarten, Dolomiten

Fast zehn Jahre sollte es dau-ern, bis die Ideen Messners von einer neuen Generation aufge-griffen wurden.

Heinz Mariacher

Leo Schlömmer

hakentechnischer Routen Ende der fünfziger und Anfang der sechziger Jahre geriet die freie Kletterei mehr und mehr in einen Dornröschenschlaf, und ihr eigentlicher Wert wurde verkannt.« Großartig, diese Erkenntnis, aber warum musste ihr das Plaisier-Klettern folgen? Aber davon später.

Leo Schlömmer, der allein über das 50-Meter-Dach in der Dachstein-Südwand geklettert war, meinte: »Eine Weiterentwicklung des extremen Kletterns seit 1940 gibt es meiner Meinung nach nur in den künstlichen Klettereien und bei extremen Alleinbegehungen.« Richard Goedeke: »Neu vielleicht, dass zur Erzwingung von Direktrouten Haken massiver eingesetzt wurden als 1940, zum Beispiel Zinnen-Direttissimas (›Sachsenweg‹ sogar praktisch ohne natürlich vorgezeichnete Route), Franzosenroute.«

Mit der Erkenntnis, dass nur noch im Freiklettern eine Steigerung möglich ist, und der beispielhaften Entwicklung im amerikanischen Bergsteigen formieren sich Ende der sechziger Jahre kleine Gruppen von Freikletterern in den Alpen, die der Direttissima-Ideologie endgültig den Rücken kehren und an die Ideen von Paul Preuß anknüpfen. Der siebte Grad, also nicht das »möglich gemachte Unmögliche« interessiert, sondern das gerade noch Mögliche jenseits des bisher Letztmöglichen. Training und Konzentration sollen Haken sparen helfen. Man peilt jetzt keine starre Linie mehr an, sondern strebt nach verfeinerter Kletterkunst.

Max Niedermann, der in den fünfziger Jahren schwierigste Felsanstiege der Ost- und Westalpen eröffnet hatte, Gian B. Vinatzer aus dem Grödner Tal oder Hias Rebitsch sind es, an denen wir uns jetzt orientierten. Hatten sie in ihren Schlüsselstellen den siebten Grad doch schon erreicht!

Jeden Fortbewegungshaken empfand ich damals als Kompromiss. Die völlig frei gekletterte Route wurde mir zum Ideal, der »7. Grad« Herausforderung. Dietrich Hasse aber, der alle zehn Jahre eine Art »Denkmalpflege« für seine Direttissima braucht, tat in seinem narzisstischen Widerstand gegen meine Art zu klettern mein Bergsteigen als »Ideologie des Wahnsinns« ab.

PETER SIEGERT IN DER
SUPER-DIRETTISSIMA
DER GROSSEN ZINNE

Silvester 1962 hocken Peter Siegert, Rainer Kauschke und Gerd Uhner in der Auronzo-Hütte. Sie wollen die Große Zinne-Nordwand in Gipfelfalllinie durchsteigen: 550 Meter hoch, auf 200 Meter überhängend.

Es soll die Erstbegehung einer neuen Route mitten im Winter werden. Unkonventionell! Es herrscht klirrende Kälte, die drei werden von Zweifeln geplagt. Auch ist das Wetter schlecht. Am 5. Januar 1963 steigen sie ein, schaffen vierzig Höhenmeter und seilen ab. Zurück zur Hütte. Am 6. Januar stehen sie wieder am Wandfuß.

Die Drei Zinnen vom Patternsattel

Peter Siegert: »Rainer Kauschke beginnt. Ab dem höchsten Punkt, den ich gestern erreichte, hat er mit sehr brüchigem und äußerst hakenfeinlichem Fels, der fast senkrecht ist, zu ringen. Den ganzen Tag. Er schlägt wackelige Felsschuppen ab, hämmert Haken ein, unentwegt, verbissen. Die schwierigste Seillänge, wie uns später klar wird. Wieder etwa vierzig eroberte Felsmeter. Mondschein begleitet uns zurück zur Hütte.«

Peter Siegert

Wer sagt, dass wir Jungen genau das machen sollen und machen dürfen, was die vielgepriesenen Pioniere unternahmen? Und wem, frage ich, sind wir Rechenschaft abzugeben verpflichtet über unser Tun, dem wir ganz allein uns hingeben, allein wir!?
Peter Siegert

Am 7. Januar erreicht Siegert am fixierten Seil den Standplatz vom Vortrag. Es folgen zehn Meter Hakenkletterei und dann frei kletterbares Gelände. Auf einer Kanzel richtet er den Standplatz ein.

Siegert: »Rainer Kauschke kommt nach und staunt über den feudalen Platz. Und klettert weiter. Dem nächsten Überhang rauft er noch zehn Meter ab. Dann seilen wir uns ab. Der höchste Punkt, den wir erreichten, befindet sich nun rund 120 Meter über dem Wandfuß. Wir werden uns einig, dass die Zeit des endgültigen Einstiegs gekommen ist. Am Abend sitzen wir auf der Ofenbank, unsere Rücken an den warmen Kachelofen gelehnt. Was allein uns abhält, morgen schon einzusteigen, ist Angst. Pure Angst vor der unendlichen Ungewissheit.«

Am 10. Januar, die vorbereiteten 120 Meter bringen sie rasch hinter sich, geht es im Neuland weiter, langsam, Zentimeter um Zentimeter. Mit dem Boden verbindet sie ein 500 Meter langes Seil, an dem morgens und abends Verpflegung – »Heißer Kakao und Butterbrote, das schmeckt! Als Tagesproviant gibt es Schokolade.« – und Material hochgezogen wird.

150 Meter über dem Kar verbringen sie die erste Nacht in der Wand. Alles ist ungewohnt: das Anbringen der Perlon-Hängematten, das Essen und Schlafen. Am späten Morgen geht das zeitraubende Manöver weiter.

Siegert: »Einer klettert, schlägt Haken, zwei hängen in Schlingen und sichern und warten. Den ganzen Tag. Erst gegen Abend, wenn die lumpigen fünfunddreißig Meter vom Seilersten bezwungen sind, können der Seilzweite und -dritte nachkommen. Ein Tag für fünfunddreißig Meter!«

Auch am 12. Januar nichts Neues.

Siegert: »Nur, dass wir mit dem Senkrechtbiwakieren schon besser vertraut geworden sind; dass es am Morgen statt Kakao heißen Sanddornsaft und abends eine etwas anders zusammengestellte Kraftbrühe gibt. Und schließlich auch, dass wir etwa weitere fünfunddreißig Meter dem gelben Abbruch abgerungen haben.«

Am 13. Januar kommt Monotonie auf. Die Sinnlosigkeit ihres Unternehmens wird den Akteuren klar.

Siegert: »Sinnlosigkeit? Ja, warum auch nicht? Warum sollen wir uns nicht einer herrlichen Sinnlosigkeit hingeben? Und es ist wunderbar, allein durch eigenes Zureden stark und zufrieden und von der Sache überzeugt zu werden. Wir befinden uns in einem Erlebnisbereich, der mir bisher fremd war.«

Auch der 14. Januar bringt nur fünfunddreißig Meter Tagesleistung. Am sechsten Tag in der Wand kommen sie verhältnismäßig gut voran. Mehr als vierzig Meter weit! Aber sie frieren. Ihre Füße sind dick aufgeschwollen und feuerrot. Mutlosigkeit, das Tempo nimmt ab.

Am 19. und 20. Januar steigen sie über den Dachüberhang! Siegert: »Eine großartige Leistung von Rainer.« Zuversicht macht sich breit. Am 21. Januar übernimmt Uhner die Führung.

Siegert: »Zwanzig Meter kommt er hinauf. Der Fels ist unerhört hakenabweisend. Ich sichere ihn. Aber zwischendurch befällt mich bleierne Müdigkeit, ab und zu nicke ich ein. ›Peter! Komm, gib mir die Sicherung!‹, sagt Kauschke. Ich überlasse ihm die Seile und schaue gelangweilt in den Abgrund.«

Etwas fliegt an Siegert vorbei. Uhners Mütze? Nein, er ist es, Uhner!

Siegert: »Gestürzt! Ohne dass ich was gemerkt hätte. Zehn Meter war er geflogen; zehn von den erkämpften zwanzig: Tagesleistung zehn Meter. Uhner hantelt sich nur noch fünf Meter hinauf, dann beginnt er mit den Biwakvorbereitungen.«

Am 22. Januar ist Siegert wieder fit.

Siegert: »Bisher wurde ich geschont. Nun ist die Reihe an mir. Bis zum Gipfel. Nach zehn Metern erreiche ich den Beginn der langen Verschneidung, die in die Ausstiegsschlucht mündet, sie endet am Gipfelringband.«

Siegert klettert vier Tage lang wie ein Besessener. Am 25. Januar wird das Verbindungsseil abgeworfen. Dann hält sie ein zehn Meter hoher Überhang auf und am 26. Januar erreichen sie den Gipfel!

Auf ein Biwak mehr oder weniger kommt's doch jetzt auch nicht mehr an. Wir werden das schon irgendwie hinkriegen. Gerd Uhner

Wir fanden eine Aufstiegsmöglichkeit durch eine 550 Meter hohe, senkrechte, teilweise überhängende Dolomitenwand. Wir schlugen insgesamt 450 Haken, darunter 20–25 verpönte Bohrhaken. Gewiss, die Wand, die an ihrem Fuß etwa 350–400 Meter breit ist, wies bereits zwei Routen auf: die von Emilio Comici und den Brüdern Dimai (1933, VI) und die Direttissima von Lothar Brandler, Dietrich Hasse, Jörg Lehne und Siegfried Löw (1958, VI+). Beide Führen sind im Mittelteil etwa zweihundert Meter auseinander. Und unsere »Super-Direttissima« verläuft dazwischen, am nächsten der Gipfelfalllinie. Wenn Comici allein schon durch die Verwendung normaler Haken Kritik einstecken musste – die »päpstlichen« Urteilssprüche von Julius Kugy und anderen sind bekannt –, so hinderte das Hasse und Gefährten keinesfalls, in ihrer Direttissima doppelt soviel Haken wie Comici und dazu noch vierzehn Bohrhaken zu schlagen. Gerd Uhner

Seil, Knotenschlingen, Mauerhaken und Karabiner, das sind die technischen Hilfsmittel, die nur zum Sichern verwendet werden. Wie scharf die Abgrenzung ist, zeigt die Bewertung beim Steigbaum, also der Kletterhilfe, bei der die Schultern des Untermannes als Standplatz dienen. Der Steigbaum ist zwar erlaubt, jedoch auch nicht uneingeschränkt.

Felix Simon

Die Felsenschlucht Verdon, Frankreich

MMER BIS ZUM LIMIT

DIE SUCHE NACH DEM UNMÖGLICHEN

Innerkofler-Turm-Südwand
(Hasse/Schrott)

Über mir springt ein Vier-Meter-Dach vor, unter mir hängt die Wand über. Die Seile, die Strickleitern, der Hammer, alles was an meinem Klettergurt hängt, pendelt frei in der Luft. Ein Überhang nach dem anderen, ein Haken nach dem anderen.

Es gelingt mir, einen Fuß auf die oberste Sprosse der Strickleiter zu setzen, mit einem Klimmzug richte ich mich auf, strecke den Arm, so weit es geht, und kann den nächsten Haken berühren, der über mir steckt. Entschlossen hänge ich den Karabiner, in dem das eine der beiden Seile läuft, ein, fingere nach der zweiten Strickleiter, hänge sie in die Hakenöse, wechsle und steige wieder bis in die letzte Sprosse. Seit Stunden dasselbe. Jetzt muss ich das große Dach überwinden, das wie ein Plafond über mir hängt und die Sicht nach oben versperrt.

Mein Körper hängt waagrecht, an Seilen und Leitern gesichert, und schiebt sich vorwärts. Die Haken stecken knapp hintereinander. Jedes Manöver wiederholt sich: Der Karabiner schnappt zu, die Füße schaukeln kurz in den Strickleitern, der nächste Haken ist erreicht, so nähere ich mich der Dachkante.

Das Ausgesetztsein ist absolut. Unter mir, vor mir, hinter mir nur Luft. Wenig über meinem Kopf der Fels, in dem die Bohrhaken stecken. Von unten nach oben geschlagen. An den Abgrund habe ich mich gewöhnt. Nun gilt es, die schwierigste Stelle des Anstieges zu überwinden: den Übergang von der Horizontalen in die Senkrechte, eine Stelle, die mir nach der Lektüre der Routenbeschreibung Respekt eingeflößt hat. Die Schlüsselstelle? Einer der Haken ist locker und wackelt. Wenn er unter meiner Körperlast ausbräche, würde ich stürzen. Aber nur ein, zwei Meter weit. Der nächste Haken würde den Sturz abfangen. Nein, die »Via Italia« am Piz de Ciavazes hat mit dem VI. Grad wenig gemeinsam.

Alles hatte angefangen wie im Traum. Ich war 16 Jahre alt, als ich 1961 erstmals in der Civetta kletterte, im Reich des VI. Grades. Vorher waren mir mit Günther, meinem jüngeren Bruder, einige Routen im V. Schwierigkeitsgrad gelungen, und jetzt, so dachten wir, war es Zeit, den VI. Grad kennen zu lernen. Alle Tage dachten wir daran, blätterten in Büchern, lasen diese magische Zahl: VI. Grad. Unser ganzer Respekt galt diesem VI. Grad. Nein, noch war er zu schwierig für uns. Vielleicht würde es uns nie möglich sein, einen »Sechser« zu klettern. Unmöglich und VI. gehörten irgendwie zusammen. Die Ausrüstungsliste für die Torre-Trieste-Südwand las ich mit Schrecken.

Eine einzige Route schien uns damals laut Beschreibung im Rahmen unserer Möglichkeiten zu liegen: Die »Philipp-Flamm« an der Punta Tissi. Der Führer gab die Schwierigkeiten mit V bis VI an und sprach von »wenigen Haken«. In unserer Unwissenheit waren wir der Meinung, dass Routen, in denen wenige Haken stecken, leichter sind als Wege mit vielen Haken. Die »Philipp-Flamm« war nicht mit dem höchsten Schwierigkeitsgrad bewertet.

In den Jahren nach unserer ersten Civetta-Fahrt wagten wir uns an unsere ersten Sechser-Touren. Zuerst versuchten wir uns an den kurzen, dann an den längeren und schließlich an durchgehend schwierigen Wegen. Ich fand keine wesentlichen Unterschiede zu den großen Freiklettertouren im V. Grad, die wir vorher schon kennengelernt hatten. Sicher, ab und zu galt es eine überaus schwierige Stelle zu klettern, aber darunter steckte meist ein Haken. Wir fanden immer einige Griffe, um uns festzuhalten.

Anders bei technischen Touren wie der »Via Italia« am Piz de Ciavazes in der Sella-Gruppe. Ich fand nichts besonders Schwieriges an diesem Weg, nichts, was ich von einer VI+ erwartet hätte.

Unsere Ausrüstung bestand aus den Rucksäcken, aus einem Hanfseil von 40 Metern, einem von 60 Metern, drei Bündeln Reepschnüren, 100 Haken, 30 Karabiner, 2 Reservehammern, 3 Paar Kletterschuhen für jeden, einer Lampe mit 2 Ersatzbatterien, einer Laterne mit 5 Kerzen, 2 Biwaksäcken, Hüten und Handschuhen, 2 Feldflaschen – eine mit Kaffe, eine mit Eierlikör –, einem Kilo Würfelzucker, einem halben Kilo Schokolade und 2 Paketen Rosinen. Die Kletterpatschen Carlessos waren ein Spezialmodell. Er konnte mit ihnen auch nur mit der großen Zehe auf kleinsten Tritten stehen. Er nannte sie seine »Ballettschuhe«, auch weil sie schnell verschlissen. Täglich musste er sie wechseln, vorsorglich hatten wir aber auch Nadel und Faden im Rucksack, um die »Kletterpatschen« flicken zu können. Bortolo Sandri

MIT KONRAD RENZLER IN DER MARMOLADA-SÜDWAND

Marmolada-Südwand mit neuer Route

Marmolada-Südwand. Sie war ein Problem: eines von vielen. Eines von denen, die heute oft mit Bohrhaken angegangen werden und dann kein Problem mehr sind.

Mehrere Kilometer breit ist die Südwand der Marmolada und bis zu 900 Meter hoch. Sie ist von den großen Dolomitenwänden die gewaltigste. Die Nordwestwand der Civetta und die des Monte Agnér sind höher, nicht gewaltiger.

Civetta und Agnér sind schattig, abweisend. Die Südflucht an der Marmolada ist fest, sonnig – einladend. Sie birgt viele bergsteigerische Probleme, seit Jahrhunderten schon. Einige wurden schon gelöst. Von Bettega, Micheluzzi, Soldà, Vinatzer, Aste, Conforto, Egger … In den vergangenen siebzig Jahren.

Und noch eine Möglichkeit hat man entdeckt, eine Möglichkeit hinaufzukommen. Sie stellt weder die Gipfelfalllinie noch ein weltbekanntes Problem dar. Einzig und allein eine logische Folge von Rissen, Bändern und Verschneidungen ist es. – Eine Möglichkeit vom Kar zum Grat – über einen unberührten Wandstreifen.

Dieser Streifen ist plattig, wirkt durch seine Steilheit und Geschlossenheit fast unmöglich. Heute gibt es diese Möglichkeit nicht mehr. Sie ist ausgeschöpft. Wie es dazu kam, will ich berichten.

Im Sommer 1965 sitze ich allein am Ombrettapass. Mit meinen Augen suche ich die Wand nach Durchstiegsmöglichkeiten ab. Die schräge Verschneidung oben, denke ich, dann wäre es leicht. Der Quergang unterm Dach vielleicht – hinaus auf die zweite Terrasse. Der geht schon. Nur unten, verdammt glatte Platten! Fantastisch der Riss! Vielleicht sind die Platten vom Wasser zerfurcht. Das wird eine Führe! Diese Möglichkeit haben die »Alten« vergessen, oder nicht gesehen. Vielleicht nicht für möglich gehalten. – Vielleicht.

Im Mai 1968 kommt es zu folgendem Gespräch in Falcade. Pepi Pelligrinon, ein Dolomiten-Kenner, spricht an Hand eines Marmolada-Bildes von allen Möglichkeiten an der Südwand. »Weißt du vom großen, logischen Problem an der Marmolada?«, fragt er.

»Nein«, sage ich.

»Die Riesenverschneidung, die direkte Südwand.«

»Wo?«, stelle ich mich naiv.

»Zwischen Vinatzer- und Thomasson-Führe, ist doch logisch!«

»Ja, aber das Dach ganz oben?«

»Bohrhaken. Zwanzig Stück reichen für den Quergang nach links auf die zweite Terrasse.«

»Und am Einstieg? Auch Bohrhaken? Wie unterm Dach?«

»Wie unterm Dach. Aber nur da und dort einer.«

»Na, aber mit Bohrhaken ist das doch …«, will ich sagen.

»Was denn?«, unterbricht mich Pepi.

»Keine Kunst«, füge ich leise hinzu.

»Sie sind notwendig und man hat sie.«

»Ja, aber mit Bohrhaken will ich nicht mitmachen, ich weiß andere Probleme.«

Im Juli 1968 bin ich zu einer Erkundung auf der zweiten Terrasse. Zusammen mit meinem Bruder Siegfried steige ich über die alte Südwand auf und quere von der zweiten Terrasse unter das Riesendach, um in meine geplante Route einsehen zu können. Siegfried sichert. »Wie sieht der Quergang aus?«, fragt Siegfried.

»Etwas brüchig, geht aber frei.«

Querung zur ersten Terrasse

Die Kletterer waren eine wunderliche Sammlung von Nonkonformisten, die auf die Bequemlichkeiten der materialistischen Welt zugunsten von aufregenden Abenteuern am Fels verzichteten.
Lynn Hill

Marmolada mit Penia- und Rocca-Gipfel

»Und die Verschneidung?«

»Steil, zum Teil geschlossen – wild.«

»Soll ich das Seil einziehen?«

»Ja«.

Im August 1968 treffe ich an der Straße zum Sellajoch den berühmten Dietrich Hasse. Günther und ich fahren zur Marmolada. Unser Ziel: die neue Südwandroute. An der Sellajochstraße sehe ich Dietrich Hasse und halte an. Er kommt vom Piz de Ciavazes.

»Wohin bei diesem Sauwetter?«, fragt er.

»Zur Marmolada!«

Unweigerlich kommt unser Streit um den Bohrhaken zur Sprache.

»Man schlägt ihn überall hin«, schimpfe ich.

»Aber oft bedeutet er Sicherheit. Man sollte bei Erstbegehungen welche dabeihaben.«

»Der Ansicht bin ich nicht. Wir wollen morgen eine Neutour angehen und haben keine dabei.«

»Warum nicht?«

»Weil ich keine schlagen will.«

»Mitnehmen bedeutet nicht schlagen.«

»Aber ja!«

»Ja?«

»Soll ich sie hinunterwerfen, wenn ich nicht mehr weiterkomme?«

»Nein, natürlich nicht.«

»Also einsetzen, bohren, wenn es sonst nicht weitergeht.«

»Warum nicht?«

»Weil ich das Problem an der Marmolada lösen will und nicht im Sportgeschäft.«

»Und an Schnee, Sturz, Rückzug denkst du nicht? Du bist verantwortungslos«, wirft Dietrich mir vor.

Hasse ist aus Gründen der Sicherheit für den Bohrhaken. Auch weil viele Führen ohne Bohrhaken nicht möglich gewesen wären.

Aber dort, wo ich als Erstbegeher ohne Bohrhaken hinaufkomme, komme ich auch wieder zurück, und zwar ohne Bohrhaken.

Man kann mit dem Einsatz künstlicher Hilfsmittel vor dem Normalhaken aufhören, man kann nur Bohrhaken ablehnen. Man kann auch den Hubschrauber einsetzen. Ich höre vor dem Bohrhaken auf und habe meine Gründe dafür.

»Du willst also ohne Bohrhaken hin?«

»Habe ich doch gesagt.«

»Und wenn es nicht geht?«

»Dann drehe ich um und fahre wieder heim.«

»Um Bohrhaken zu holen?«, witzelt Dietrich.

»Nein, um mich besser vorzubereiten.«

Es regnet und wir fahren wieder heim. Tage später erkläre ich meinem jüngsten Bruder meinen Plan von der Erstbegehung an der Marmolada-Südwand.

»Brauchst du Haken dazu?«, fragt er.

»Ja, zwanzig große für die Standplätze, fünf Profilhaken, zehn mittlere, fünf kleine.«

»Warum gerade vierzig?«

»Ich habe es ausgerechnet.«

»Wie?«

»Bis unter das Dach ist es schwer. Das sind 500 Meter Wandhöhe. Unsere Seile sind 45 Meter lang. Wie viele Haken brauchen wir also, um vom Dach wieder abzuseilen?«

»Fünfundvierzig geht in fünfhundert … geht in fünfhundert … elfmal.«

»So genau habe ich nicht gerechnet. Ich denke fünfzehnmal, weil die Stände oft nur 30 Meter voneinander entfernt sind.«

»Also fünfzehn Haken zum Abseilen vom Dach bis zum Wandfuß?«

»Zwanzig, schätze ich, weil oft zwei oder drei Stifte am Stand oder an einer Abseilstelle notwendig sind.«

»Und die restlichen zwanzig?«

»Die bleiben voraussichtlich im Fels. In Pendelquergängen, auf Standplätzen.«

Nicht auf das Erreichen des Gipfels kommt es an, sondern darauf, wie man es schafft.

Geoffrey Winthrop Young

Steger schlug an einigen Stellen vier oder fünf Haken, einen neben den anderen, und verband sie dann mit einer Reepschnur. Warum? Eben weil sie kaum einige Zentimeter tief in den brüchigen Fels eingedrungen waren und nur einer winzigen Belastung standgehalten hätten. Vielleicht betrug diese für jeden Haken nur fünf Kilogramm. Da ihre Häufung aber die Tragkraft verstärkt, so wurde durch ihre Bündelung der Widerstand vielleicht fünf- oder sechsmal größer, und man konnte sich auf sie stützen und einige Minuten ausruhen. *Emilio Comici*

Claude Barbier

Am 27. August 1968 führe ich ein Telefongespräch mit Claude Barbier. Er soll mitmachen. Ich will mich für den 28. August mit dem Belgier, einem großartigen Freikletterer, verabreden. Ich will sofort zur Marmolada. Die Verlockung ist zu groß.

»Hast du schon ein Ziel?«, fragt er mich.

»Ja! Neuland«

»Wo?«

»Das sage ich erst, wenn du zusagst!«

»Wie lang?«

»800 Meter vielleicht.«

»Wie schwer?«

»Vielleicht unmöglich.«

»So.«

»Ja, ich will ohne Bohrhaken einsteigen.«

»Das brauchen wir uns nicht zu sagen. Aber nur wenn du alles führst, komme ich mit. Ich war in den Westalpen, es fehlt mir an Fingerkraft.«

»Du hast doch den Bonatti-Pfeiler am Dru machen können.«

»Das ist einige Wochen her.«

»Ich dachte an abwechselnde Führung.«

»Und wenn es doch Bohrhaken braucht?«

»Es braucht keine!«

»Das weißt du doch nicht.«

»Ich weiß es. Wenn wir stark genug sind, braucht es keine und wenn nicht, drehen wir um, und dazu braucht es auch keine.«

»Zu unsicher, das Ganze.«

Zehn Minuten später habe ich Konrad Renzler am Telefon. Seine Kondition und sein Humor sind glänzend.

»Konrad, ich weiß eine Erstbegehung.«

»Wo?«

»An der Marmolada! Hast du Zeit?«

»Zeit nicht! Aber Lust mitzumachen, in zwei Stunden bin ich da.«

Konrad und ich sind ein eingespieltes Team.

Meine Brüder Werner und Hubert dürfen mitkommen, als Betreuer sozusagen. Sie sollen in der Biwakschachtel am Ombrettapass hausen, bis Konrad und ich wieder zurück sind. Sie haben viele Frangen an mich.

»Wird es eine große Erstbegehung?«

»Das hängt davon ab.«

»Wovon?«

»Von der Anzahl der Haken, die wir schlagen und von den Schwierigkeiten und Gefahren, denen wir begegnen werden. Die Möglichkeit allein hat noch keinen bergsteigerischen Wert, sie erhält ihn erst durch unser Tun. Je weniger technische Hilfsmittel auf dem Weg zum Gipfel eingesetzt werden, umso größer ist sein Wert.«

»Warum willst du diese Route gehen?«

»Diese Frage ist falsch gestellt. Es gibt noch keine Route. Die Führe ist das Resultat. Die Möglichkeit lockt, ich habe sie entdeckt. Sie will ausgeschöpft sein.«

»Und wenn es nicht geht?«

»Dann will ich umkehren. Es kann schneien. Es kann zu schwer für uns sein. Das kann man von unten nicht immer erkennen. Den Umständen entsprechend wollen wir handeln.«

»Aber gute Bergsteiger kommen doch überall durch.«

»Andere schon.«

»Du nicht?«

»Nein, weil ich nicht alle Mittel einsetze. Im Einsatz aller technischen Hilfsmittel sehe ich einen Rückschritt.«

»Erfindungen und Technik bedeuten doch Fortschritt, Erleichterung.«

»Wir Bergsteiger suchen Schwierigkeiten und keine Erleichterung. Wenn wir nun die Schwierigkeiten ausschalten, die wir suchen, betrügen wir uns selbst. Mit dem Einsatz aller Mittel kann jedes Problem gelöst werden. Ohne großes Können. Es ist heute Schwäche, nicht Können, die zum Bohrer greifen lässt. Eine Weiterentwicklung beim Klettern kann nur Hand in Hand mit der Einschränkung an technischen Hilfsmittel einher gehen.«

Reinhold Messner bei der Erstbegehung des Südtiroler-Weges in der Marmolada-Südwand

Rechte Seite: In der Marmolada-

Es ist mir fast unmöglich, diesen trunkenen Reiz, diese Freude zu schildern, wie ich nun allein in dieser schauerlichen Wand hing, die Beine weit gespreizt, den Körper nach außen gekrümmt, den frei hängenden Seilen nachblickend und dann ins Leere ... Was für eine Freude? Die Freude zu leben, dann die Genugtuung und der innere Stolz, mich so stark zu fühlen und diese Abgründe und Überhänge — ganz auf mich allein gestellt — zu bezwingen.

Emilio Comici

Der Gipfelgrat der Marmolada

Am Ombrettapass warten Konrad und ich, bis ein Windstoß die Nebel aus der Südwand reißt. Sie kriechen die Südwand entlang. Welch ein Schauspiel! Ganz oben reißt es aber auf. Die zweite Terrasse wird sichtbar. Ich zeige Konrad den Weg, den ich geplant habe.

»Dort am Beginn der großen Verschneidung werden wir biwakieren«, sage ich.

»Wenn wir soweit hinaufkommen!«

»Und die Verschneidung. Wird ein Tag dafür reichen?«

»Sicher. Die Verschneidung geht frei.«

Die Erstbegehung gelingt. Am anderen Tag steigen Konrad und ich über den verschneiten Westgrat ab. Konrad freut sicht. So viele Überraschungen! Die Platten boten klassische Freikletterei. Die Verschneidung war voller origineller Stellen: Schlupfloch, dunkler Kamin, eine Höhle voller Eiskristalle. Konrad steigt von der Marmoladascharte zum Contrinhaus ab. Ich laufe zum Ombrettapass, um meine Brüder zu holen.

Diese Erstbegehung war kein weltbewegendes Unternehmen. Sie dauerte nicht lange. Wichtig beim Klettern ist die Ungewissheit, die Mutprobe, die bewusste Hinnahme der Gefahr. Viele sagen ja dazu und doch liegt ganz unten in ihrem Rucksack ein Bündel Bohrhaken. Viele sind zu ehrgeizig für den Verzicht, andere zu unerfahren. Einige sind einverstanden mit alten Mitteln und sie sollen sie einsetzen. Sie sollen aber nicht von Problemen reden und nicht vom Lösen dieser gedachten Probleme. Erzwingen, erarbeiten ... Bergsteigen aber ist nicht Arbeit für mich. Sie wäre als solche sinn- und nutzlos zugleich.

Ein Jahr später gelingt mir die erste Begehung der Gipfelwand an der Marmolada di Rocca. Im Alleingang. Vielleicht mein kühnstes Unternehmen in den Dolomiten. Sicher meine eleganteste Tour. Das war es dann mit dem Felsklettern. 1970 erlitt ich Erfrierungen und Amputationen an Fingern und Zehen. Ich kletterte weniger, auch weil das Klammern an winzigen Griffen zu schmerzhaft war.

SIEBTER GRAD

1964–1970

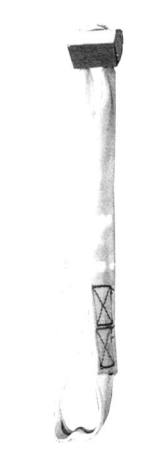

GRENZWERTE UMWERTEN

In Kalifornien war die absolute Freikletterbewegung hereingebrochen. Die Haken und die neumodischen Klemmkeile dienten nur zur Sicherung. Wenn es nicht gelang, eine Kletterstelle vollkommen frei zu bewältigen, dann seilten die Amerikaner sich lieber ab als sich an dem Sicherungshaken hochzuziehen und damit diese Wand technisch zu überwinden.
Reinhard Karl

Zwei Tendenzen lassen sich im extremen Klettern der siebziger Jahre klar erkennen: die Suche nach neuen Direktanstiegen an den Weltbergen und das Streben nach noch größeren Schwierigkeiten in den Alpen, im Yosemite, in den Pyrenäen …

Mit der Durchsteigung der Nordwestverschneidung an der Cima Su Alto in der Civetta, mit der Eroberung der Dru-Westwand werden Anfang 1950 mit vermehrtem Einsatz künstlicher Hilfsmittel Probleme gelöst, an denen Spitzenkletterer mit den herkömmlichen Techniken gescheitert waren. Diese Entwicklung geht weiter und scheint sich Ende der fünfziger Jahre mit der Begehung der Direkten Nordwand der Großen Zinne, mit der Schweizer- und der Franzosen-Führe an der Westlichen Zinne zu überschlagen.

Als sich nun die Technik mehr und mehr vervollkommnet, jede Schwierigkeit irgendwie überwunden und jedes alpine Wandproblem gelöst werden kann, werden die extremen Bergsteiger – teilweise wenigstens – wieder sportlicher. Vor allem in den USA. Das sportliche Bergsteigen – im Gegensatz zum »Eroberungsalpinismus« – wird vom Denken her bestimmt, nicht allein von der klettertechnischen Problemstellung her. Der sportliche Kletterer sucht die Schwierigkeiten, um sie in einer bestimmten Art zu überwinden; er unterwirft sich Spielregeln, die für ihn allein Bedeutung haben – vielleicht noch für die Entwicklung des Alpinismus.

Das sportliche Bergsteigen ist keine Erscheinung der Gegenwart, es ist überhaupt nicht zeitgebunden, die Entstehung ist individuell und geht auf Ansätze vor mehr als 100 Jahren zurück. Albert Frederick Mummery wurde sportlicher, als er auf seine Bergführer zu verzichten lernte und die schwierigen Klettertouren seiner Zeit selbstständig bewältigte; Paul Preuß lehnte den Mauerhaken ab, beherrschte aber trotzdem den höchsten Schwierigkeitsgrad seiner Zeit. Später sind es vor allem Hias Rebitsch und nach einer technischen Phase Walter Bonatti, die mit einem beschränkten Maß an künstlichen Hilfsmitteln kletternd – Bonatti mehrmals sogar im Alleingang – für ein »fair play« eintreten und trotzdem im obersten Schwierigkeitsbereich richtungsweisend bleiben. Im Sommer 1971 eröffnet der Bohrhakengegner Enzo Cozzolino mit einem Dutzend Normalhaken Routen, an denen vor ihm führende Kletterer trotz Einsatz des Meißels gescheitert sind. Mit seiner Route an der Scotoni-Wand und der Verschneidung am Mangart hat er Kunstwerke geschaffen.

Enzo Cozzolino

Interessant zu beobachten ist dabei, dass mit Mummery der fünfte Schwierigkeitsgrad reifte, dass nach Preuß der sechste kam; und es ist nicht vermessen anzunehmen, dass Cozzolino endgültig den siebten Schwierigkeitsgrad eingeleitet hat.

Die tüchtigsten Kletterer aus den USA versuchen seit Jahren, den alten, teilweise technischen Routen die erste freie Begehung abzuringen; einige Male ist das bereits gelungen. Einer Route, die mit der Verwendung von 50 Fortbewegungshaken den höchsten Schwierigkeitsgrad aufweist, müsste ohne diese Haken folgerichtig ein noch höherer Schwierigkeitsgrad zugesprochen werden. Wenn die schwierigsten Führen der Alpen allein und vielfach ohne Sicherung geklettert werden, heißt das, dass in Seilschaft größere Schwierigkeiten als die bisher gekletterten möglich sind. Aus der Tatsache, dass Sechser-Touren ohne Mehreinsatz von künstlichen Hilfsmitteln im Winter, bei Kälte und Schnee geklettert worden sind, kann man folgern, dass die Möglichkeiten der Freikletterei bei günstigen Bedingungen noch nicht vollkommen ausgeschöpft sind.

Wenn der VI. Grad als die nicht überbietbare Grenze des Menschenmöglichen eingeführt wurde, so heißt das nicht, dass diese

Kletterer am Heiligkreuzkofel-Mittelpfeiler

Inzwischen wurden entsprechende Leistungssteigerungen erzielt, und weitere sind zu erwarten. Eine Erweiterung und eine Offenhaltung der herkömmlichen Skala nach oben hin scheint unumgänglich. Aus arithmetischen und historischen Gründen dürfte VI, VII, VIII (und nicht VI a, VI b, VI c ...) besser sein.

Egon Pracht

Grenze nicht durchbrochen werden kann. Das starre Festhalten an den sechs Schwierigkeitsgraden hat zur Folge, dass die Routen alle zehn Jahre abgewertet werden müssen, dass der sechste Schwierigkeitsgrad ein Sammelbegriff für eine Reihe von äußerst schwierigen Anstiegen geworden ist, die sich in Wirklichkeit bis zu zwei Graden unterscheiden. Auch wenn man die Sechser-Touren unter Berücksichtigung von A0 klettert, das heißt, wenn man an Freikletterstellen vorhandene Haken weder als Griffe noch als Tritte benützt, ist die »Via dell'Ideale« (VI) an der Marmolada d'Ombretta um einen halben Grad schwieriger als die Philipp-Flamm-Verschneidung an der Civetta (VI), die Direkte Nordwand am Zweiten Sellaturm (V+) um einen Grad schwieriger als die Tissi-Führe am Ersten Turm (V–VI); der Tofanapfeiler (VI+) ist leichter als der Mittelpfeiler am Heiligkreuzkofel (VI), manche Yosemite-Tour zweifellos zwei Grade schwieriger als die Direkte Südwand der Marmolada di Rocca (VI). Dieses Chaos der Bewertung im obersten Schwierigkeitsbereich vergrößert sich in diesen Jahren noch, da die Schwierigkeitsskala nicht nach oben hin offen ist.

Diese Sechserskala ist überholt, schon lange unbrauchbar, als fester Begriff nur nutzbar, wenn es einen VII., VIII., IX., … Grad gibt. Die Zahlen sind anschaulich, nur die Wortbezeichnungen »sehr schwierig, äußerst schwierig, überaus schwierig« sind verwirrend. Ich hatte damals ein feines Gefühl für die einzelnen Grade bis VI., für die Abstände der Stufen. Nur im obersten Bewertungsbereich fand ich mich nicht zurecht. Das liegt wohl an den alten Definitionen des sechsten Grades: VI = absolute Grenze des Kletterbaren. Man konnte doch auch nach den 10,0 Sekunden beim Hundertmeterlauf von Armin Hary nicht sagen: »Das ist die schnellste Zeit, die jemals gelaufen werden wird, schneller geht's nicht, deshalb zählen die Zeiten darunter nicht, die messen wir gar nicht.«

Natürlich, die Fortschritte stellen sich immer langsamer ein, je mehr wir uns dem Maximum nähern, aber sie sind da, und sie sollten nicht a priori ausgeschlossen bleiben. Ich habe schon in den siebziger Jahren eine gewaltige Steigerung der Kletterkunst prophezeit. Ohne Resonanz. Ich habe den sechsten Grad niemals als die Grenze des Menschenmöglichen im Bergsteigen definiert. Denn wenn der sechste Grad als solche, mathematisch als Limes, definiert würde, gäbe es ihn in der Realität nicht. Es gäbe keine Route des sechsten Grades, weil niemand von sich behaupten kann, die Grenze des Menschenmöglichen erreicht zu haben. Ein Kletterer kann höchstens seine eigene, persönliche Leistungsgrenze erreichen, und er wird immer versuchen, genau diese anzustreben, auch wenn sie sich im Lauf der Zeit verschiebt.

Durch Anstrengung und Konzentration, durch Anspannung und durch von Angst erzeugtem Stress wird der Kletterer nicht süchtig, aber wacher für seine nächste und weitere Umgebung. Er sieht die Dinge neu, mit einer Klarheit und geistigen Beweglichkeit, wie sie zum Beispiel auch durch Meditation erreicht werden kann. Vor allem aber sieht er sich selbst in einem neuen Verhältnis zur Welt, er gerät für begrenzte Zeit in einen Zustand erweiterten Sehens und das »Unmöglich« verändert sich in seiner Vorstellung. Diese Erlebnisse sind den Kletterern vor allem an ihrer eigenen Leistungsgrenze zugänglich. Das heißt nicht, dass solche Zustände dem Extremen vorbehalten sind, nein, jeder, sei er im zweiten oder im sechsten Grad zu Hause, kann diese Erfahrungen machen. Ein großer Könner allerdings muss längere, schwierigere Touren klettern, um in diesen Zustand des erweiterten Sehvermögens zu gelangen. Der Wunsch danach wird das Leistungsniveau unaufhaltsam in die Höhe treiben. Albert Precht ist ein Exempel dafür.

Aber auch Leistungsdenken und Erfolgszwang dürfen sein. Auch sie regen immer wieder zu größeren, schwierigeren Klettereien an. Der »Erfolg« ist insofern mitverantwortlich für die Tendenzen der sportlichen Kletterei, als die Lust an einer Tätigkeit im Allgemeinen von deren Erfolg abhängt. Mangel an Erfolg mindert den Tätigkeitsdrang.

Nach welchen Listen oder nach welchem Marktwert aber wird dieser Erfolg gemessen, da beim Klettern kein Produktionserfolg nachzuweisen ist? Zweifellos nach der Schwierigkeitsskala und

Die VI+ der UIAA-Skala als »Grenze des Menschenmöglichen« ist absurd, so subjektiv, dass es eine objektive Bewertung unmöglich macht. »Bouldering«, risikoloses Klettern unter optimalen Verhältnissen, zeigt wohl am besten, welche Kletterschwierigkeiten im Bereich des Menschenmöglichen liegen. Kurt Albert

Albert Precht

der Bedeutung der Touren; Der Walker-Pfeiler zählt mehr als die Aiguille-du-Midi-Südwand, die Fleischbank-Südostwand weniger als die Direkte Nordwand der Laliidererspitze.

Die Begegnung Berg – Mensch hat keine feste Grenze. Sie kennt aber das jeweils Machbare. Dieses wird immer wieder neu festgelegt. Im höchsten Schwierigkeitsbereich aber gingen nicht nur die Problemstellungen aus, wenn grenzenlos technische Hilfsmittel eingesetzt würden, auch diese Grenze würde verwischt. Deshalb haben sich viele Kletterer im gleichen Maße, wie die technischen Hilfsmittel sich vervollkommnet haben und wirksam wurden, Beschränkungen auferlegt, um sich jene Spannung zu bewahren, eine bestimmte Gefahr auch, um Berg und Mensch nicht in ein gar zu großes Missverhältnis zu bringen.

Die besten Kletterer der siebziger Jahre haben diesen sportlich-klassischen Weg eingeschlagen. Sie lächeln über die Bohrmaschine Cesare Maestris am Cerro Torre oder die »Brasilien-Expedition« einiger Tiroler Bergführer zum Zuckerhut.

Heute werden Besteigungen von intelligenten Leuten nicht mehr nach deren Publicity-Erfolgen gemessen, vielmehr an der Eleganz, an den Schwierigkeiten und danach, wie diese überwunden wurden. Man strebt ein Ideal an, das Ideal der eleganten, möglichst geraden und unübertrefflich schwierigen Route.

Dieses Ideal ist ein Grenzwert, ein Limes, den niemand je erreichen wird. Wir können uns ihm nur nähern. So, wie die Hundertmeterläufer ihre Strecke niemals in 5 Sekunden laufen werden oder die Stabhochspringer niemals auf 10 Meter kommen werden. Trotzdem wäre es vermessen, die 9,6 Sekunden oder 7 Meter zu unüberbietbaren Grenzen des Erreichbaren zu erklären. In diesen wie in anderen Bereichen lässt man die Skala nach oben hin offen für neue Rekorde, als Ansporn, als Faszination für alle künftigen Generationen.

Ebenso vermessen ist es, in den siebziger Jahren den sechsten Grad als die unüberbietbare Grenze des frei Kletterbaren hinzustellen. Natürlich haben wir es hier nicht mit einer exakt messbaren

Skala zu tun, sondern mit Schätzwerten. Ich habe immer schon behauptet, dass es Kletterer geben wird, die die herkömmlichen extremen Schwierigkeiten als leicht empfinden werden.

So sehr ich eine Kletterolympiade, ein Klettern auf Zeit, ein Klettern nach Punkten, überhaupt jedes Wett- und unmittelbare Vergleichsklettern ablehne, wenigstens im Gebirge, so sehr fazinierte mich der Gedanke an den siebten Schwierigkeitsgrad. Die Schwierigkeitsskala muss nach oben hin geöffnet werden, sie muss unbegrenzt offen sein. Dann erst kann man wagen, Führen mit VI oder VI+ zu bewerten. Und ich bin gespannt, wer die erste VII klettert.

Meine Ansicht damals: »Das Ziel des sportlichen Kletterns sehe ich nur im Streben nach immer größeren Schwierigkeiten bei freiwilligem Verzicht des Menschen auf seine Überlegenheit dank der Technik. Um in der Schwierigkeitsskala nach vorne zu können, müsste der Kletterer im Gebrauch künstlicher Hilfsmittel freiwillig einen Schritt zurück tun. Allein durch besseres Training, durch Geschicklichkeit, durch viel Erfahrung gewinnt der Kletterer die Sicherheit, die ihn dem sechsten Grad soweit überlegen sein lässt, dass er ihn allein klettern kann, im Auf- und Abstieg, im Winter. Er wird sich dann im Bereich des sechsten Schwierigkeitsgrades des Erfolges bei guten Verhältnissen zu sicher sein und noch größere Schwierigkeiten suchen, um wieder seine Leistungsgrenze und die damit verbundenen Erlebnisse zu erreichen. Natürlich muss dabei jede Seillänge abgesichert sein, die Standplätze müssen stimmen. Sicherung aber darf fehlendes Können nicht kaschieren.

Wenn es stimmt, was amerikanische Wissenschaftler in jahrelangen Versuchen erarbeitet haben, dass ›Zielvorstellungen und Zielsetzungen vornehmlich in Bereichen ungewissen Ausgangs entstehen‹, wenn der freiwillige Verzicht auf die technische Überlegenheit des Menschen am Berg bei der nächsten Bergsteigergeneration anhält, wenn eine nach oben hin offene Schwierigkeitsskala eingeführt wird, kommt es auch in den Alpen zu einer Explosion der Kletterkunst. Das Klettern wird eines andauernden Fortschritts fähig.«

Nach meiner Ansicht ist nur die nach oben offene und entwicklungsfähige Schwierigkeitsskala sinnvoll. Manche Experten reden ja schon vom VIII. Grad. Robert Bechem

Was versteht man unter Standplatz? Man glaube ja nicht, dass es sich dabei um kleine Balkone oder Terrassen handelt, die einige Meter oder Fuß breit sind. Es genügt schon, wenn die Sohlen der Kletterschuhe darauf ruhen können; die Absätze brauchen nicht Platz zu finden. Wichtig ist nur, dass man so lange mehr oder weniger aufrecht darauf stehen kann, als notwendig ist, einen Haken einzuschlagen. Emilio Comici

HELMUT KIENE IN DEN
»PUMPRISSEN« AM
FLEISCHBANKPFEILER

Helmut Kiene bei der ersten Begehung
der »Pumprisse«

Das Verdienst von Reinhard Karl und Helmut Kiene ist es nicht nur, die »Pumprisse« erstbegangen zu haben. Die Bewertung der Tour mit VII ist ebenso wichtig. Der Mut, eine neue Tour einfach mit VII zu bewerten, und die klare Argumentation von Helmut Kiene zwingen die Kletterer zum Nachdenken, zum Umdenken. »Routen, die schwieriger sind als bisherige VIer-Touren, bekämen den Schwierigkeitsgard VII, noch schwierigere Klettereien Grad VIII usf.« Ja, um aus dem Dilemma der gegenwärtigen Verwirrung herauszufinden, gibt es nur einen Ausweg: das Fallenlassen der starren Welzenbach-Skala und eine nach oben hin offene Schwierigkeitsbewertung.

Helmut Kiene hat sie so erfunden: »Noch vor wenigen Jahren – es war dies die Zeit meiner bergsteigerischen Jugend – wurden unter Bergsteigern Felspassagen, die so abweisend, überhängend oder grifflos waren, dass man nicht einmal den besten Kletterern zutraute, irgendwie hochzukommen, als Kletterstellen des Schwierigkeitsgrades sieben angesehen. Der Bereich jenseits des sechsten Grades, das Reich des ›Siebeners‹, war die geheimnisvolle Welt des absolut Unmöglichen. Das lockte. Besser als die Besten zu sein, das angeblich Unmögliche herüberzureißen in das Machbare, das waren himmelhohe Träume für eine junge Seele.«

Ihm wird klar, dass die Alpenskala der Schwierigkeitsbewertung mit ihrem »äußerst schwierig« in Form eines obersten, sechsten Grades unhaltbarer Unsinn ist.

Kiene: »Sie dient in ihrer damaligen sechsstufigen Form nicht nur ihrem eigentlichen Zweck, der Beurteilung klettertechnischer Schwierigkeiten von Bergtouren, sondern auch einer heimlichen Demonstration sich selbst einschätzender Eitelkeit unter Bergsteigern. Denn: Was muss ich wohl für ein falbelhafter Kletterkönner sein, wenn ich zum Beispiel das, was allgemein als ›Sechser‹ eingestuft wird, nur als einen ›Fünfer‹ beurteile.«

Kiene erlebt selbst, dass er sich bei Klettereien mit angeblich äußersten Schwierigkeiten bei weitem nicht immer an der vielbeschworenen »Sturzgrenze« bewegt. Er ist sicher, dass er etliches an Klettervermögen zulegen kann. Was erst mögen irgendwelche Phantomkletterer vollbringen!

Das Dilemma ist also in seiner Fragwürdigkeit durchschaut. Der siebte Grad muss und wird irgendwann eröffnet werden. Die Frage ist nur noch: wann und von wem? Das Problem ist für Kiene ein logisches und es ist von theoretischem Anreiz. Allerdings muss noch der praktische Nachweis der Notwendigkeit des Öffnens der Alpenskala nach oben erbracht werden. Genau das will Helmut Kiene tun:

»Schon 1970 war ich mehrfach mit meinem Cousin Immo Engelhardt unterwegs, um ›den siebten Grad einzuführen‹. Unter anderem bemühten wir uns einmal, die Rissreihe rechts der Rebitsch-Risse am Fleischbankpfeiler im Wilden Kaiser zu erklettern – also genau da, wo heute die ›Pumprisse‹ hochführen.

Um die Risse überhaupt zu erreichen, galt es, in überhängendem und brüchigem gelben Fels Haken zu schlagen und nach rechts zu queren. Wir hatten damals nur ein armseliges Sortiment unpassender Felshaken in unserem Besitz. Gerade als ich nach längeren Versuchen, einigermaßen haltbare Haken in dem Quergang unterzubringen, den Riss mit der Hand erlangen konnte, sprang mir der Haken, in dem ich gerade mit meiner Trittleiter stand, ins Gesicht.

Die Schwierigkeitsskala müsste nach oben hin geöffnet werden. Routen, die schwieriger sind als bisherige Vler-Touren, bekämen den Schwierigkeitsgrad VII, noch schwierigere Klettereien den Grad VIII usf. Um aus dem Dilemma der gegenwärtigen Schwierigkeitsbewertung herauszukommen und zu einer vernünftigen Schwierigkeitsskala zu finden, gibt es nur einen Ausweg: Fallenlassen der verwirrenden Verbalskala mitsamt dem Ausdruck »äußerst schwierig« und Öffnung der Schwierigkeitsskala nach oben hin. Helmut Kiene

Reinhard Karl

Gegen eine Öffnung der Skala nach oben spricht eigentlich nur, dass es manche Leute nicht glauben wollen, dass heute schwieriger geklettert wird als früher. Ihnen wünsche ich viel Vergnügen in den »Pumprissen« oder auch bei einer hakenlosen Begehung der Schüsselkar-Südostwand.
Sepp Gschwendtner

Mit einem weiten Schaukelschwung pendelte ich zurück unter die Rebitsch-Risse.«

Fünf oder sechs Haken brechen aus. Keiner hat Lust, den durch den Sturz entnagelten Quergang wieder zu erneuern. Sie seilen ab. Endlich – 1977 – ist die Zeit reif, die sechsstufige Skala umzustoßen. Endgültig.

Kiene: »Ein bisschen selbstständig am Rad der Geschichte zu drehen (auch wenn es nur die unbedeutende Geschichte des Bergsteigens sein sollte), ein wenig Revolution des kleinen Mannes zu spielen – das war es, was mich damals reizte.

Inzwischen war mir nicht nur die logische Notwendigkeit des siebten Schwierigkeitsgrades, sondern auch der Weg zu seiner praktischen Verwirklichung aufgegangen, wie er – und das muss betont werden! – von Bergsteigern früherer Jahre auf diese ausgeprägte Weise kaum eingeschlagen worden war.«

Das Geheimnis der Kiene-Methode heißt Training.

»Im Frühsommer 1977 leistete ich jeden Tag meinen Frondienst: Ich querte an einer langen Mauer von links nach rechts und von rechts nach links und wieder zurück und noch einmal und noch einmal, bis sich mein Unterarmumfang erheblich vergrößert hatte. Wenn nun bei einer Erstbegehung die zu bewältigenden Kletterstellen so schwierig würden, dass ich die Möglichkeit hätte, mich ganz zu verausgaben, so müsste die Kletterei mit Schwierigkeitsgrad sieben bewertet werden«, folgert Kiene.

Es kann losgehen. Helmut Kiene hat mehrere Erstbegehungsmöglichkeiten zur Auswahl. Wieder entscheidet er sich für die Rissreihe am Fleischbankpfeiler. Diesmal ist Reinhard Karl aus Heidelberg mit von der Partie. Ihre umstürzlerischen Absichten bestehen darin, der alpinen Öffentlichkeit darzulegen, dass die Einführung des siebten Grades notwendig und diese Einführung schon geschehen ist.

Kiene: »Es war um die Mittagszeit des folgenden Tages, als ich an dem Haken hing, der vor nun inzwischen sieben Jahren meinen damaligen Pendelsturz abgebremst hatte. Ich war gerade dabei, an dem ersten neuen Haken des Quergangs herumzudengeln, als unter uns in der Steinernen Rinne ein Mann stehen blieb.

›Ist das eine Erstbegehung?‹, schallte sein Zuruf zu uns herauf. Was ging das den an?

›Nein‹, brüllte ich zurück aus der frechen Laune des Augenblicks heraus und hoffte, er würde sich vertrollen. Der Mann ließ sich jedoch nieder und beobachtete uns. Die Strafe für mein Schwindeln folgte auf dem Fuß. Drei Meter weiter sprang mich ein Haken an, und ein Pendelsturz beförderte mich in die Hängelage unterhalb des Überhangs. – Da hatte der Schreier nun was zu schauen.

Doch diesmal waren es insgesamt nur zwei Haken, die vor meinem Klettergürtel baumelten. Der Quergang war bald wieder restauriert, und ich konnte drüben den ersten Stand in der Rissreihe beziehen.

Während Reinhard nachkletterte, plagte unseren Zaungast drunten in der Steinernen Rinne wieder die Neugier.

›Wie heißt diese Route?‹, wollte er wissen.

Ja, wie hieß sie denn? Keine Ahnung. Im Kaier gibt es viele Doppelnamen als Routen-Bezeichnung: Lackner/Langer, Rebitsch/Spiegl, Asche/Luck …

›Messner/Robbins‹, schrie ich zurück.

Es war für jeden Eingeweihten sonnenklar, dass weder Messner noch Robbins je ausgezogen wären, um dem Wilden Kaiser mit einer Erstbegehung das Fürchten zu lehren, geschweige denn, dass sie miteinander geklettert wären. Und es war sonnenklar, dass ich vorher gelogen hatte.

Die Rissreihe hielt mehr als sie versprochen hatte. Sie wartete nicht nur mit den erhofften Schwierigkeiten auf, sondern entpuppte sich als eine Folge von Kletterstellen, wie sie in dieser rassigen Schönheit nur selten zu finden sind.

Als wir am Spätnachmittag auf der Stripsenjoch-Hütte eintrafen, trat ein freundlicher junger Mann – unser Zuschauer – auf uns zu und fragte, was es denn mit dieser Tour auf sich habe, in der er uns beobachtet hätte: wie sie hieße, wie schwer sie sei.

Weil wir in den furchtbaren Rissen pumpten wie die Maikäfer auf dem Hochzeitsflug, nennen wir unsere Tour »Pumprisse«. Helmut ist überzeugt, dass es mindestens VII. Grad ist, der erste Siebener in den Alpen.
Reinhard Karl

1978 beschließt die UIAA, den durch die Veröffentlichung ausgelösten Diskussionen Rechnung tragend, die längst überfällige unbegrenzte Öffnung der Alpenskala nach oben. Darüber hinaus aber scheint dieses Ereignis für die Freikletterbewegung hierzulande wie eine Initialzündung gewirkt zu haben.
Elmar Landes

Zu diesem Zeitpunkt hörte ich von der sagenhaft schwierigen Kletterei am El Capitan im Yosemite Valley in Kalifornien. Der El Capitan sollte so schwierig sein, dass es für Alpenkletterer dort keine Chance gab.

Reinhard Karl

Reinhard Karl am El Capitan

Rechte Seite:
Hanspeter Eisendle an der »Nose« am El Capitan

Ja, es sei doch eine Erstbegehung gewesen, gab ich nun zu. Ich würde sie gern »Pumprisse« nennen, weil ich an Reinhards bilderreicher Sprache so sehr Gefallen gefunden hatte, der in seiner Pfälzer Ausdrucksweise widerspenstige Klettereien nicht einfach hochklettert, sondern sich dort ›hochpumpt‹. Und was die Bewertung betrifft, so bliebe wohl nichts anderes übrig als der Schwierigkeitsgrad sieben.«

»Eine Erstbegehung im Schwierigkeitsgrad VII« steht in den nächsten »Mitteilungen« des DAV zu lesen.

Weil die klettertechnischen Schwierigkeiten der Erstbegehung die Schwierigkeiten anderer ›schwierigster‹ Alpenklettereien fühlbar übersteigen, entschließen sich Kiene und Karl, für die Neutour am Fleischbankpfeiler den Schwierigkeitsgrad VII anzugeben. In den fünf Rissseillängen verwenden sie nur Klemmkeile, keine Felshaken zur Zwischensicherung. Klemmkleile setzen sie nur zur Sicherung ein, benützen sie nicht als Griffe. Wiederholer sollen die Risse nicht mit Haken verschandeln. Reinhard Karl reist weiter ins Yosemite Valley und erfährt in der Salathé-Route am El Capitan eine neue Dimension des Freikletterns: Die Amerikaner sind den Europäern weit voraus.

DER TURM ZU BABEL

1971–1985

FREIKLETTERN KOMPROMISSLOS

In dem Jahrzehnt zwischen 1975 und 1985 geschieht eine Wende, eine Periode der Veränderungen in der Einstellung zum Klettern. Die Kletterer haben den Wunsch, ihre Beweggründe, ihre Motivationen neu zu überdenken und neu zu bewerten. Vom Gelegenheitsbergsteiger bis zum Hyperspezialisten wird es einen Sinneswandel geben, das ist meine Überzeugung.

Jean-Claude Droyer

1980 … Es gibt so vieles, was wir heute tun und was uns vor zehn Jahren verrückt erschienen wäre. Und dies nicht nur im Klettergarten. Nein, auch in den großen Wänden, in der Abgeschiedenheit Alaskas und sogar an den Achttausendern. Die Schwierigkeiten selbst haben sich nicht verändert, auch die dünne Luft in der Höhe nicht oder die Gefahr in der Todeszone; verändert haben sich unsere Vorstellungen von uns selbst und die Vorstellung von unseren Fähigkeiten.

Was vor ein paar Jahren noch unmöglich war, ist jetzt ohne weiteres machbar, und vielleicht ist es wirklich nur eine Frage der Zeit, bis alle Grenzen und Grade aufgehoben werden können.

Von den neuen Touren ist eine schwieriger als die andere. Wer nicht trainiert, hat im obersten Schwierigkeitsgrad keine Chance. Eine konsequente Leistungssteigerung wird erkennbar. Man meistert neue, noch vor Jahren undenkbare Routen. Einstmals technisch gekletterte Stellen werden frei gemeistert. Nach zahlreichen Versuchen, oft mit Stürzen, die im steilen amerikanischen Granit meist harmlos sind, gelingt die eine oder andere Tour frei. Sicher, es dauert oft lange, bis eine technische Tour frei erklettert wird. Auch zählen nur vollständige Freibegehungen. Wenn künstliche Mittel zum Fortbewegen benützt werden, ist künstlich geklettert worden, egal ob nur ein Haken oder zehn als Griff dienen.

Konsequenter als bei uns ist diese Art des Kletterns in den USA wiederbelebt worden. Als Summe der Preußschen Klettervision und gekonnter Absicherung. »Clean climbing« heißt der Sammelbegriff für sauberes Klettern, wobei keine Spuren (Haken) zurück bleiben. Einen Klemmkeil entfernt man schneller als einen Haken. Es werden also fast ausschließlich Leichtmetallklemmkeile als Zwischensicherung und auch zum Fortbewegen in technischen Seillängen verwendet. Mit Hilfe von Keilen kann man manchmal sogar große Dächer überwinden. Wegweisend für diesen Stil des »sauberen Kletterns« wurde die Broschüre »Clean climbing« von Yvon Chouinard, Tom Frost, Royal Robbins und John Stannard aus den frühen sechziger Jahren, in welcher die Spielregeln und Prinzipien des neuen Stils umfassend ausformuliert wurden. Sie wurden für den größten Teil der kletternden Amerikaner Selbstverständlichkeit und beeinflussen auch weite Kreise der Kletterer unseres Kontinents, nachdem Henry Barber Europa besucht.

Henry Barber

Yvon Chouinard kletterte vor Jahren schon die berühmte »Nose« am El Capitan in diesem Stil. Die fixen Bohrhaken in den Schlussüberhängen wurden benutzt, denn auch dem »clean climbing« waren Grenzen gesetzt. Nur Schritt für Schritt nähert man sich dem Ideal des Freikletterns. Aber auch das technische Klettern wird weiterentwickelt.

In den USA ist inzwischen Jim Bridwell, ein Texaner, zum neuen Star der Bigwall-Szene geworden. Innerhalb von 15 Jahren schafft Jim Bridwell die »Nose« an einem Tag, drei neue Routen am Half Dome und sechs am El Capitan. Dazu gehören »Sea of Dreams« und »Pacific Ocean Wall«.

Zum ersten Mal in der Geschichte des Kletterns stehen die Amerikaner an allererster Stelle. Chris Jones

Jim Bridwell

Andere Bigwall-Spezialisten wie Charlie Porter, Dale Bart und Hugh Burton sind nicht weniger ausgeflippt als Bridwell – ›the bird‹ genannt –, rauchen Marihuana und nehmen andere Drogen, und die Routennamen klingen danach: »Mescalito«, »Excalibur«, »Cosmos« und »Tangerine Trip«. Ihr klettertechnisches Niveau ist außergewöhnlich hoch.

Bald schon heißen die bekanntesten Extremkletterer John Bachar, Ron Kauk sowie Ray Jardine, und Bilder von »Separate Reality« gehen um die Welt. Erst jetzt, da viele Spitzenkletterer aus Europa

Alessandro Gogna

Die Einführung von Nylonseilen und Chromoly-Haken in den fünfziger Jahren, wieder zu entfernenden Sicherungsvorrichtungen in den Sechzigern und mechanisch gefederten Sicherungsgeräten in den Siebzigern revolutionierten das Freiklettern auf der ganzen Welt. Lynn Hill

ihre Pilgerfahrten ins Yosemite Valley unternehmen – die Briten Pete Livesey und Ron Fawcett, der Franzose Jean-Claude Droyer, die Deutschen Reinhard Karl und Wolfgang Güllich, die Italiener Franco Perlotto und Alessandro Gogna – schwappt die Yosemite-Schule auf den europäischen Kontinent zurück.

Kletterschuhe mit glatter Sohle, verbessertes Haken-Material, ständiges Training und die Lust, das Freiklettern bis an die Sturzgrenze zu wagen, werden übernommen.

Im Yosemite werden als Folge der von John Salathé begonnenen Revolution die Haken aus Spezialstahl industriell hergestellt – von Yvon Chouinard, einem ausgezeichneten Alpinisten, der sich schnell einen großen Namen im alpinen Ausrüstungs- und Bekleidungsbereich macht. Zu den klassischen Messerhaken und U-Profilhaken kommen Mikrohaken wie die Rurps und Makrohaken wie die Bongs, die auch in den Alpen verwendet werden. Die Amerikaner denken sich neue Formen und Maße für die Klemmkeile (Nuts oder Chocks) aus und Ray Jardine konstruiert die ersten Friends, komplizierte Werkzeuge, die sich in Rissen verklemmen lassen und wieder gelöst werden können. Dazu kommen Skyhooks (Stahlhaken) und großartiges Freikletterkönnen. Verschwenderischer Einsatz der Haken und Bohrhaken ist verpönt. Diese »Kletterethik«, die auf dem Respekt vor der Natur und dem Wunsch, diese so unversehrt zu hinterlassen, wie man sie vorgefunden hat, gründet, verändert nochmals die Kletterkunst.

Schon 1973 haben Doug Robinson, Dennis Hennek und Galen Rowell die von Royal Robbins eröffnete Route am Half Dome ohne einen einzigen Haken wiederholt und so bei Paul Preuß angeknüpft. Die Botschaft vom »sauberen Klettern« geht um die Welt.

Jean-Claude Droyer, ein Kletterer aus Paris, wagt in diesen Jahren die Begehung der großen klassischen Routen wie der Cassin-Führe an der Westlichen Zinne und der Carlesso an der Torre di Valgrande in vollkommen freier Kletterei und Maurizio Zanolla, genannt »Manolo«, geht noch einen Schritt weiter. Seine Route sowie die »Precipizio degli Asteroidi« im Val di Mello und die

»Pumprisse« im Wilden Kaiser werden als VII. Grad akzeptiert. Das Klettern ist im Umbruch.

Heinz Mariacher wetteifert mit »Manolo« um die Vorrangstellung als bester aktiver Kletterer in den Dolomiten. Sein Reich sind die kompakten Plattenwände in der Südwand der Marmolada. Am liebsten aber klettert er in den Felsen im Val di San Nicolò, wo ihm unglaublich schwierige Freikletterpassagen gelingen. Die Kletterkunst explodiert.

Lorenzo Massarotto überträgt – vor allem in den Pale di San Lucano – diese hohen Schwierigkeiten ins Gebirge. Die achte Seillänge am Spiz de la Lastia ist die schwierigste in seiner Bergsteigerkarriere. Es handelt sich um eine kompakte, 45 Meter hohe Platte zwischen dem siebten und achten Grad, in die Lorenzo Massarotto sechs der elf Haken schlägt, die er auf der ganzen Route braucht.

Aber erst als die jungen Tschechoslowaken Igor Koller und Indrich Sustr im August 1981 den »Weg durch den Fisch« im kompakten Plattenschuss der Marmolada d'Ombretta eröffnen, ist der nächste Schritt getan. Die Route – von Mariacher, Manolo und Luisa Jovane entdeckt und versucht – wird zur »großartigsten« in den Dolomiten. Mariacher und Bruno Pederiva können sie, mit dem achten Grad bewertet, vollkommen frei klettern.

1982 gelingt Heinz Mariacher und Luisa Jovane die Route »Moderne Zeiten«, ein extrem schwieriger Weg über die Platten der Marmolada di Rocca mit Passagen am Rand des achten Grades.

Den nächsten Schritt wird Maurizio Giordani tun. Nach einer schnellen Wiederholung der »Via Ideale« und der »Modernen Zeiten« im Alleingang gelingt ihm mit den Erstbegehungen von »Specchio di Sara« (1988) und »Andromeda« (1989) der achte Grad. 1990 folgt der »Fisch« im Alleingang.

Mit »Tempi Modernissimi« (»Modernste Zeiten«) – eine 300 Meter lange Route, die zuerst präpariert und dann frei geklettert wird – nähert sich Mariacher dem zehnten Grad. Ein neuer Stil?

Beim »free climbing« – im Unterschied zum »clean climbing« – dürfen jetzt überhaupt keine künstlichen Mittel (Keile, Haken) als

Der »Weg durch den Fisch«

Da gibt es eine ungewöhnlich schwierige Passage (oberer siebter Grad) mit einem sehr schlechten Haken als einziger Absicherung in sieben Metern Entfernung. Da meint man doch, dass Sustr mit seinen gerade mal 17 Jahren nicht ganz richtig im Kopf war, als er da vorangestiegen ist.

Heinz Mariacher

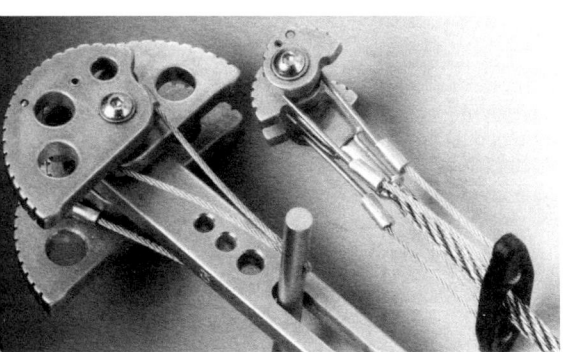

Friends – moderne Sicherungsmittel

Es ist ein himmelweiter Unter-schied zwischen einem VII. Grad im Klettergarten, im Wilden Kaiser oder in einer großen Dolomitenwand.
Heinz Mariacher

Fortbewegungshilfen verwendet werden. Auch nicht zum Rasten. Das heißt aber nicht, dass man auf die Zwischensicherung verzichtet. Im Gegenteil, sie sind Voraussetzung für das gewagte Freikletterspiel. Man darf sie nur nicht anfassen. In amerikanischen Führern werden neben den Erstbegehern oft schon die ersten Freikletterer einer Route erwähnt.

In diesem Stil habe ich vor Jahren die Südwand am ersten Sellaturm wiederholt. In der ersten Seillänge wäre ich um ein Haar heruntergefallen, und nur, weil ich die Tour gut kannte, kam ich durch. Es fehlten alle Zwischenhaken und ich hatte weder Hammer noch Haken dabei. So kletterte ich eine Tour, die um einen Grad schwieriger war als im Normalzustand.

Aber nicht nur klassische Sechser-Touren werden inzwischen wieder vollkommen frei geklettert, auch die »Comici« an der Großen-Zinne-Nordwand und die »Brandler/Hasse« an der Rotwand im Rosengarten. Und dies ist möglich, obwohl die 160 Haken, die 1958 eingesetzt worden sind, »damals den Mindestaufwand darstellten, der diesen Wanddurchstieg möglich machte«.

Allerdings wird es kaum gelingen, das Freeclimbing in den Alpen so konsequent zu verwirklichen wie im Yosemite. Dafür fehlen bestimmte Voraussetzungen: die beständige kalifornische Sonne, fester Fels, Risse. Oft sind unsere Führen nass, wir werden von Gewittern überrascht, man ist gezwungen, die Route auf irgendeine Weise zu verlassen. Stein- und Eisschlag kommen dazu. Im Wettersturz ist man froh um jeden Haken. In großen Alpentouren kann man selten an die Sturzgrenze gehen, die Verletzungsgefahr ist zu hoch. Aber alte Haken, an denen man sich früher gehalten hat, sind Stürzen so und so nicht gewachsen und es gilt sich gut abzusichern, will man das Freiletterkönnen steigern. Geübt wird in Mittelgebirgen und Klettergärten. Aber die großen Alpenrouten haben nicht Klettergartencharakter, und doch bemüht sich die junge Generation, auch dort freier, sauberer zu klettern. Sie hat, ohne einen Kodex zu erarbeiten, für ihr Bergsteigen »gewisse Übereinkünfte, nicht nur lokaler Art, gefunden. Gegnerschaften gegen solche Übereinkünfte kommen hauptsächlich von jenen, deren Aktivitäten sich unter anderem in einer Glorifizierung der Vergangenheit erschöpfen«. (Sepp Gschwendtner)

Die Kritiker sehen in der neuen Kletterethik »den selbstherrlichen Abbau bewährter, unverzichtbar scheinender klettersportlicher Grundsätze«, vergessen aber, dass die neue Freikletterwelle gar keine allgemeingültigen Grundsätze impliziert.

Viele Bergsteiger in den Alpen sind sachlicher gworden. Pseudophilosophisches ist verpönt. Wir leben im Zeitalter des Freizeitalpinismus, und viele Spitzenbergsteiger verstehen sich als Hochleistungssportler. Wieder bringen die Engländer, die mit Beginn der Industrialisierung das Bergsteigen entdeckten und es mit ihrem typischen Understatement immer schon kühler, als Schule der Disziplin betrieben, neue straffe Töne in die Diskussion. Sie setzen sich wie früher für einen Alpinismus »by fair means« ein: mit fairen, sportlichen Mitteln, nicht mit immer raffinierterem technischem Gerät, lautet ihre Vision. Ebenso denken und handeln die jungen Amerikaner, die im reinen sportlichen Klettern ohne künstliche Hilfsmittel führend sind. 15 Jahre lang.

Wie in den USA ist es 1980 auch in den Alpen selbstverständlich, zur Sicherung weniger Haken zu schlagen. Albert Precht ist der stille Vorreiter dieser Ethik.

»Push it up to your limits« ist der Wahlspruch der jungen Yosemite-Kletterer, und alles Philosophieren über die Berechtigung des Risikos, alles Diskutieren über verschiedene Sicherungsmethoden ist zweitrangig hinter diesem Verlangen, die eigene Leistungsgrenze zu erproben. Die jungen Amerikaner sehen sich als Spitzensportler, trainieren monatelang für eine bestimmte Kletterei, und niemand findet etwas dabei. Aber untereinander sind sie tolerant. Es verachtet nicht der »Bigwall-Climber« den »Boulderer« oder der Expeditionsbergsteiger den Hochgebirgswanderer. Jeder betreibt das Bergsteigen ganz nach Lust und Laune. »Du darfst, was du kannst« scheint ihr Grundsatz zu sein, was übrigens schon Lammer predigte.

Albert Precht in »Royal Slab's« am Hochkönig

Das Felsklettern, einst als Unterabteilung des Bergsteigens betrachtet, ist mittlerweile so anders geworden, dass sich Facetten davon zu eigenständigen Sportarten entwickelt haben. Bouldern, Indoor-Klettern, Sportklettern, traditionelles Klettern und Bigwall-Klettern. Leo Houlding

Am Ende der sechziger Jahre hatten Tausende von Kletterern Zehntausende von Haken im Yosemite geschlagen und wieder herausgezogen und die natürlichen Risse in entsetzliche Narben verwandelt. Sicher, man könnte die Schäden an den Rissen dadurch vermeiden, dass man die Haken in der Route lässt, aber das würde einer Besteigung einen großen Teil des Abenteuerlichen nehmen. Alpinismus, das ist im Wesentlichen eine Tätigkeit in der Wildnis, und eine Reihe Haken, die sich eine Felswand hochschlängelt, mindert doch sehr die Erfahrung, Teil einer vom Menschen unberührten Natur zu sein. Galen Rowell

Mit dieser Einstellung haben die jungen Amerikaner das Kletterkönnen innerhalb einer einzigen Generation um einige Grade nach oben geschoben. Und die jüngsten unter ihnen, Sechzehn-, Siebzehn-, Zwanzigjährige, glauben nicht daran, dass die Grenze des Kletterbaren schon erreicht ist. In ihren Köpfen hat sich das Mögliche stetig verändert und so schreitet die Methamorphose des Unmöglichen fort. Dreizehnmal hat der junge, fast zerbrechlich schmächtige Craig Martinson die berühmte Half-Dome-Nordwestwand im Yosemite versucht, bis er sie ohne technische Hilfsmittel schaffte. Immer wieder hat er sich abgeseilt, wenn es plötzlich ohne Einsatz von Haken oder »cliff hangers« nicht mehr weiterzugehen schien. Ihm ging es nicht um eine Begehung dieser Wand, sonst hätte er spätestens beim zweiten Versuch die paar nötigen Haken geschlagen und sie »gemacht«. Ihm ging es um das »Wie«. Immer wieder »arbeitet« jemand an der »Nose« – wochenlang in der Wand auf- und absteigend – und irgendwann wird er sie »frei« schaffen.

Das urdeutsche Problem, für alles Tun eine idealistische Rechtfertigung finden zu müssen, kennen die Amerikaner nicht. Bei uns hingegen sind zu viele Klischees lebendig geblieben: Die einen sehen sich im Gebirge als bessere Menschen; zu viele sind »vom Idealismus beseelt«; »bergsüchtig« wollen alle sein, andere suchen möglichst viele und möglichst schwierige Touren zu sammeln, gleichzeitig aber verdammen sie allen Ehrgeiz und jeglichen Stolz auf Leistung.

Man prahlt auf der einen Seite mit den durchstandenen Grenzsituationen, andererseits geht die Tendenz – auch der alpinen Verbände – dahin, das Bergsteigen mit einbetonierten Haken hundertprozentig sicher zu machen. Risiken sollen von vornherein augeschaltet werden. Seit dem Mauerhakenstreit im Jahre 1911 pendelt die Bergsteiger-Ethik in Mitteleuropa zwischen »größere Sicherheit und Schwierigkeit mit Hilfe von vermehrtem Einsatz an technischen Hilfsmitteln« und »größere Sicherheit und Schwierigkeit durch die Steigerung des eigenen Könnens«. Der Zeit des Eroberungsalpinismus, in der es den Pionieren vor allem um die erste Ersteigung aller wichtigen Alpengipfel gegangen war, folgte die Schwierigkeitsphase des Bergsteigens, die geprägt war von den Ideen Hans Dülfers: immer größere Schwierigkeiten mit immer neueren technischen Tricks. Heute, im Zeitalter des Massenbergsteigens, sind nicht nur keine Gipfel mehr zu erobern, es sind auch wenige logische Wanddurchstiege übriggeblieben. Also wohin?

Für mich ist Bergsteigen Kunst oder Sport mit spielerischem Charakter. Deshalb spreche ich von der Kletterkunst. Ob eine Wettkampfdimension darin steckt? Ja, auch bergsteigerische Erfolge sind zähl- und messbar; Ranglisten der führenden Bergsteiger einer Gruppe, eines Vereins, eines Landes und sogar weltweit ließen sich aufstellen. Aber wozu?

Mich reizt vor allem das Kreative beim Klettern: Mich interessiert es nicht, eine mit vorgegebenen und manifestierten Hilfsmitteln und Markierungspunkten versehene Route zum tausendsten Mal nachzuklettern. Was mich reizt, ist die freie Wahl einer bestimmten Tour, die mich wegen ihrer ästhetischen Linie oder wegen bestimmter geschichtlicher Zusammenhänge fasziniert. Zu allererst zählt das souveräne Klettern dieser Tour mit möglichst wenig Vorgaben. Fred Becky und John Long aus den USA sehen es genauso.

Als ich im Sommer 1969, in meiner klettersportlichen Hochform, die damals schwierigste Wand der Westalpen, die Droites-Nordwand, und wenige Wochen später die damals großzügigste Freikletterei der Ostalpen, die Philipp-Flamm-Verschneidung an der Civetta, allein durchstieg, fühlte ich mich dabei nicht weniger sicher als viele Jahre zuvor bei meinen Kletteranfängen am relativ leichten Normalweg der Großen Fermeda. Ich konnte bei diesen Alleingängen auf eine Sicherung großteils verzichten, weil ich mich sicher fühlte. Diese Sicherheit steckte in mir selbst

Etwas völlig anderes war das Wettklettern, wie es damals in den Ostblockstaaten betrieben wurde. Dabei geht es um die schnellste Zeit in einer kurzen Klettergartentour, wobei die Konkurrenten am Drahtseil von oben gesichert werden. Niemand sollte abstürzen können, auch wenn er oder sie den Halt verlor. Es kam dabei also

John Long, der »robusteste Kletterer, der je ins Tal gekommen ist, der die Seillängen frisst, bevor wir eine Zigarette rauchen können«. Bill Westbay

Fred Becky

Civetta-Wand, in der Mitte die
»Philipp-Flamm«

Manchmal fühle ich die grenzenlose Freiheit, wenn ich auf einem winzigen Tritt stehe, von dem ich jeden Moment abrutschen könnte, und mich unendlich langsam, ohne zu atmen, aufrichte – mein ganzes Wesen ist nur Gleichgewicht.

Heinz Mariacher

nicht auf die Sicherheit und Überlegenheit beim Klettern an, sondern allein auf die Geschicklichkeit, die Kraft, die Ausdauer und nicht zuletzt auf die Entschlossenheit, alles auf eine Karte zu setzen, möglichst viel zu riskieren.

Sicher, das Klettern in großen Wänden ohne Sicherung wäre als Show-Sport für Presse und Fernsehen fast so interessant wie Autorennen oder Boxen. Man stelle sich nur vor: fünf der besten Bergsteiger der Welt steigen in die Eiger-Nordwand ein, durchklettern die Wand auf Zeit, beobachtet von Fernsehteams in Hubschraubern. Erster wird, wer am meisten riskiert, wer nach dem Grundsatz »lieber tot, als zweiter« steigt.

Genau um das Gegenteil geht es mir beim Bergsteigen. Der Kletterer muss Zeit haben, jede Bewegung abzuwägen, Wetterstürze abzuwarten, sich bei Steinschlag unter einem Vorsprung zu verkriechen. Frančiek Knez, ein Slowene, sieht es so.

Tempo darf nie zum Wertmaßstab eines direkten Vergleichskampfes beim Klettern in der Natur werden. Das hieße, den Berg als Klettergerüst zu sehen, die Natur zu ignorieren. 1974 haben Peter Habeler und ich die Eiger-Nordwand in nur zehn Stunden durchstiegen. Zwar spielten wir vor dem Einstieg in die Wand mit dem Gedanken, sie an einem Tag, vielleicht sogar in der bis dahin schnellsten Zeit zu bewältigen. Doch mussten wir mit Steinschlag und Wetterstürzen rechnen. Wir hatten deshalb Helme, Biwaksäcke und Nahrungsmittel für mehrere Tage dabei. In der Wand selbst sind wir einfach geklettert, so wie es unser Können, die Wandverhältnisse und die Freude an der Bewegung erlaubten. In dem Augenblick, als wir in den Ausstiegsrissen über eisbezogenen Fels klettern mussten, ging es nur darum, nicht auszurutschen, keinen Fehler zu machen.

Ja, das Bergsteigen kennt inzwischen viele Spielformen. In Amerika, wo es stark von Strömungen des Hippietums beeinflusst bleibt und wo auch Drogen mit im Spiel sind, geht es Kletterern in erster Linie um eine Form der Selbsterfahrung, um einen individuellen Egotrip. Klettern wird so zur Lebensform und Weltanschauung, zur

Suche nach Selbstverwirklichung, nach dem Ausweg aus der Unzufriedenheit im Rädchendasein der Industriegesellschaft.

Zwischen Religion und Leistungssport verstanden, ist das Klettern 1980 auch in Europa an einem Wendepunkt angelangt. Dabei ist nicht bloß die Tatsache, dass Bergsteigen zur Massenbewegung geworden ist, zu berücksichtigen. Die daraus folgende Nivellierung und Erlebnisverflachung sind das Problem. Wer in Bergseilbahnen, in markierten Routen, in der Alpenvereins-Mitgliedschaft eine Art Erlebnisversicherung sieht, kommt von vornherein als Blinder in die Berge.

»Nur die stilreine Freikletterei fordert optimales Können! Nur die stilreine Freikletterei bietet maximalen Erlebnisgehalt am Fels!«, heißt jetzt die Devise.

Im Sommer 1977 durchsteigen Helmut Kiene und Reinhard Karl die so genannten »Pumprisse« am Fleischbankpfeiler im Wilden Kaiser in stilreiner Freikletterei, wobei sie zur Sicherung nur Klemmkeile verwenden, die sie nicht zur Fortbewegung benutzen. Die Wiederholer sind sich einig: »Der von Kiene und Karl angegebene Schwierigkeitsgrad VII ist gerechtfertigt.« Gerade am Fleischbankpfeiler lässt sich dies so deutlich wie vielleicht an keiner anderen Wand konstatieren. Wenig links der »Pumprisse« führen die Rebitsch-Risse vom Tiroler Altmeister zum Gipfel, die auch heute noch ohne Vernagelung als »äußerst schwierige« Freikletterei (VI) bekannt sind. Die »Pumprisse« sind einen ganzen Grad schwieriger als die Rebitsch-Risse. Damit ist ein Tabu im alpinen Freiklettern gebrochen. Der VII. Grad, lange Zeit verschmäht, wird Tatsache.

Es scheint naheliegend, die UIAA-Skala nach oben zu öffnen und den VII. Schwierigkeitsgrad einzuführen. Es scheint ferner ratsam, die UIAA-Skala nicht wieder nach oben zu limitieren, wie es bei der Welzenbach-Skala der Fall gewesen war. In den USA wird vergleichsweise schon der VIII. Grad geklettert (5.11a bis d).

Das Öffnen der UIAA-Schwierigkeitsskala nach oben fordert, als Konsequenz der Verschiebung des Limits von VI nach unendlich, dass die Wortbezeichnungen wie »schwierig« oder »äußerst schwie-

Franček Knez

Wir hatten natürlich keine Jobs und keine anderen Dinge in unseren Terminkalendern. Also ging es nur darum, war für uns am verlockendsten war.

Todd Skinner

»Nose« am El Capitan, Yosemite

Amerikanische Bergsteiger fühlten sich – angespornt von Muirs beredter Vermittlung der Philosophie, »keine Spuren zu hinterlassen« und mit den Ressourcen hauszuhalten – verpflichtet, Berg und Fels so weit wie möglich in ihrem natürlichen Zustand zu hinterlassen. Royal Robbins

rig« künftig entfallen, da die verbale UIAA-Schwierigkeitsbewertung keine Steigerung über »äußerst schwierig« hinaus zulässt.

»Der Begriff ›äußerst schwierig‹ ist offensichtlich in einer Zeit geprägt worden, zu der man glaubte, die Grenzen menschlicher Leistungsfähigkeit erreicht zu haben oder zumindest absolut erreichen zu können«, argumentierte Helmut Kiene. »Diese Annahme ist in den vergangenen Jahren in vielen Bereichen menschlicher Tätigkeit wiederholt widerlegt worden. Als Zugeständnis für ein Vordringen in das Äußerste vom Äußersten bot man den Kletterern den Schwirigkeitsgrad VI+, das ›äußerst schwierig, obere Grenze‹, an.

Definitionsgemäß bedeutet dies, dass bei Eröffnung einer Neutour, die schwieriger als die bisher schwierigsten Kletterrouten ist, jene neue Führe mit VI+, nämlich ›äußerst schwierig, obere Grenze‹ bewertet würde. Alle anderen Routen müssten nach dieser neuen VI+-Kletterei ausgerichtet und abgewertet werden. Bisherige VI+-Touren würden zu VI, VI würde zu VI–, VI– zu V+ usw.

Die Erfahrung der letzten Jahre hat gezeigt, dass die aktiven Kletterer unter dem Eindruck einer möglichen Leistungssteigerung davor zurückschrecken, Klettereien mit VI oder gar VI+ zu bewerten. Die Folge davon war die inflationäre Abwertungstendenz, die sich bis auf die Touren fünften und vierten Schwierigkeitsgrades erstreckte.

Es ist aber Unfug, die Schwierigkeitsbewertung des Mittelfeldes von den Exzessen der Spitze her zu dirigieren. Eine Tour der Schwierigkeit V– muss ihren Schwierigkeitsgrad V– beibehalten, unabhängig davon, ob irgendwo ein Spitzenkletterer die obere Grenze des ›äußerst schwierigen‹ nach oben hin verschiebt.

Die Abwertung der vergangenen Jahre brachte es mit sich, dass die Kletterer heute sich unter den oberen Schwierigkeitsgraden V+, VI–, VI und VI+ kaum mehr ein klares Bild machen können. Zusätzlich zur Schwierigkeitsbewertung ist stets eine weitere Information nötig: Wer ist der Erstbegeher? Ist er ein Anhänger der Abwertungsbewegung? Die Schwierigkeitsbewertung verlor so ihre

eigentliche Funktion, kurz und bündig Auskunft über die zu er-
wartende Schwierigkeit zu geben.

Bisher sieht es also so aus:

Die Skala ist aufgespannt zwischen I (unschwierig) und VI+
(äußerst schwierig, obere Grenze). Sie ist subjektiv, da sie sich am
Können der jeweils besten Kletterer orientiert. Sie ist unbeständig,
da mit verbessertem Kletterkönnen der Bergsteiger der Schwierigkeitsgrad einer bestimmten Klettertour abnimmt.

So sollte es sein:

Eine Handvoll Klettertouren müsste durch Übereinkunft einem
Schwiergkeitsgrad zugeordnet werden. Zum Beispiel könnte man
den Schwierigkeitsgrad V als den Grad festsetzen, der der Schwierigkeit der Fleischbank-Ostwand, Dülfer-Führe und der Oberen-
Berggeistturm-Westwand entspricht. Den Schwierigkeitsgrad VI
könnte man festlegen durch die Fleischbank-Südostverschneidung
und die Nordwand der Großen Zinne. Diese Standardrouten eines
bestimmten Schwierigkeitsgrades würden als Referenztouren bei
der Schwierigkeitsbewertung anderer Klettereien herangezogen
werden.«

So klar die Gedanken von Helmut Kiene sind, die Diskussionen
um die endültige Einführung des VII. Grades klingen wie die
Sprachverwirrung beim Turmbau zu Babel. Warum? Weil viele
Kletterer im Schwierigkeitsgrad ihrer Erstbegehungen immer noch
ein Maß ihres Kletterkönnens sehen und weniger eine Hilfe für die
Wiederholer. Die Kletterkunst aber drückt sich in viel mehr aus als
nur in Schwierigkeitsgraden.

Änlich wie bei uns der sechste Grad war im Yosemite die 5.11
zur Staustufe mehrerer Schwierigkeitsgrade geworden. In kompe-
tenten Kletterkreisen wurde deshalb wie schon 5.10 längst auch 5.11
differenziert. Man sprach von 5.11a, 5.11b, 5.11c, 5.11d, weiter von
5.12a sowie 5.12b. Auf diese Weise entstand eine informative
Schwierigkeitsskala, welche in den Stufen 1 bis 4 Klettereien bis zu
unserem dritten Grad umfasst, die schwierigeren Routen gehören
dem 5. Grad an.

*Die Entwicklung des Kletter-
sports ist wieder einmal soweit, dass eine »Schallmauer«
durchbrochen wird, indem man
den VII. Grad klettert. Doch
auch VII ist kein Grenzwert, als
welcher die alte VI+ nach
UIAA-Wortlaut noch definiert
ist. Ebenso wenig wird es VII
und VIII sein. So wie ein Gele-
genheitssportler niemals 100
Meter in 10,5 Sekunden läuft,
wird nur ein hart trainierender
Sportkletterer den Grad VII
erreichen können.*

Andreas Kubin

*Ohne die mutige Entscheidung
der Seilschaft Kiene/Karl, die
»Pumprisse« mit VII zu bewerten, wäre die Öffnung der
UIAA-Skala, die auf der Welzenbach-Skala aufbaut, viel
später erfolgt.*

Reinhold Messner

Durch sehr intensives, nahezu professionelles Klettertraining ist eine noch vor Jahren nicht für möglich gehaltene Steigung des Leistungsniveaus – sogar über den VII. Grad hinaus – möglich. Deshalb sollte die Skala nach oben offen bleiben.
Pit Schubert

Pit Schubert

Mit der Öffnung der Schwierigkeitsskala nach oben explodiert das Kletterkönnen förmlich. Und trotzdem: Wer hätte damals geahnt, dass zwanzig Jahre später der XI. Grad geklettert werden sollte. Im Gebirge!

Bald gibt es den VII. Grad auch im Bergell und in den Dolomiten, wo vor allem die Italiener Zanolla und Mariacher mit ihren Erstbegehungen die alte Schwierigkeitsskala sprengen. Da aber alte Touren – so zum Beispiel die Südwand am Torre di Valgrande in der Civetta, erstbegangen 1941 von M. De Toni und C. Pollazon, oder der Mittelpfeiler am Heiligkreuzkofel – sogar schwieriger sind als die »Pumprisse«, beginnt die Diskussion um die Berechtigung von VII von neuem: »Der Turm des siebten Grades«, wie Alessandro Gogna schrieb, wurde zum »Turm der Institutionen«.

Bei der Tagung zum Thema »siebter Grad« 1974 in Lecco war nichts herausgekommen. Nach den »Pumprissen« 1977 werden weitere VIIer geklettert. Zum Beispiel Bergseeschijen, Via Gerda (VII–), Bockmattli-Superlative (VII–). Zuerst wird der VII. Grad primär in Klettergebieten, die nicht alpin sind, gestiegen.

Endlich, bei einem Symposium im September 1978 in München, einigen sich führende Fachleute aus den USA und Europa, den VII. Grad einzuführen. Fritz Wiessner, Anfang der siebziger Jahre noch Gegner einer Erweiterung der sechsstufigen Schwierigkeitsskala nach oben, ist nun einer der Verfechter des VII. Grades geworden. Und Pit Schubert, Vorsitzender des Sicherheitskreises im DAV, erkennt richtig: »Bis in die fünfziger Jahre wurde schwere Kletterei gleichgesetzt mit Hakenschlagen. Erst vor wenigen Jahren hat man erkannt, dass Hakenkletterei in eine Sackgasse führt und die Wendung zum Freiklettern vollzogen.«

Im November desselben Jahres sah es auch die UIAA ein: »Die extremen Kletterer von heute sind um mindestens einen Grad besser als die Felsmeister der dreißiger und fünfziger Jahre. Die haben zwar auch trainiert, aber ungleich weniger als heute trainiert wird.«

Der VII. Grad war endlich offiziell anerkannt. Die »Rotpunkt-Bewegung« – angelehnt an die Kletterethik im Elbsandstein – und die »Free-Climbing-Ideologie« aus den USA finden viele Anhänger. Bei »Rotpunkt«-Begehungen werden zur Fortbewegung allein die vom Fels gegebenen natürlichen Haltepunkte verwendet. »Vorhandene Haken oder gelegte Klemmkeile dienen nur zu Sicherung, werden jedoch nicht zum ›Ruhen‹ benutzt. Zum Rasten bieten sich allein die von der Gesteinsstruktur gebotenen Möglichkeiten. Ein Sturz (= Rutscher) ins Seil bedeutet Hängen und würde die Möglichkeit zum Ausruhen im Seil geben; nach dem Sturz lässt sich der Kletterer wieder ab zum letzten natürlichen Rastplatz und startet von dort zum nächsten Versuch.« (Andreas Kubin).

Die ersten, die diese Idee konsequent auch hierzulande verfolgen, sind die Frankenjura-Kletterer. Sie markieren alle Routen, die bislang nur mit Hakenhilfe, jetzt frei erklettert werden, mit einem roten Farbklecks. Daher kommt die Bezeichnung »Rotpunkt«. Kurt Albert ist der erste, der dies tut und damit der Vater dieser Bewegung.

Bald greift die »Rotpunkt-Bewegung« von den Klettergärten auf die Alpen über. Führen wie die Schüsselkar-Südost- und -Südwand, die Fleischbank-Südostwand, der Walker-Pfeiler, der Tofanapfeiler und sogar die Blaitière-Westwand, um nur einige zu nennen, bekommen ihre »Rotpunkt«-Begehungen. Im Zuge dieser Bewegung hat sich deutlich erwiesen, dass – bei entprechend intensivem und methodischem Training – die Grenze des frei Kletterbaren im Fels in den Alpen bei weitem noch nicht erreicht ist.

Inzwischen aber sind bestimmte »Klettergebiete« Mode. Man »muss« die schwierigsten Routen im Elbsandstein, im Verdon, in England und in den USA kennen, um »in« zu sein. Neue Impulse kommen fast nur noch aus eben diesen Klettergebieten. Alpine Touren sind sekundär. Es passt zudem in die Zeitströmung, dass die Technik in Frage gestellt wird und Tabus aufgelöst werden. Der siebte Grad ist nur eine Stufe zum engeren Kontakt mit dem Berg, der Natur. Denn um den VII. Grad elegant zu klettern, ist nicht nur intensives Training notwendig, das Einswerden mit dem Fels ist der Schlüssel zum VII. Grad – wie zur Kletterkunst allgemein.

Kurt Albert

JEAN-MARC BOIVIN IN DER FOU-SÜDWAND UND DER DRU-WESTWAND

Die Aiguille du Dru

Mit der Einführung des VII. Grades endet auch ein Abschnitt des Alpinismus, die Zeit der Amateure. Nun betreten Profis die Bühne. ... – Lassen wir uns also von den Septimgradisten der Zukunft etwas vorklettern ...
Karl Lukan

Fou bedeutet verrückt und für Jean-Marc Boivin ist es 1981 eine verrückte, aber keineswegs absurde Idee, die einander gegenüberliegenden Wände, die Südwand der Aiguille du Fou und die Westwand des Petit Dru über ihre modernen Führen an einem Tag zu durchsteigen. Beide Routen sind von Amerikanern erstbegangen worden.

Patrick Berhault und Boivin fragen sich zuerst nur, ob es möglich ist, an einem Tag die Fou-Südwand zu durchsteigen, mit dem Drachen zum Einstieg derDru-Westwand zu fliegen und dort die »Directe Américaine« anzuschließen.

Boivin: »Leicht zu lösende Probleme sind nun einmal nicht besonders reizvoll, und die Schwierigkeiten geben unserem Plan erst die richtige Würze.«

Berhault steigt an der Fou vor, Boivin in der »Directe Américaine«.

Boivin: »Endlich dämmert es und die Konturen der Berge lassen sich erkennen. Der ›Diagonalriss‹ wartet mit herrlicher Piazkletterei – ein wahres Göttergeschenk. In herrlicher Freikletterei geht es ständig im oberen fünften und im sechsten Grad hinauf. Welch ein Unterschied zu meiner Begehung vor zehn Jahren!«

Für die Route, die Frost, Harlin, Hemming und Fulton 1963 erstmals durchstiegen haben, brauchen Boivin und Berhault fünf Stunden und vierzig Minuten. Sie freuen sich wie kleine Jungs, denen ein Streich geglückt ist.

Schnell geht es weiter zur Blaitière, der Drachen wird aufgebaut. Da ein arger Seitenwind bläst, wollen sie am Beginn des Spencer-Couloirs starten.

Boivin: »Mehr schlecht als recht verlegen wir den Stand unseres Riesen-Schmetterlings um zwanzig Meter. Das Couloir ist konkav und sehr schmal, die beiden Flügelenden des Drachens berühren die Begrenzungswände. So steigen wir nochmals zehn Meter im Couloir ab zu einem Block mit einer Fläche von etwa einem auf ein-einhalb Meter.«

Sie starten im Doppelsitzer und fliegen zum Firnfeld des Rognon-Gletschers.

Weiter! In der Fou-Wand hat sie die Morgensonne gewärmt, nun, in der Westwand, trifft sie die Nachmittagssonne.

Boivin: »Um 13.15 Uhr steigen wir ein. Diesmal mit vertauschten Rollen. Patrick folgt mir, ganz gegen seine Gewohnheit. In vierzig Minuten haben wir den Vorbau hinter uns und erreichen den Stand vor der 40-Meter-Verschneidung.«

Die vielen Kletterer in der Verschneidung sind ein Problem.

Boivin: »Patrick bereitet sich auf ein Überholmanöver vor, und nach zehn Minuten haben wir es geschafft. Jetzt kommen wir wieder zügig voran. Von drei vorhandenen Haken hänge ich nur einen ein, der kurze Zustieg zur Westwand hat die ›Directe Américaine‹ zu einer Modetour werden lassen und die Kletterei stellenweise zu einer Hakenleiter, schade! Gegen 17.45 Uhr mache ich endlich Stand auf dem ›bloc coincée‹, wo wir auf die alte Westwand treffen.«

Sofort beginnen sie mit dem Abseilmanöver. Sie kommen an den Seilschaften vorbei, die sie überholt haben. Immer wieder die Frage: »Wie viele Meter sind es noch bis zum ›bloc coincée‹?« In vielen Sprachen wird gefragt, italienisch, deutsch, sogar in polnisch. Am Rognon-Firn finden sie den Drachen und zwei Stunden später gleiten sie in die Nacht des Tales hinab.

Boivin: »Die Nachmittagsnebel haben sich aufgelöst, unser Flug ist ruhig. Die Lichter von Chamonix leiten uns. Als wir auf dem Landeplatz aufsetzen, ist es bereits pechschwarze Nacht.«

Jean-Marc Boivin (oben)
Patrick Berhault (unten)

Schon Hermann Buhl hat davon geschwärmt: vom Felsklettern
am Paiju-, Uli Biaho- oder Trango-Turm! 1957 war die Zeit
dafür noch nicht gekommen. Mit der Explosion der Kletter-
bewegung Ende der siebziger Jahre hat sich das geändert.
Heute gehören die Wandfluchten entlang des Baltoro-
Gletschers zu den »big walls« der weltbesten Felskletterer.

Reinhold Messner

Kathedralen und Trango-Türme im Karakorum

FREIKLETTERN & FRIENDS

DIENSTLEISTUNG & ABSICHERUNGSWUT

Die Dienstleitungshaltung ist ja gerade von den Sicherheitspäpsten in den Alpenvereinen geschaffen worden!

Prem Darshano

In der Mitte der achtziger Jahre sind die USA das Mekka des Freikletterns. Schon 1974 wird hier der IX. Grad und 1979 die erste X-Route geklettert. Dann bestimmten die Kletterer aus Frankreich die »Szene«, aber auch aus England, Italien, Deutschland, der Schweiz, Spanien und Österreich kommen Spitzenkletterer. 1991 wird der XI. Schwierigkeitsgrad geklettert, und es ist nur eine Frage des Trainings, bis der XII. Grad kommt.

»Dass Frankreich eine führende Rolle in der wettkampforientierten Entwicklung übernommen hat, erklärt sich unter anderem daraus, dass dieses Land neben seinen geographischen und klimatischen Vorzügen (insbesondere in Südfrankreich) frühzeitig die Möglichkeiten in der spitzensportlichen Weiterentwicklung wie auch in der Entwicklung zum Breitensport erkannt hatte. Unterstützt vom staatlichen Umfeld wurde diese Vorrangstellung durch die Errichtung von Kletterwänden in Turnhallen weiter ausgebaut. Dass das Klettern als eine wirksame Schule der Eigenleistung und der aktiven Selbstbewährung zu verstehen und erzieherisch nutzbar ist, beginnt sich auch in Österreich langsam durchzusprechen. Klettern in seiner physischen und psychischen Komplexität ist nämlich ein (Parade-)Beispiel aktiven Lebens. Denn sich selbst formen, sich überwinden, erkennen und weiterentwickeln«, meint Martin Kind, müssten wir uns alle. Und er hat recht. Aber die Kletterentwicklung im Gebirge nimmt eine andere Richtung. Mit der Erfindung und dem wachsenden Erfolg des Plaisirkletterns – Jürg von Känel ist der Promoter dieser Sparte des Bergsteigens – entspricht das Klettern mehr und mehr dem modernen Freizeitverhalten. Aber nicht alle sind damit zufrieden. Vor allem britische und amerikanische Bergsteiger sprechen sich dagegen aus.

Mark Twight: »Bolts neben Rissen, fixe Standplätze. Es waren Homos, die sie eingerichtet haben. Ich spreche nicht von Homosexuellen, ich spreche von homogenisierten Menschen. Ich spreche von jenen blutleeren Nasenbohrern, denen jedes Wertegefühl abhanden gekommen ist und die den Respekt für die Natur und die Tatsache, dass nach ihnen Fähigere kommen werden, verloren haben. Es sind Kletterer, die vergessen, dass homogenisierte Touren wieder vergessen werden, weil sie ohne Einsatz zu begehen sind. Die wirksamste Methode, das Abenteuer zu töten, besteht darin, es in eine Ware zu verwandeln. Und jedes Mal, wenn sich ein europäischer Alpinist oder ein französischer Seilbahnwärter beim Anblick meines Rucksacks an den Kopf fasst, denke ich an Martin Riggs, der stolz verkündete, er habe ›15 Kugeln in der Trommel und eine im Lauf und eine Extraladung für das Arschloch, das die ersten sieben Längen der ›Amerikanischen Direkten‹ an der Dru eingebohrt und die Sponsoren dafür aufgetrieben hat.«

Trotzdem – obwohl auch mitteleuropäische Kletterer klar denken können – ist das Plaisirklettern im Vormarsch.

Hanspeter Eisendle: »Das Sportklettern, das sich einerseits in der Maschinerie internationaler Wettkämpfe an künstlichen Wänden ausdrückt, andererseits seinem Ursprung, dem Suchen nach der höchsten kletterbaren Schwierigkeit – worked out und on sight – an natürlichen Felsen treu geblieben ist, sieht die meisten Anhänger an präparierten Routen. Diese Art des Kletterns hat sich vom Abenteuer Bergsteigen am weitesten entfernt und ist neben einer Trainingsmöglichkeit zum eigenständigen Höchstleistungssport geworden. Was ich aber suche sind Wege mit modernen Schwierigkeitsgraden, natürlichen Sicherungspunkten und möglichst freier Kletterei. In dieser Disziplin aber herrscht ein großes Durcheinander von Stilen, Meinungen und Resultaten. Dabei gäbe es eine ur-

Große Zinne-Direttissima:
Dachverschneidung

Der Bohrhaken ist ein Leistungs- und Gefahrenkiller und macht für den Möchtegern-Kletterer alles möglich. Er zerstört die alpine Idee und deren Geschichte. Der Berg ist gefährlich und soll es auch bleiben. Schwere Führen sind nur für die Besten da.

Sepp Schrott

Klettern als Abenteuer wird nur mehr von einer Minderheit praktiziert und leidet vor allem an der Geschichts- und Orientierungslosigkeit der meisten Akteure. PR-Reisen durch die Senkrechte mit gestochen scharfen Bilddokumentationen aus »dritter Hand« gaukeln Abenteuer vor, die als solche nur auf Messeständen und in Outdoor-Magazinen bestehen können. Hanspeter Eisendle

alte Regel, die das Bergsteigen seit seinem Beginn begleitet: Je höher das Abenteuer – das eingegangene Risiko – desto höher die Qualität des gekletterten Weges. Als Beispiel für diese Verwirrung möchte ich jene drei Felsrouten nennen, die in der Fachpresse als die schwierigsten alpinen Klettereien der letzten Jahre aufscheinen: Stefan Glowaczs ›DesKaisers neue Kleider‹, Thomas Hubers ›The End of silence‹ und Beat Kammerlanders ›Silbergeier‹. Alle drei im oberen zehnten Schwierigkeitsgrad. Immer wurde eine ›Infrastruktur‹ für die klettersportliche Höchstleistung errichtet und – bei allem Respekt vor der enormen Leistung – in allen drei Fällen wurde das Gebirge zum Klettergarten mit extremen Bedingungen gemacht. Eine Borhhakenlinie zeigt heute den Wiederholern den Weg an. Diese müssen in einem Höchstmaß Sportler sein und in einem viel kleineren Maß Abenteurer.

Im Gegensatz dazu stehen Routen von Adam Holzknecht, Roland Mittersteiner, Christoph Hainz und Helmuth Gargitter aus Südtirol. Sie erreichen zwar ›nur‹ den neunten Schwierigkeitsgrad, aber ihr weitgehender bis absoluter Verzicht auf ›Cliffs‹ und Bohrhaken garantiert Wiederholern alpine Abenteuer der Sonderklasse.

Die Verwirrung ist groß und nur wenige Insider können unterscheiden, wer gut oder besser klettert. So wie Klettersteige schon lange zur touristischen Infrastruktur in vielen Berggebieten zählen, sind Bohrhakenlinien aus Nirostastahl durch sonnige Wände eine sportliche Ergänzung des Kletterangebots. Andererseits sehe ich auch eine lineare Weiterentwicklung des alpinen Kletterns – mit Spitzenkletterern, die nur ihr Kletterkönnen und damit den Schwierigkeitsgrad steigern. Sonst nichts. Bald wird es auch eine unüberschaubare Anzahl von Mischformen der Stile geben.

Das gleiche gilt für die dritte Disziplin, dem Fels- und Eisklettern an großen Alpenwänden, in Grönland, Patagonien, Karakorum, Alaska oder Baffin Island. In großer Abgeschiedenheit und mit gleichen oder ähnlichen Spielregeln wie in den Dolomiten wird dort Großartiges geleistet. Alle Spitzenvertreter dieser Disziplin sind

Christoph Hainz

hervorragende Sportkletterer mit einem guten Gespür für die Gesetze der Wildnis.

Alle Disziplinen verlangen von ihren Spitzenvertretern und solchen, die es werden wollen, neben Talent ganze Hingabe. Wer nicht das große Rubbellos gezogen hat, keinen reichen Onkel oder Vater als Mäzen hat, muss sich mit der Finanzierbarkeit auseinandersetzen.

Es gibt drei sich oft ineinander verstrickende Möglichkeiten, sich bergsteigend den Lebensunterhalt zu verdienen: das Sponsoring; das kreative Wiederaufbereiten von Erlebtem in Büchern, Lichtbildervorträgen, Filmvorführungen oder Fotodokumentationen, und schließlich den Bergführerberuf.

Dieser ist zwar eine hervorragende Möglichkeit, täglich das Gespür für die Gesetze der Natur zu Instinkten reifen zu lassen, nimmt aber enorm viel Zeit und Energie in Anspruch, die für das wirkliche Spitzenbergsteigen dann fehlt. Der Bergführerberuf ist, professionell in allen Bereichen ausgeübt, zu einer eigenen Spezialdisziplin geworden.«

Hanspeter Eisendle, der auch den »Fisch« an der Marmolada-Südwand führt, ist als Bergführer einer der besten Kletterer im Alpenraum. Seit mehr als zwanzig Jahren.

»Natürlich ist es bei fortschreitender Spezialisierung schwieriger geworden, neue Ideen so zu vermitteln«, sagt er weiter. »Sponsor, Medien und Publikum müssen Verständnis und Begeisterung fürs Klettern aufbringen. Aber gerade in dieser Beziehung kommt der dritten, und meiner Ansicht nach besten Möglichkeit der Selbstfinanzierung große Bedeutung zu: der des schreibenden, erzählenden, fotografierenden und filmenden Spitzenbergsteigers. Er hat die Chance, seine Leidenschaft zu dokumentieren, sich kreativ mit seinem Tun auseinanderzusetzen, eine Vermittlerrolle zwischen dem Fachchinesisch der Insider und dem Interesse der großen Anzahl von Freizeitbergsteigern zu übernehmen. Nur er kann begreiflich machen, dass Bergsteigen mehr ist als Aneinanderreihung von Höhenmetern, Schwierigkeitsgraden und Rekordzeiten.«

Stefan Glowacz

Nur wenn alle Meinungen und Haltungen respektiert werden, macht eine Diskussion Sinn und das Ergebnis daraus Schule.
Reinhold Messner

Hanspeter Eisendle

Das Klettern ist in eine Sackgasse geraten, weil allein der technische Aspekt gewertet wird. Der Alpinismus ist in eine Sackgasse geraten, weil ethische Grundsätze mit Füßen getreten werden. Früher hat man unter Insidern darüber gelacht, was der Mann von der Straße über das Klettern und Bergsteigen dachte. Heute passen sich die Akteure der öffentlichen Meinung an und richten ihre Ziele danach. Heinz Mariacher

Der Bergführer tut dies auch, und Eisendle ist ein Meister darin.

Eine der zentralen Fragen im modernen Klettern ist die Vermarktbarkeit. Wer kann zwischen einem Abenteuer an den Trango-Türmen, am Ogre und dem Kolonnenaufstieg an einer präparierten Achttausenderroute unterscheiden? Nur der Insider. Klettern als Mittel zum Abenteuer, als Erlebnissteigerung muss aber finanzierbar bleiben. Und das große Bergsteigen kostet mehr als früher, weil es weiter weg stattfindet und länger dauert als früher. Also stellt sich die Frage, ob derartige »Taten« verwertbar und damit finanzierbar sind.

Martin Kind hat ein paar Überlegungen dazu angestellt: »Für den in seinem Marktwert vom Publikumsinteresse abhängigen Sportler stellt sich in diesem Fall das Problem, dass seine Leistung, die selbst für den fachkundigen Beobachter kaum mehr nachzuempfinden und abzuschätzen ist, für den Laien unvorstellbar bleibt. Ohne Meter und Sekunden als Maßstäbe wird es halt schwierig! Noch dazu, wenn die Spitze immer breiter wird und die Namen der crème de la crème ständig fluktuieren. Gewaltige Ausdauerleistungen in den Wandfluchten der Dolomiten, des Mont-Blanc-Massivs, der Trango-Türme, des Yosemite, des Fitz-Roy-Gebietes sind obendrein vermarktungstechnisch kontraproduktiv. Die Arena Natur mit ihren Wetterlaunen ist kein Stadion.«

Aus diesem Dilemma heraus haben sich Wettkämpfe und Plaisirklettern entwickelt. Ersteres ist messbar, zweiteres konsumierbar. Eine Plaisirroute ist für Verbraucher eingerichtet: sicher, bewertet, mit Haken markiert, verzehrfertig. Den Wettkämpfen kann beigewohnt werden. Wieder Konsum. Konsum gehört zum heutigen Freizeitverhalten, das keine Eigeninitiative verlangt, aber viel Lustgewinn verspricht. »Hohe Erwartung bei geringer Eigenverantwortung« heißt der Schlüssel zum Traum der Fit-for-fun-Bewegung. Auch beim Klettern. Der Fels wird mehr und mehr zum Konsumgut. Der Anspruch auf Erlebnis und risikofreie Machbarkeit führt zu jener Absicherungshysterie, an deren Ende Felspisten stehen. Wir nähern uns damit dem Skibetrieb.

Aber wenn das Klettern nicht die gleiche Entwicklung nehmen soll wie das Skilaufen, das heute mit Bergsteigen nichts mehr zu tun hat, müssen alte Werte neu besetzt werden. Zuallererst der Verzicht. Das Recht, Gefahren durch Infrastrukturen abzubauen, ist kontraproduktiv. Die Einrichtung neuer Routen im zehnten oder elften Grad mit Bohrhaken akzeptiere ich als zeitgemäße Methode, aber ich bin entschieden gegen das Ausstatten alter Kletterrouten mit modernen Mitteln. Die Veränderung eines Kunstwerkes steht niemandem zu. Beim klassischen Bergsteigen und Klettern geht es um eine Auseinandersetzung zwischen »Menschnatur« und »Bergnatur«. Erstere ist gegeben. Unsere relative Fähigkeit, uns eigenverantwortlich in der Natur zurechtzufinden und zu bewegen muss gefordert bleiben. Die menschliche Natur ist aber auch geprägt von Schwächen, Zweifeln und Ängsten. Wir sind Mängelwesen. Aber unsere Ängste können gar nicht zum Tragen kommen, wenn ich eine Art Klettersteig durch Wände lege, markierte Griffe, eingerichtete Standplätze, Klebehaken allerorten? Wie sollen Kletterer in dreißig Jahren sich selbst erleben?

Größe, Weite und Gefahr gehören zum Gebirge, »Als-ob-Gefahrenräume« in die Stadt. Schwierigkeiten, Anstrengung und Gefahr sind der Filter, der nicht alle dorthin lässt, wo sie hinmöchten. Die Regulierung liegt in der Natur der Felsen und es braucht keine Regeln, wenn wir den Berg nicht zum Konsumgut machen.

In seinem »Plädoyer für einen alternativen Alpinismus« zeigt Martin Kind genau auf, wo die Probleme und das Machbare zu suchen sind: »Längst ist es keine Fiktion mehr, dass wir auch unsere letzten Reservate an Kreativität und Individualität manipulieren. Professionalisieren, spezialisieren, extremisieren sind als Imperative in dieser Welt selbst im Klettersport unabkömmlich geworden. Disziplinen geben den Ton an. Hier die Kunstharzgriffe, dort die Felsleiste. Dritte sehen zwar weder in der Halle noch am schweren Fels in zwanzig Meter Höhe ihre Selbstverwirklichung, sondern gebrauchen diese ›Turngeräte‹ nur, um ihre Eigenwelt im Gebirge besser in ihrer inneren Authentizität aufnehmen zu können. Jeder versucht

Dass eine Route äußerst beliebt ist, rechtfertigt meiner Ansicht nicht deren Sanierung, ebensowenig wie die Beliebtheit der Aiguille-du-Midi-Südwand den Seilbahnbau rechtfertigen würde.
Alexander Huber

Kletterrouten auf dem historischen Stand ihrer Erstbegehung »einfrieren« und damit ihren »Abenteuergehalt« konservieren zu können, ist illusorisch.
Etienne A. Gross

Jim Karn im Fels der
Smith Rocks, USA

*In unserer verregelten Welt ist
das Klettern eine der wenigen
Inseln, wo jeder für sich selbst
entscheiden kann, was er tun
und lassen will. Deshalb habe
ich auch etwas gegen Regeln,
die festlegen, wie einer seine
Erstbegehung machen muss.*
Andi Orgler

auf seine Weise, in seiner Sparte gut zu sein. Der Fachidiot im Beruf ist auch im Sport kein Phantom mehr. Dieser Prozess impliziert aber die Tendenz zur Trägheit. Die Erfahrung aus anderen Lebensbereichen führt uns das nachdrücklich vor Augen. Ein Weiterweg kann daher immer nur bedeuten, sich aus (alt)vertrauter Umgebung zu lösen, auf ideellen Ebenen Barrieren niederzureißen, funktionelle Zusammenhänge zu erkennen, die eingefahrene Automatisierung und Ökonomisierung zu überwinden, sich kritisch mit der Gegenwart auseinanderzusetzen, damit die Sensibilität für das Machbare nicht verloren geht. Ohne Verzicht wird es allerdings dabei nicht gehen. Das klingt zwar ernüchternd, ist aber Realität, denn wer hat schon jemals Bäume bis in den Himmel wachsen gesehen. Besteht aber wegen dieser Entwicklung und deren Auswüchsen und Irrwegen im Klettern, die eigentlich nur unsere gesamtgesellschaftliche Situation im Kleinen spiegeln, wirklich Anlass zur Resignation? Ja und nein. Pessimismuis ist angebracht, sollte es stimmen, dass der Mensch aus der Geschichte nicht lernt, weil sich die menschliche Natur im Laufe der Zeit nicht grundlegend geändert hat. Das hieße auf das Klettern bezogen, dass das Schwierigkeitsklettern auf der Suche nach noch Schwierigerem irgendwann einmal in Langeweile versinken wird. Auf die Evolution des Menschen generell abstellend, beginnt sich allerdings unter dieser Prämisse das Bild der Zukunft vor meinem geistigen Auge einzutrüben und zu verschwimmen.

Ist hingegen Opitimismus nicht nur eine Illusion, sondern auch verhaltene Hoffnung aus Glauben und Vision, dann stehen auch den heranwachsenden und nachfolgenden Klettergenerationen genügend Herausforderungen und Abenteuer bevor. Und haben sie sich erst einmal eine neue Motivationsgrundlage geschaffen, so werden sie auch in ihrer Betätigung Erfüllung finden und neue Maßstäbe setzen. Zum Beispiel im zehnten Grad auf sechstausend Meter Meereshöhe.«

Worin liegt die mögliche Renaissance? In der Kombination hohe Schwierigkeiten und enormes Ausgesetztsein!

Edi Koblmüller: »Reinhold Messner hat in den siebziger Jahren vergeblich um den ›Drachen, der nicht sterben darf‹, gekämpft. Der Drache ist tot und den paar nostalgischen ›Ehemaligen‹ steht es ja frei, ihr ganz persönliches Abenteuer weiterhin in den großen Wänden zu suchen.

Aber vielleicht ist Messners Drache nur scheintot? Vielleicht steigt das Alpinklettern wie der Phönix aus der Asche und kehrt wie der ausgestorben geglaubte Luchs zurück? Obwohl alles dagegen spricht, glaube ich an eine Renaissace. Ohne Wunschdenken, denn für alpinistische Klassiker wird eine neue Entwicklung keine Konsequenzen haben. Irgendwann werden Fun fad, Sport zu wenig und Akrobatik am Einfingerloch nicht mehr ›in‹ sein. Irgendwie wird eine nächste Generation den schwierigen ›Alpinismus mit großem A‹ wieder oder neu entdecken. Vielleicht unter anderen Vorzeichen, an die wir jetzt nicht denken.«

Auch Martin Kind, der Psychologe unter den modernen deutschen Kletterern, sieht im Unmöglichen den Schlüssel zu uns selbst:

»Vergessen wir nicht, dass das, was das Bergsteigen stets weiterentwickelt hat, die Herausforderung gewesen ist, das Unmögliche möglich zu machen. Nicht nur, dass sich das Unmögliche im Alpinismus schon jetzt überlebt hat, sondern dass sich gerade aus den gescheiterten Versuchen, das Unmögliche zu bestimmen, zeigt, was das Unmögliche für eine Chance bietet: den Versuch, einen Punkt ausfindig zu machen, dem wir uns immer weiter annähern können, ohne ihn jemals zu erreichen. Und so gibt das Unmögliche im Klettern die Richtung vor, der aus psychologisch unterschiedlichsten Motiven von den Kletterern gefolgt wird. Gesteht man sich darüber hinaus ein, dass der Ausdruck ›unmöglich‹ nicht selten als Ausrede für eigenes – psychisches oder physisches – Unvermögen steht, so ist eines für mich offensichtlich: Ohne allmächtig zu sein, lohnt es sich auf jeden Fall, die Vision in sich zu tragen, das Unmögliche zu erkennen und möglich zu machen. Denn mit jedem Schritt, mit dem wir uns ihm nähern, nähern wir uns zugleich uns selbst.« Damit kommt Kind zum Kern der Sache.

Lange unmöglich: »Der Weg durch den Fisch« an der Marmolada

HEINZ MARIACHERS »MODERNE ZEITEN« AN DER MARMOLADA

Die Südwand der Marmolada-di-Rocca

Die Marmolada (3344 Meter) ist nicht nur der höchste Berg der Dolomiten, ihre 500 bis 1000 Meter hohe und gut fünf Kilometer breite Südwand ist ein Spielfeld ohnegleichen für Kletterer.

Seit die Schottin Beatrice Tomasson im Sommer 1901 die Südwand mit Michele Bettega und Bortolo Zagonel kletterte, folgten hier bahnbrechende Neutouren: 1929 der Südpfeiler durch Luigi Micheluzzi, Robert Perathoner und Demetrio Christomannos; 1936 die Soldà-Conforto-Route durch die Südwestwand und die Vinatzer-Castiglioni durch die Südwand der Marmolada di Rocca. Heinz Mariacher hat mit zwölf neuen Routen, oft mit Luisa Jovane kletternd, die Marmolada-Südwand zur größten Kletterwand der Dolomiten gemacht.

»Moderne Zeiten« bedeutet für ihn den Endpunkt der Entwicklung, die er als alpiner Kletterer durchgemacht hat und gleichzeitig einen Neuanfang.

Heinz Mariacher: »Fast völlig frei von äußeren Einflüssen, ohne spezielles Klettergarten- oder Krafttraining, war ich den Weg des klassischen Felskletterers gegangen. Sauberes Freiklettern (›Rotpunkt‹), kein Vorbereiten der Routen von oben, keine Bohrhaken, Anbringen der Sicherungspunkte nur aus der Kletterstellung waren zu unumstößlichen Regeln in meinem Spiel gworden. Das Spiel heißt: klassische Erstbegehungen unter geringstem Hakenaufwand und in möglichst schneller Zeit. Bevorzugter Spielplatz wurde die Südwand der Marmolada.

Nachdem uns mehrere klassische Routen im rechten Wandteil gelungen waren, erwachte in mir immer mehr der Wunsch nach einer Superroute im zentralen Wandteil, die alles bisherige übertreffen sollte.«

Die imposanteste Plattenflucht der Marmolada-Südwand liegt rechts der »Via dell'Ideale« unter dem Gipfel Ombretta. Zwei seiner Versuche enden in etwa 450 Meter Wandhöhe. Die Erkenntnis, dass er für diese Probleme noch nicht reif ist, lässt ihn verzichten. Wenige Meter künstlicher Kletterei hätten genügt. Er aber hält sich streng an seine ethischen Grundsätze, seilt ab. »Abrakadabra« wird zum Ersatzziel. Die Route, damals an der Grenze seiner Leistungsfähigkeit, befriedigt ihn nicht. Eine Steigerung muss möglich sein. Nie ist Mariacher mit sich zufrieden. Weiter!

Die Tschechen Igor Koller und Indrich Sustr kommen und schaffen die Traumtour rechts der »Ideale«. In dreitägiger Kletterei legen sie den »Weg durch den Fisch« mitten durch den zentralen Teil des Plattenschusses. Mit einer Routenführung, die alle kühnen Vorstellungen übertrifft. Dass dabei stellenweise künstliche Fortbewegungsmittel verwendet wurden, soll die Leistung nicht schmälern.

Heinz Mariacher sucht ein neues Problem! Während der langen Winterabende findet er es in der Dunkelkammer. Anhand von großformatigen Schwarzweiß-Vergrößerungen legt er die Linienführung der »Modernen Zeiten« fest. Zwischen »Vinatzer-« und »Gognaführe«, den beiden klassischen Routen, wird sie direkt auf den Gipfel der Punta Rocca führen. Was für eine Linie! Beim ersten Versuch – das Problem der Absicherung scheint unlösbar – die Überzeugung, nicht weiterzukommen. Die Angst aber, dass wieder andere kommen würden und das Problem mit ein paar Haken erledigen könnten, treibt ihm zurück zum Einstieg.

»1. Juli 1982 – Die Bereitschaft, es diesmal auf einen Sturz ankommen zu lassen, ließ mich mit einer ausbrechenden Schuppe aus der Wand fliegen. Ein Cliffhanger, als moralische Sicherung auf eine flache Leiste gelegt, stoppte die unfreiwillige Luftfahrt. Ich wagte kaum zu atmen. Die Entscheidung, einen verlässlichen Sicherungs-

Heinz Mariacher

Als Igor Koller im August 1981 mit dem erst 17-jährigen Indrich Sustr sein geheimes Projekt, den »Den Weg durch den Fisch« (VII/A0), verwirklicht, ahnt noch niemand, dass es sich mit großer Wahrscheinlichkeit um die anspruchsvollste Route der gesamten Alpen handelt. Heinz Mariacher

haken zu schlagen, um die auf zweifelhaftem Fels knirschende Hartstahl-Klaue schnellstens zu entlasten, fiel mir in dieser Situation leicht. Der Weg in den oberen Wandteil war frei. Doch vorerst hatte nur die erste Seillänge Bedeutung gehabt, und ich seilte ab.«

Das Tagebuch Mariachers zu dieser Erstbegehung erzählt vom »Sportklettern wie am Fuß des El Capitan«, von einem »25-Meter-Problem in der Nachmittagssonne«, von Versuchen.

»Der obere Wandteil bestand aus drei Fragezeichen: dem etwa 30 Meter hohen Steilaufschwung direkt obehalb des großen Bandes, einer weiteren Barriere mit fragwürdigen Überhängen in ihrem Zentrum und aus der senkrechten, fast völlig glatten Schlusswand.«

»18.9.1982 – Früher Nachmittag: Das zweite Fragezeichen, die Überhänge im Zentrum des oberen Wandteils bauten sich drohend über uns auf. Trotz des Selbstvertrauens, das die Überwindung des ersten Steilaufschwunges gebracht hatte, gab es vorerst nichts als Ratlosigkeit. Die auf dem Foto geplante Linie trotzte jedem Versuch.«

Sie wollen weiter probieren.

»Der Ausweg – eine Querung an kleinen Fingerlöchern ins Ungewisse, erforderte alles, was ich an Mut und Entschlossenheit besaß. Ich hatte Glück. Das letzte der drei Fragezeichen wartete – die Gipfelwand. Zwei Seillängen unter dem Grat zerbröselten alle Hoffnungen zwischen meinen Fingern. Wir schienen in eine überhängende Kiesgrube geraten zu sein. Mit Müh und Not konnten wir uns in die ›Messner-Route‹ hinüberretten.«

Die Dunkelkammer bringt eine neue Lösung. Auf einer extremen Ausschnittvergrößerung sind Rissspuren am glatten und abweisenden Teil der Gipfelwand zu erkennen. Das Ganze gleicht einem Sportkletterproblem, doch der Fels muss dort bombenfest sein. Sicher, es kostet Mariacher Mut, in die senkrechte Welt zurückzukehren, aber eine Superkletterei wartet. Am 28. September 1982 gelingt der Durchstieg. »Moderne Zeiten« ist eine zeitgemäße Linie und ein Kunstwerk geworden, anspruchsvoll vom Einstieg bis zum Gipfel.

Um was es geht, ist sich einer Aufgabe, einer Herausforderung, einem Problem zu stellen, von dem man nicht weiß, ob es möglich ist – nicht bevor man es tut und auch nicht während man es tut, sondern erst, wenn alles getan ist. Martin Kind

CLIFFHANGER

1986–1992

KLETTERN ALS GLOBALES TUN

Die Stars in der Kletterszene wechseln. Sie kommen so schnell, wie sie gehen. Die Sechzehnjährigen werden die Zwanzigjährigen verdrängen. Ehe einer bekannt wird, ist er vergessen.   Reinhold Messner

Cathérine Destivelle

Nach den großen Solo-Touren und Enchainments von Christophe Profit, sind es weiter Franzosen, die die Kletterszene bestimmen: Patrick Berhault, Fred Vimal, Alain Ghersen, Jean-Christophe Lafaille und Cathérine Destivelle. Die »Nouveaux Grimpeurs« aber, die in den achtziger und neunziger Jahren auf den Titelseiten der Zeitungen und im Fersehen erscheinen, heißen Michel Piola, Pierre-Alain Steiner, Daniel Anker und Romain Vogler und stammen aus der Schweiz. Sie suchen schwierige Wege und klettern sie mit außerordentlicher Eleganz: an der Südwand der Aiguille du Midi, der Ostwand des Grand Capucin, der Westwand des Dru. Ihre Routen heißen »Ma Dalton«, »Monsieur de Mesmaeker«, »Super Dupont«, »O sole mio« und »Voyage selon Gulliver«. Aber auch die Franzosen Jean-Marc Boivin, René Ghilini, Jean-Marc Troussier sowie die Brüder Claude und Yves Rémy aus der Schweiz steigen große Wände und extrem schwierige Routen zugleich. Und die Kletterkunst wird weiter verbessert, weltweit. Mit immer neuen Stars.

Den Triumph des Freikletterns aber vertritt keiner besser als der junge französische Kletterer Patrick Edlinger. Zwanzig Jahre jung, widmet er sich mit Leib und Seele dem Klettern. Sein Spielplatz sind die Wände in der Verdonschlucht, dem »Grand Canyon du Verdon« in der Provence.

Hier, 60 Kilometer von der Küste von Cannes entfernt, haben die wilden Wasser des Verdon in Jahrhunderten die eindrucksvollste Schlucht Frankreichs geschaffen. Und die außerordentliche Kompaktheit der Felsen ist perfekt für die Kletterer. Über den Wassern des Verdon werden entlang der Risse Schwindel erregende Routen geklettert. Auch in den Platten werden immer höhere Schwierigkeitsgrade erreicht. Der außerordentlich kompakte Fels zwingt die Kletterer, sich mit Spits – Bohrhaken, die inzwischen auch in den Klettergebieten des restlichen Europas üblich sind – abzusichern. Einige Routen, die frei geklettert und weltberühmt werden, tragen fantasievolle Namen »Necronomicon«, »Dingo-maniaque«, »La Mangoustine Scatophage«, »Luna-Bong«, »Caca-Boudin«, »L'Eperon Sublime«, »Le Triomphe d'Eros« sowie »Pi-chenibule«. Jacques Perrier, genannt »Pschitt«, Jean-Claude Droyer, Christian Guyomar, Patrick Cordier, Guy Abert, Bernard Gorgeon und Stéphane Troussier sind die berühmten Akteure, Patrick Ber-hault und Patrick Edlinger besetzen die Hauptrollen.

Immer schon hat sich das Klettern in stadtnahen »Klettergärten« erneuert. Bereits Anfang des 20. Jahrhunderts hat einer der besten deutschen Kletterer – Rudolf Fehrmann – Passagen im sechsten Grad an den Felsen des Elbsandsteingebirges gemeistert. Zwischen den beiden Weltkriegen verfeinerte Pierre Allain seine Technik an den Felsen von Fontainebleau bei Paris, die Kletterer aus Genf übten an den Kalkwänden des Salève südlich vom Genfer See und Riccar-do Cassin trainierte an den Felsnadeln der Grigna hoch über dem Lago die Lecco, Emilio Comici in den Wänden des Val Rosandra. In Großbritannien hat das Üben an Kletterfelsen eine lange Tradition: die Cliffs in Cornwall, im Lake District in Wales kennen die Alpi-nisten seit den Anfängen. Plötzlich sind diese Kletterfelsen fern der Alpen nicht mehr nur Übungsgelände, sie werden selbst zum Ziel.

Diese Art Kletterei – das Sportklettern – wird zu einem eigen-ständigen Sport. Mit eigenen Regeln und Werten. Das stilreine Klettern der einzelnen Passagen wird zum zentralen Anliegen des Spiels. Das vollkommen freie Klettern, das die Engländer und die Kletterer aus den USA bereits praktizieren – »all free« bei den Eng-ländern, »rotpunkt« bei den Deutschen, »en jaune« bei den Fran-zosen – wird Mode. In allen Ländern des Westens. Dank dieser

Patrick Edlinger

Es waren Ron Fawcett und Pete Livesey, die das Freiklettern in den Verdon gebracht haben (1977). Die markierten Routen erhielten von ihnen die ersten freien Begehungen.
Nicholas Mailänder

»Pichenibule« hat den Beginn einer neuen Ära in der Klet-terei im Verdon eingeläutet. Das Umfeld dieser Passagen ist außerordentlich, es herrscht eine vollkommene Leere, die Felsqualität nähert sich der Perfektion.   Patrick Cordier

Fred Rouhling in Aktion

Man hat das Leistungsstreben, den Ehrgeiz und den Konkurrenzkampf verurteilt. Ich sage am besten gleich, dass die Leistung für mich das Wichtigste ist, dass ich die Konkurrenz suche und dass ich ehrgeizig bin. Ich möchte die beste Kletterin der Welt werden. Luisa Jovane

Ethik spezifischen Trainings und verbesserter Sicherungsmittel wird die alte Schwierigkeitsgrenze durchbrochen. Mit rasanter Geschwindigkeit steigt die junge Generation über alte Tabus hinaus. Während die Existenz des siebten Grades (6b auf der französischen Skala, die fast überall für das Sportklettern gilbt) zehn Jahre zuvor noch geleugnet wurde, bewegen sich jetzt viele Spitzenkletterer zwischen dem achten und neunten Grad. Zwischen 7a und 7c also. Bald schon peilen die Allerbesten den zehnten Grad (8b) an. Vor allem aber die Verbreitung des Freikletterns verändert die Landkarte dieses Sports. Kletterer aus aller Welt pilgern zu den Wänden im Verdon, den Calanques, nach Buoux oder Ceüse, zum Mont Sainte-Victoire. Andere Kletterzentren in Italien – Finale Ligure, Arco, Sperlonga, Muzzerone und Gaeta –, auf Korsika und auf den Balearen, an den Felsen Kataloniens und Andalusiens kommen in Mode. Hunderttausende von jungen Leuten weltweit sind heute Sportkletterer. Überall werden neue Kletterfelsen erschlossen. Kletterhallen entstehen, in denen an Winterabenden trainiert wird.

Das Sportklettern hat sofort großen Einfluss auf den klassischen Alpinismus. Das Durchschnittsniveau steigt und der Deutsche Wolfgang Güllich – der einige der ersten 8c-Wege eröffnet – zeigt, wie sich die verschiedenen Disziplinen befruchten können. Die Franzosen Didier Raboutou, François Petit, Isabelle Patissier, François Legrand, Fred Rouhling, die Amerikaner Ron Kauk und Lynn Hill, die Italiener Maurizio »Manolo« Zanolla und Pietro Dal Prà, der Brite Ben Moon, der Österreicher Beat Kammerlander, der Spanier Bernabé Fernández, der Slowene Tadej Slabe und der Japaner Yuji Hirajama wagen das Spiel um die schwierigsten Routen.

Im Juli 1985 kommen viele der besten Kletterer Europas zu einem richtigen Wettkampf zusammen. Eine Provokation! In der ehemaligen Sowjetunion und in anderen osteuropäischen Ländern hat es früher schon Kletterwettkämpfe gegeben. Geschwindigkeitswettbewerbe mit Schwierigkeiten nach klassischem Muster. Jetzt, an der Militi-Wand, an der Grenze zwischen dem italienischen Susatal und Frankreich, geht es um viel höhere Schwierigkeitsgrade. »Manolo«

und der Engländer Jerry Moffat beobachten die Konkurrenten nur vom Felsfuß aus. Güllich scheitert. Skepsis.

Die Sieger sind Stefan Glowacz bei den Männern und Cathérine Destivelle bei den Frauen. Gefolgt von Jacky Godoffe und Thierry Renault bei den Männern, Luisa Jovane und Martine Rolland bei den Frauen. Diese Art Kletterwettkämpfe sollen nun, ähnlich dem Rad- und Skiweltcup, regelmäßig wiederholt werden.

1990 wird von der UIAA die erste offizelle Kletter-Weltmeisterschaft ins Leben gerufen. An künstlichen Wänden. Viele Kletterer aber üben ihren Sport lieber an natürlichen Felsen aus und machen ihn zu ihrem Hauptberuf.

Todd Skinner und Paul Piana gelingt 1988 die erste freie »Team«-Besteigung der Salathé-Wand am El Capitan; Peter Croft erklettert den »Astro Man« frei und solo. Wolfgang Güllich klettert als erster Mensch der Welt eine mit 5.14b (8c bzw. XI–) eingestufte Route, »Wallstreet« genannt; Isabelle Patissier schafft den Schwierigkeitsgrad 5.13d (8b bzw. X). Jetzt übernehmen wieder die europäischen Kletterer die Führung. Sie setzten neue Standards im Freeclimbing. Anfang der neunziger Jahre heißt der absolute Star Wolfgang Güllich. Weltweit. Erstmals klettert er mit »Action Directe« 5.14c (9a bzw. XI). Der junge Schweizer Elie Chevieux macht die erste On-sight-Begehung einer 8b-Route, das heißt er schafft die ihm unbekannte Route sturzfrei im ersten Versuch. Beat Kammerlander beginnt eine Serie kühner Freiklettereien an den großen Kalkwänden der Alpen und Güllich trägt sein Kletterkönnen zu den Trango-Türmen im Karakorum. Peter Croft und Hans Florine schaffen eine Speedbesteigung der »Nose« am El Cap in 4 Stunden, 22 Minuten!

Um die Mitter der achtziger Jahre leitet die europäische Klettergemeinde also die Ära des Sprotkletterns ein. Der Umstieg vom traditionellen Klettern zum Sportklettern erfolgt in den USA zwar langsam, aber zuletzt in verschiedenen Gebieten des Landes gleichzeitig. Alan Watts, einer der führenden Kletterer in den Smith Rocks, eröffnet einige der härtesten Routen des Landes unter Anwendung von »Hang-dogging« und wird dafür kritisiert. Als er

Das war mein erster und letzter Wettkampf. Ich klettere zum eigenen Vergnügen und nicht für die Leute. Ich bin aus Neugier gekommen. Ich wollte sehen, wie das ist. Der Wettkampf macht mich nervös.
Stefan Glowacz

Wolfgang Güllich

Beat Kammerlander

Jerry Moffat

Ben Moon

aber im traditionellen Stil die erste freie Ersteigung von »Stigma« im Yosemite (5.13b oder 8a) macht, staunen alle im »heiligen Land des Kletterns«. Später ist es Todd Skinner, der diesem Kletterstil neue Qualität verleiht. In den USA und in der ganzen Welt werden weitere Sportrouten von ihm eingerichtet.

Vor allem aber bleibt es Wolfgang Güllich, der in Amerika und dem Rest der Welt den Grundstein für jenen neuen Kletterstil legt, der als Sportklettern bekannt wird, und den Schwierigkeitsstandard der Freikletterer in die Höhe treibt. Nicht zu vergessen sein Lehrmeister Kurt Albert, der die »Rotpunkt-Idee« geboren hat. Genial!

In der Mitte der siebziger Jahre, inspiriert vom Klettern im Elbsandstein, erfindet Kurt Albert im Frankenjura das »Rotpunkt-Klettern«. Damit erhält das Schwierigkeitsklettern die zentrale Regel. In den achtziger Jahren sind die Europäer der Motor der Leistungsentwicklung im Sportklettern. Jerry Moffat gelingt »The Face« im südlichen Frankenjura, eine Freikletterroute im unteren zehnten Grad. Moffat, einer der profiliertesten Sportkletterer der Moderne, Ben Moon und Wolfgang Güllich, der ein Jahr später mit der Route »Kanal im Rücken« erstmals den glatten zehnten Grad erreicht, schieben die Leistungsgrenze im Sportklettern sukzessive nach oben. Mit »Punks in the Gym« in Australien – X+ nach UIAA – und »Wallstreet« im Frankenjura sind sich die Spitzenkletterer in den Regeln und in der Hierarchie einig. »Güllich is the best!« Ja, es geht beim Klettern um eine Steigerung, um den Rekord wie in der Leichtathletik. Und dieser muss nicht beim Wettklettern erbracht werden. Güllichs Route »Action Directe« steht 1991 über allem.

Das moderne Klettern, weiterentwickelt im subkulturellen Milieu, aus einer Leistungsverweigerungshaltung entstanden, kennt eigene Sprachmuster, Verhaltensnormen, Werte. Als Natursport nicht organisiert, werden dabei Regeln von den Akteuren selbst ausgehandelt. Es zählen nur sauber erbrachte Leistungen. Nur so können Leistungsverweigerer bei ihrem Spiel extrem leistungsbereit sein. Wolfgang Güllich spricht von selbstbestimmter Leistung. Aber auch der indirekte Wettkampf spielt eine Rolle, die Möglichkeiten eben, seine Leistung spontan, nach Lust und Laune zu erbringen. Die Freiheit, wann, wie und wohin zu klettern und dabei sein Leben nicht zu riskieren, hat der Kletterkunst gut getan.

Das Konkurrenzprinzip braucht Vergleichbarkeit, also allen zugängliche Kletterrouten, und eine allgemeingültige Schwierigkeitsskala. So war es seit den Anfängen des Sportkletterns. Im Elbsandstein, im Kaiser, in den Dolomiten, im Yosemite Valley. Immer lautet die Frage: »Wer klettert die schwierigste Route?« »Wer kann welche Stelle wiederholen?« Wenn ein direkter Vergleich der Kletterleistung auch hundert Jahre lang ausblieb, ein indirekter Wettkampf fand dennoch statt. Dieser Umstand hat wesentlich zur Leistungssteigerung beim Klettern beigetragen. Von Anfang an. Die Europäer – im Spannungsbogen zwischen dem Freiklettergeist im Elbsandsteingebirge und dem Yosemite gewachsen – wagen den nächsten Schritt.

Zuerst aber wird das Wettklettern konkret. Wie anders sollen sich junge Kletterer profilieren? Der Trend zum Wettklettern, 1990 vor allem bei den jüngsten Sportkletterern spürbar, erreicht in wenigen Jahren seinen Kulminationspunkt. Die selbstgebastelte Ethik der Bergsteiger von gestern – »bescheiden«, »weltfremd« und »ohne Ehrgeiz«, die Kleidung handgestrickt, das Seil als Symbol der Kameradschaft bis in den Tod – ist tot. »Atletica verticale« ist angesagt. Die jungen Kletterer kümmern sich wenig um die alpine Geschichte. Ihre Gedanken kreisen um Sport, Show und Sponsoren. Und Kletterwettbewerbe haben jetzt großen Einfluss auf das Geschehen in der Szene, die sich in Klettergärten und nicht im Hochgebirge trifft. Freiklettertreffen finden statt: in den USA, in England, in Österreich, in Australien, in Deutschland, in der Schweiz. Keine Skepsis mehr gegenüber diesen Klettervorführungen. Die Wandakrobaten werden immer mehr. Ja, Show- und Wettkampfdarbietungen finden so große Aufmerksamkeit, dass Spitzenklettern als Show-Sport zu funktionieren scheint. Wie Fußball und Tennis.

1985, in Bardonecchia, beim ersten richtigen Wettkampf im Felsklettern in Westeuropa galt es, drei unterschiedlich schwierige

Stellt sich automatisch die ultimative Frage nach dem besten Kletterer der Welt. Allein Güllich will sie nicht gestellt wissen. Wenn er beispielsweise mit dem Engländer Jerry Moffat zum Klettern unterwegs sei, sagt er, und sähe, was dieser am Fels an Können aufblitzen lasse, dann sei eine solche Frage im Klettersport nicht zu beantworten und demzufolge auch nicht zu stellen. Denn auch Moffat hätte locker einen gerechtfertigten Anspruch für den Superlativ – Weitsicht war schon immer eine Tugend …
Tilmann Hepp

Wolfgang Güllich in »Action Directe«

Wir wollen keine Trainer oder Richter, weil Klettern vor allem ein persönliches Suchen ist.
Manifest der neunzehn französischen Spitzenkletterer, die sich gegen das Wettklettern aussprechen

Marmolada, der »Elefantenbauch« ist keine Arena

Routen im Vorstieg zu bewältigen, wobei der Stil sowie die Sturzfreiheit bewertet wurden. Beim abschließenden Schnellklettern mussten 45 Meter mittelschweres Gelände schnell hochgehetzt werden.

»Wer ist der beste Bergsteiger der Welt?« Sind diese Wettkämpfe der einzige Ausweg aus dem härter werdenden Spiel an der Vertikalen? Olympische Disziplin soll das Klettern werden! Wenn man sich auf einige Spielarten und einen gemeinsamen Nenner der Reglen einigt, könnte es funktionieren. Aber wo und wie?

Ja, es ist schwierig geworden, besser als die Besten zu sein! Noch schwieriger ist es, sein Können zu beweisen. Daher der Wettkampf. Von ihm träumen vor allem die Funktionäre. Die meisten Bergsteiger aber sind immer noch gegen Regeln, und dies, obwohl sie einen Ehrenkodex verteidigen, der »Profis« von vornherein ausschließt, Sponsoren verteufelt und Wettkämpfe nur rückblickend akzeptiert. »Kletterwettkampf« ist für sie ein Reizwort. Sogar der Ehrgeiz muss bestimmten Vorstellungen entsprechen, um gerechtfertigt zu sein.

Wettkampf? Als vor Jahren ein Angebot auf meinem Schreibtisch lag, die Eiger-Nordwand auf Zeit zu durchklettern, im Wettlauf mit ein paar anderen Seilschaften und für das Fernsehen, winkte ich ab. Nicht etwa, weil ich Angst hatte, dabei mein Gesicht zu verlieren. Nein, Kritik hätte mich nicht gestört und die Eiger-Wand ist so gefährlich nicht, sie ist schöner als ihr Ruf. Aber ich wollte gewinnen. Und gewinnen kann in einer solchen Arena nur, wer alles riskiert, wer nach dem Grundsatz »lieber tot, als zweiter« klettert. Wenn ich selbst ein Leben lang allen Wettbewerben fern bleibe, dann deshalb, weil ich ein »Spiel« im Gebirge für gefährlich halte und ein Steigen mit Sicherung von oben eine Farce ist.

Die Idee, das Bergsteigen in eine Sportart mit Siegern und Medaillen zu verwandeln, ist bald hundert Jahre alt. Schon 1911 ist Paul Preuß in einer Buchbesprechung in der Deutschen Alpenzeitung darauf eingegangen: »Mit Recht sträubt sich Nieberl in seinem aus dem Herzen kommenden Schlusswort gegen das Überhandnehmen des Wettbewerbs und der Rekordhascherei im Klettersport; doch fürchte ich, dass die Stimme, die Nieberl gegen den ›unlauteren Wettbewerb in den Bergen‹ erhob, wirkungslos verhallen wird. Das Klettern ist nun einmal Sport, und es werden sich die sportlichen Elemente daraus, das Suchen der Rekorde, intensiver persönlicher Wettkampf und was sonst damit zusammenhängt, nicht ausmerzen lassen. Man kann nicht gegen den Strom schwimmen.«

1932 erhielten die beiden Brüder Franz und Toni Schmid, die ein Jahr zuvor mit dem Fahrrad nach Zermatt geradelt waren, um die Matterhorn-Nordwand zu durchsteigen, in Los Angeles eine goldene Olympiamedaille verliehen. Die Matterhorn-Nordwand war zwar nicht die schwierigste Route der damaligen Zeit, die Erstbegehung der beiden Münchner aber hatte so viel Aufsehen erregt wie keine andere Erstbegehung vorher. Es wurde also nicht nur die bergsteigerische Leistung anerkannt, sondern auch das Spektakel, das der Besteigung der Schmid-Brüder folgte. So war es beim Bergsteigen schon immer. Es gab keinen anderen Maßstab für den »Wert« einer Kletterei als das, was die Helden selbst darüber erzählten.

Das Erzählen, die Sprache! Jeder zweite Amerikaner sagt »to abseil« für abseilen, ein Ausdruck, der von den Briten um die Jahrhundertwende übernommen worden ist, damals, als die deutschsprachigen Bergsteiger führend für die Entwicklung des Alpinismus gewesen waren.

Warum finden unsere Sehnsüchte ihren Ausdruck nicht in unserer Sprache! Sind sie stärker, wenn wir sie mit uns fremden Worten umschreiben? Ich gehöre nicht zu denen, die für eine »saubere deutsche Sprache« in »diesem unserem Lande« eintreten, finde es aber trotzdem läppisch, wenn wir, um »in« zu sein oder auch nur aus purer Nachäfferei, mit Fachausdrücken aus anderen Sprachen um uns werfen. Wie habe ich über die mit »Eispickel«, »Seil«, »Haken« durchsetzte japanische Klettersprache geschmunzelt. Es klang so unecht. Nein, es geht mir nicht um den Identitätsverlust, der Hand in Hand geht mit dem Verlust der eigenen Sprache, es

Franz und Toni Schmid nach der Erstbegehung der Matterhorn-Nordwand

Der Verlust an Ausstrahlung des Kletterns hat auch mit dem Verlust von Bildern zu tun. Kletterbilder aus dritter Hand, Zahlenalpinismus, Wettkampfresultate bleiben steril. Nur neue Sprachbilder werden das Klettern wieder zum Thema machen. Reinhold Messner

Neil Bentley in »Equilibrium« im
Peak District

*In nur drei Jahrzehnten wurde
fast jede Facette der Bergwelt
erforscht, neu definiert und im
unaufhörlichen Streben nach
höherer Leistung einer zuneh-
menden Spezialisierung unter-
worfen.* Lynn Hill

geht ums Verstandenwerden. Gewiss, der Fachmann unterhält sich
am liebsten in Synonymen, mit
Ausdrücken, hinter denen für ihn
und einen anderen Fachmann eine
ganze Welt steht. Was aber, wenn
unser Gegenüber ein Laie ist? Soll
der ausgeschlossen bleiben, oder
sollten wir ihm doch in unserer gemeinsamen Sprache zu erklären
versuchen, wie wir den »bolder top
rope« versuchen? Ein Steinklotz
lässt sich auch mit Seilsicherung
von oben klettern. »Let's try« – lasst
uns versuchen, auch für die heutigen Stilformen des Bergsteigens
eine allgemeinverständliche Sprache zu finden. »Let's go to climb«,
aber vergessen wir dabei nicht, dass wir Sektierer bleiben, solange
uns niemand versteht außer wir uns selbst. So sehr ich Verständnis
habe für junge Menschen, denen »Berg Heil« nicht über die Lippen
will, so sehr hoffe ich, dass wir uns gemeinsam dagegen sträuben,
mit unserer Sprache zu »kolonialisieren« oder sie »kolonialisieren«
zu lassen. Es ist wahr, dass die heutige deutsche Bergsteigersprache
verbraucht und klischeehaft ist. Es liegt an uns, dies zu ändern.
Wenn wir uns nicht allen gegenüber allgemein verständlich ausdrücken können, werden wir untergehen.

Eines will ich unumwunden zugeben: Die Leistungssteigerung
der Sportkletterer ist bewundernswert. Viele Anregungen dazu
kommen aus den Klettergebieten der USA, und es ist verständlich,
dass die dortige Sprache ihren Niederschlag in der deutschen Kletterszene gefunden hat: »Top rope«, »on sight«, »bolt« … Immer
mehr Neutouren bekommen englische Namen, auch weil ein Neil
Bentley »Equilibrium« geschafft hat. Vielleicht lässt sich trotzdem
ein Gleichgewicht in der Klettersprache wiederfinden.

PETER CROFTS ENCHAINMENT IN DEN BUGABOOS

Peter Croft, in Britisch-Kolumbien in Kanada geboren, klettert seit 25 Jahren. Er klettert in Kanada, den Vereinigten Staaten, in Europa, Südamerika, Asien und Australien. Oft auch allein. Crofts Solo-Enchainments sind berühmt, denn Croft folgt keinen Trends, er geht seinen Weg.

Peter Croft dazu: »Vielleicht sind diese Klettereien eine Art Kniesehnenreflexreaktion auf die überhygienisierten und sensationalisierten Pseudoabenteuer, die heute oft mit viel Reklame angepriesen werden. Aber für jene von uns, deren Knie in diese Richtung zucken, fühlen sie sich an wie kalte, saubere Luft, eine prachtvolle geheime Idee, speziell für uns reserviert. Ist das die Zukunft? Nein. Ist es eine Zukunft? Ja, ich denke schon. Es ist eine Art parallele Welt zu derjenigen, in der wir die meiste Zeit leben, eine Welt ohne Anschlagbretter, ohne Wettstreit, ohne Menschenmengen. Man erfindet sich sein eigenes Abenteuer und geht hin, wohin man will. Das ist die wahre Freiheit der Berge: Der einzelne Mensch kann bestimmen, was das Klettern für ihn sein soll, sein wird.«

In den USA wird die Gesamtproblematik einer Tour mit I bis VI angegeben. Überschreitungen im V. Grad sind dabei schwieriger als V-Grad-Wände, und alle Überschreitungen des VI. Grads sind wesentlich größere Unternehmungen als zum Beispiel die »Nose« am El Capitan. Überschreitungen im VI. Grad bergen so viele Unbe-

Peter Croft in »The Prow«, Cardinal Pinnicale Eastern Sierra in der Nähe von Bishop, Kalifornien

Es wäre wirklich gut, wenn die Sprüche zu den radikalen Steigerungen klarer wären, wenn die Burschen zum Beispiel die Zeiten für eine kranke Hakenkletterei von fünf Tagen auf 24 Stunden verkürzten. Aber nur ein paar Minuten schneller zu sein als der alte Rekord – was solls?
Peter Croft

kannte und Gefahren, dass es zu Verwirrung kommt. Es wird in Zukunft zu viele Unbekannte geben, wenn man nicht ein geändertes System anwendet. Die Skala muss also auch hier nach oben offen sein. Weil immer längere Überschreitungen gemacht werden. Weil ein geschlossenes System wie das bisherige unbrauchbar ist. Heute noch werden drei Kilometer lange Strecken gleich eingestuft wie kurze Extremrouten. Das Problem bei der Einstufung entsteht in erster Linie durch die Vielfalt der Überschreitungen. Umgekehrt gibt es wenig Grund sich zu beschweren, die Möglichkeiten sind unerschöpflich.

Peter Crofts erstes großes Enchainment fand in den Bugaboos in Westkanada statt.

Croft: »Den Plan hatte ich in England ausgeheckt, als ich zum Fenster eines Pubs hinausstarrte und den Regen beobachtete, der von einem düsteren, schwarzen Himmel fiel. Allein mit meinem Bier und den Erdnüssen zum Mittagessen träumte ich mir meine Vorstellung vom Himmel zurecht. Blaues Firmament, weiße Gletscher, hohe graue Granittürme.

Einen Monat später war ich dort, und alles war da: in den Buga-

Bugaboos, North Howser Tower

boos. Vor mir breitete sich der Kreis klassischer Routen aus, deretwegen ich hergekommen war: die Beckey-Chouinard am South Howser Tower, die Westwand des Snowpatch Spire, der McTech-Grat am Crescent Spire und der Nordgrat am Bugaboo Spire.«

Mit Hamish Fraser verlässt er beim ersten Lichtschimmer die Hütte. In Laufschuhen stürmen sie den Gletscher hinauf und gehen halb um die Howser Towers herum auf die Rückseite.

Peter Croft: »Ich erinnere mich an viele mühselige Anmärsche, bei denen ich schwitzte wie eine Sau, aber den hier machte das Magische einer neuen Idee so leicht wie eine Bergabfahrt im Leerlauf.«

Sie finden den Einstieg und klettern los. In bestem Fels, jeder solo. Es geht lange Handrisse hinauf und an scharfen Kanten entlang.

Croft: »In Gipfelnähe verlangsamte ich das Tempo, um mir einen kniffeligen Plattenquergang in beiden Richtungen anzuschauen; also hielt ich inne, um Hamish zu beobachten, und sah zu meiner Verwunderung die Schneefelder fast 500 Meter unter uns liegen.«

Auf dem Gipfel angekommen, werfen sie die Seile aus, die sie nur für den Abstieg mitgenommen haben.

Croft: »Die Gipfel ringsum glühen noch immer in der Morgensonne. Rundum nur Licht und der Wunsch die Hand auszustrecken und sie zu berühren.«

Auf dem Gletscher nach dem Abseilen geht Croft weiter. Er will sich den Wunsch erfüllen, alle Gipfel zu berühren. Hamish rastet. Dann macht er sich auf zum Rückweg auf die Hütte, Peter Croft will alles! Zuerst geht es zur Westwand des Snowpatch Spire.

Croft: »Ich erinnere mich an lange Kanten, klaffende Risse und breite Wasserstreifen, die in der Wandmitte zu einem luftigen Gipfel führten. Ich hatte mir zum Abseilen nur ein Seil mitgenommen und zwei wären nötig gewesen. Also entschied ich mich für eine Kombination von Klettern und Abseilen, um zum Wandfuß zurückzukommen.«

Jetzt ist er richtig in Schwung und rennt los. Rasch erreicht er den Sattel zwischen Bugaboo und Snowpatch Spire. In einem ge-

Peter Croft

waltigen Satz springt er über den Schrund und weiter geht es zum McTech-Grat am Crescent Spire.

Croft: »Große Risse waren das hier, im Yosemite-Stil kletterte ich einige hundert Meter gerade empor.«

Von dort beginnt die letzte Runde, die Route über den Nordostgrat am Bugaboo Spire.

Croft: »Während dieses Tags reifte in mir die Erkenntnis, dass ich etwas Fantastisches entdeckt hatte, etwas so Wichtiges wie seinerzeit das Klettern. Auf dem Gipfel des Bugaboo, meinem letzten für diesen Tag, hatte ich deshalb das Gefühl, in die Zukunft zu schauen. Zu weit in die Zukunft, wie sich herausstellte, denn gleich danach, beim Abstieg, kam ich von der Route ab und musste mich mühsam am schwierigsten Stück des ganzen Tags hinabhangeln – einem überhängenden Fingerriss voller Flechten. Doch ich war bald unten auf dem Gletscher und lief zur Hütte.«

Croft dreht sich immer wieder um. Er dreht sich im Kreis. Er freut sich, will zweimal und noch einmal alles in sich aufzunehmen.

An diesem Tag lernt Croft den Zauber des großen Bergsteigens kennen: Aufstehen, während die anderen noch schnarchen, mit leichtem Gepäck gehen, über die Felsen schweben. Als er den Gletscher zurück im Zickzack überquert, begegnen ihm Leute mit Eispickeln, Steigeisen, Biwakausrüstung. Ausgerüstet wie im Himalaja. Rucksäcke und Stiefel zu schwer, um damit zu klettern.

Wie schwer ist diese Tour?

Wegen der Länge dieser Kletterei sagt der Schwierigkeitsgrad zu wenig darüber aus. Die tatsächlichen Schwierigkeiten sind weder in Ziffern von I bis VI noch mit anderen Zahlen ausdrückbar. Um einen Gesamteindruck der zu erwartenden Probleme zu haben, muss der Wiederholer mehr wissen. Vielleicht funktioniert dieses System in den Bergen bis zum Grad IV. Bei V und VI lässt es sich kaum anwenden, wenn der Länge und Gefahr Rechnung getragen werden soll. Aber die besten Bergsteiger werten selbst. Es war schon immer so und es wird auch so bleiben. Nur wer seine Emotionen auch ausdrückt, besetzt das Thema.

Am Südwestgrat des Skagastvelstind, Norwegen

ANFÄNGE

Was Georg Winkler 1887 an seinem Turm gewagt hat, war gegen alle Regeln des Bergsteigens. Aber haben nicht alle, die neue Wege gingen, alte Regeln umgeschmissen? Die Erneuerung des Kletterns hat also auch mit Tabubrüchen zu tun.
Reinhold Messner

Vajolettürme mit dem Winkler-Turm von Südosten

AUSREDEN

Campanile Basso, auch Guglia di
Brenta genannt, 1899 erstbegangen

Der junge, spät geborene Bergsteiger sah, dass die Aufgaben im Fels und Eis der Alpen größtenteils gelöst waren und dass sich nur noch wenige neue, eigene Pfade eröffnen ließen. Musste er nicht zwangsläufig zu technischen Hilfen greifen und im Überschwang der Kräfte und des Wollens das bisher Unmögliche versuchen?
Fritz Schmitt

Die Erfahrung beim Klettern kühner Routen von höchster Schwierigkeit ist anders als die Erfahrung, die Kletterer mit einem niedrigeren Standard an leichteren kühnen Routen machen.
Leo Houlding

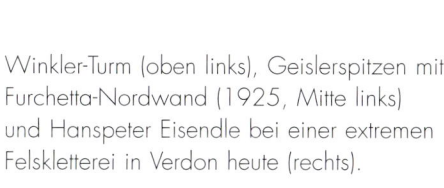

Winkler-Turm (oben links), Geislerspitzen mit Furchetta-Nordwand (1925, Mitte links) und Hanspeter Eisendle bei einer extremen Felskletterei in Verdon heute (rechts).

FREI SEIN

Cima della Madonna mit Schleierkante, von Langes und Merlet völlig
frei geklettert (oben links)
Alle frühen Routen an den Vajolettürmen wurden frei geklettert
(links unten).
Crozzon di Brenta von Nordosten, ein Freikletterparadies (rechts unten)

Zum VI. Grad gehören alle Kletterfahrten, die in freier Kletterei im Allgemeinen zumeist nicht mehr zu bewältigen sind. Die Benützung von allen nur erdenklichen künstlichen Hilfsmitteln ist meist Zwang. Die Leistungsmöglichkeit an der obersten Grenze dieses Grades liegt praktisch und logisch an der absoluten Sturzgrenze. Nur Ausnahmemenschen vermögen hie und da diese Grenze zu erreichen, doch wird das immer nur als Glücksfall betrachtet werden müssen, der nicht einmal für die kleine Gruppe von Spitzenkönnern allgemeingültig sein kann. Willo Welzenbach

Die gewaltige Nordflanke des Monte Agnér in der Pala-Gruppe in den Dolomiten: Abenteuerklettern – nicht im VI. Grad! (rechte Seite)

EXTREM

»Extrem« ist ein Begriff, der relativ bleibt. 1925 war Emil Solleder der Maßstab für extremes Klettern. Und er kletterte frei! Es war dann Welzenbach, der Solleders Neutouren als Nonplusultra und den VI. Grad als Grenzwert definierte. Ein Fehler, wie wir heute wissen.

Reinhold Messner

Furchetta von Norden.
Die Vinatzer-Route (1932) ist die extremste geblieben.

Civetta-Wand (oben links). Zwischen Haupt (Nordwand der kleinen Civetta) und Aughilieri (Winterbegehung der »Solleder«) liegen 90 Jahre. Der Geist der Freikletterer ist derselbe geblieben.

Pelmo Nordwand (unten links), 1924 erstbegangen, eine großartige Freiklettertour, Maßstab für die Besten

Furchetta von Nordosten gesehen (unten Mitte)

Adam Holzknecht in der »Vinatzer« an der Furchetta-Nordwand, die er mit vier weiteren Vinatzer-Routen an einem Tag kletterte (unten rechts)

ZU FRÜH
ERZWUNGEN

Wenn der unübertreffliche Paul Preuß schrieb: »Bergtouren, die man unternimmt, soll man nicht gewachsen, sondern überlegen sein!«, so ist das nur noch bedingt wahr; es ist klar, dass man den heutigen Spitzenfahrten des VI. Grades nicht mehr überlegen sein kann, man vermag sie bestenfalls mit großem Können und Glück zu erzwingen.   O. W. Steiner

Marmolada-Südwestwand (Soldà, 1936) und Südwand (rechts), die inzwischen an drei Dutzend Routen überlegen frei geklettert werden (oben)

Blick von oben in die Nordwand der Großen Zinne (rechts)

Tatsächlich sehe auch ich hier nur die eine logische Konsequenz: den aufgestockten, siebten Schwierigkeitsgrad. Warum soll es im Bergsteigen, entgegen allen anderen Sportarten, um keinen Preis eine natürliche Weiterentwicklung geben? Längst und trotz aller Polemik dagegen ist der VII. Grad Wirklichkeit geworden.

Dietrich Hasse

Linke Seite: Die Zinnen mit ihren überhängenden Wandfluchten, die heute von Spitzenkletterern frei geklettert werden.

KOMPROMISSLOS

Ich bin überzeugt, dass kompromissloses Freiklettern und absoluter Verzicht auf Bohrhaken von grundlegender Bedeutung sind, wenn das Klettern in großen Wänden auch in Zukunft eine Herausforderung sein soll.
Heinz Mariacher

Rechte Seite: Mont-Blanc-Granit, in der Mitte die Ostwand des Capucin (oben)
Mugonispitze im Rosengarten, Dolomiten. An diesen beiden Wänden wurde nach dem Zweiten Weltkrieg technisch geklettert (unten).

Cima de Gaspari und Cima Su Alto (oben)
Livanos- und Mittelpfeiler am Heiligkreuzkofel (unten links)
Kletterer in den Calanques, wo das technische Klettern verfeinert wurde (unten rechts).

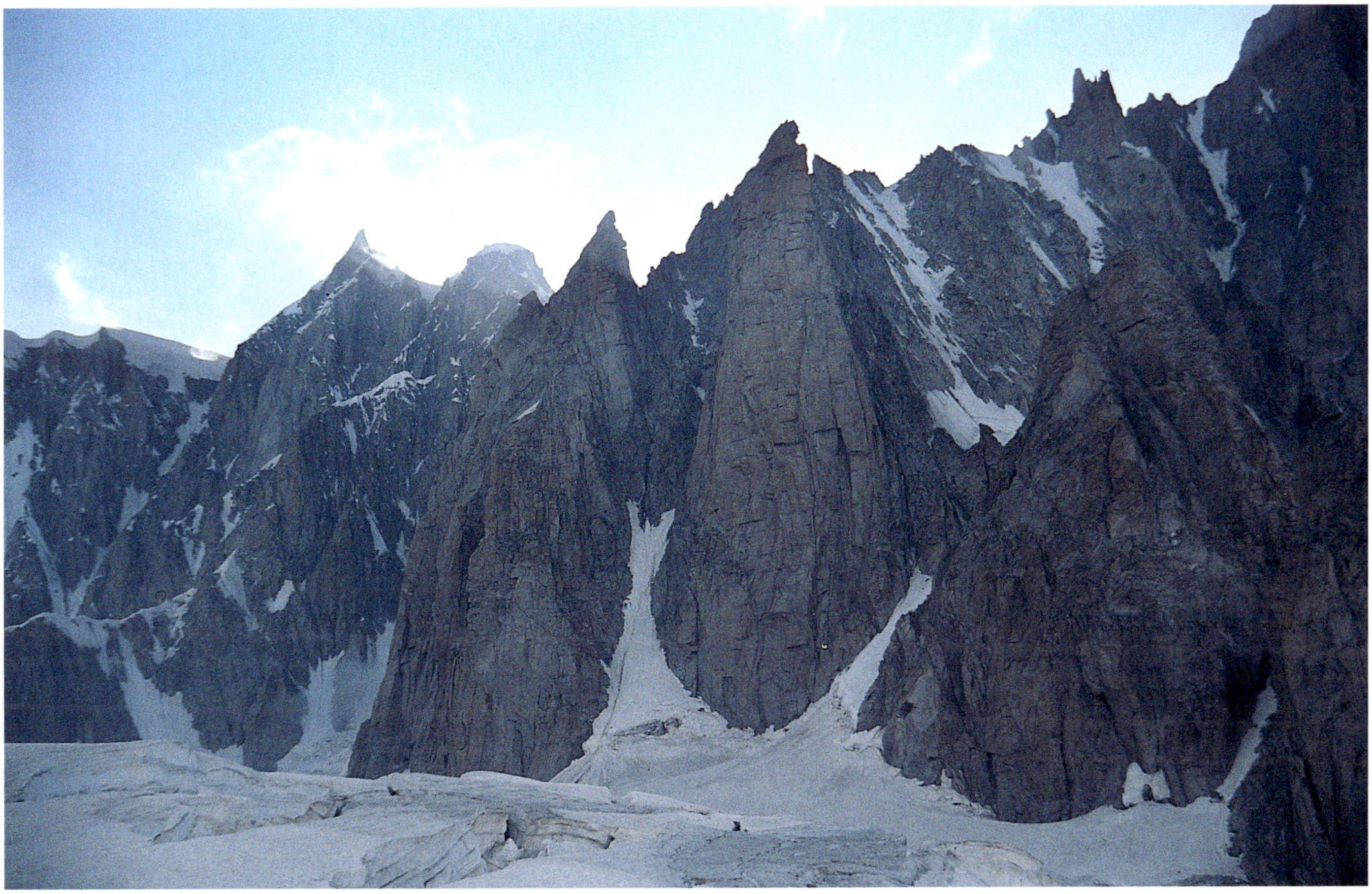

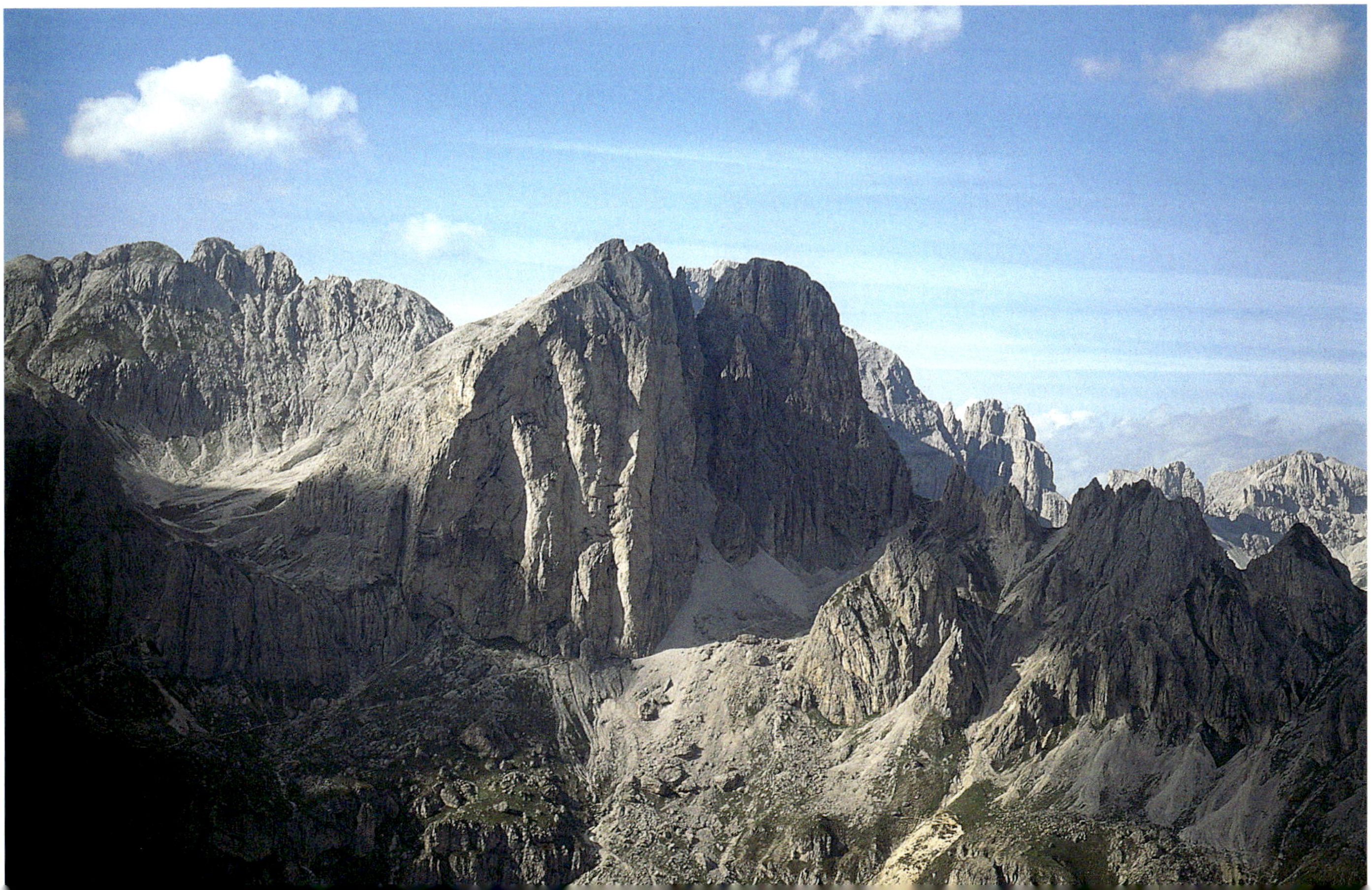

BOHRHAKENSTREIT

Wer Unsinn fordert – etwa verhindern will, dass ein Normalhaken (einst das Optimum an Sicherheit) durch einen Bohrhaken (heute das Optimum) ersetzt wird – wer solchen Unsinn fordert, der hat seinen Anspruch auf Respekt verwirkt. Und Respekt, menschliche Rücksichtnahme ist der einzige Grund, vor einer Sanierung mit dem Erstbegeher zu reden. (…) Es gibt keinerlei Rechtsanspruch auf den Erhalt einer Linie oder ihres Charakters. Andi Dick

Die Nordwand der Großen Zinne, Schauplatz siebzigjähriger Entwicklung und Fluchtpunkt des (Bohr-)Hakenstreits (links)
In der Rotwand im Rosengarten sind bald seit hundert Jahren Kletterer aktiv. Immer wieder mit anderen Anspüchen an sich selbst (oben rechts).

Freiklettern in den Dolomiten: Schuppendach in der »Philipp-Flamm« (oben)
und an den Droites, Nordostpfeiler, im Mont-Blanc-Gebiet (rechts)

In der »Nose« am El Capitan (links oben),
im »Hang-dog-flyer« im Yosemite (rechts oben),
mit Kletterschuhen der Moderne (rechts unten) unterwegs.

AKTIV

Ich bin kein Hellseher, aber ich denke nicht, dass das Bergsteigen ein Ende gefunden hat; es wird neue, gangbare Wege geben. Einen habe ich schon im Sinn.

Christophe Profit

Linke Seite: Hanspeter Eisendle im Yosemite-Granit. Nur die Aktiven zählen.

GEDULD

Im Sommer 1969 klettert Messner allein durch die Südwand der Punta Rocca (»Messner«, VI+). Bis zum großen Band in Wandmitte folgt er der Vinatzer-Route. Im plattigen, oberen Wandteil findet er eine eindrucksvolle neue Linie. Eine großartige mentale Leistung! Messners gutes Beispiel findet leider kaum Nachahmer.
Heinz Mariacher

Linke Seite: Der zentrale Teil der Heiligkreuzkofelmauer. Heute Ziel vieler Freikletterer.

Marmolada von Südwesten gesehen, links der Südwestpfeiler (rechts oben)
Freikletterei am Südwestpfeiler der Marmolada (links unten)
Umgehung der Schlüsselstelle am Heiligkreuzkofel-Mittelpfeiler, Dolomiten (rechts unten)

SPIEL

Bergsteigen ist nichts anderes als eine bereits traditionsreiche Form des Freizeitverhaltens in der Industriegesellschaft, ein Zeitvertreib, vom Ursachenumfeld her ähnlich wie Gameboys, Mountainbikes oder die Fitnesscenter.   Malte Roeper

Und deshalb macht auf Dauer nur Freiklettern Sinn.
Reinhold Messner

Linke Seite: Kletterer im Verdon (oben)
Dent du Géant im Mont-Blanc-Gebiet (unten)

Diese Seite: Die Verdonschlucht (unten)

ABENTEUER

Die künstlich gepuschten Schwierigkeitsgrade moderner Bohrmaschinen-Erstbegehungen als Zeichen der Zeit haben genauso ihren Platz wie die Kühnheit der Routen aller vorangegangenen Epochen. Diese Kühnheit und Genialität wird jedoch immer mehr von selbsternannten Sicherheitskreisen, beschäftigungslosen Bergführern und sonstigen Sozialhelfern zum neuralgischen Punkt erklärt und rostfrei dem Allgemeingebrauch angepasst! (Zuerst nur die Standplätze, dann die Schlüsselstellen, und weil's so bequem ist . . .).
Hanspeter Eisendle

Die Südwand der Marmolada d'Ombretta ist mit dem »Weg durch den Fisch« ins Zentrum des Interesses gerückt. Als Abenteuerspielplatz. Südtiroler Spitzenkletterer im »Fisch« (Eisendle, Mittersteiner, Comploj)

Ich bin absolut für den Wettkampf. Es ist schade, dass ich nicht teilnehmen kann. Ich möchte bei allen Wettkämpfen mitmachen, die ausgerichtet werden. Mir gefällt es, mein Kletterkönnen mit dem jetzigen Standard zu vergleichen.

Patrick Edlinger

Zuschauer in Bardonecchia (oben)
Wolfgang Güllich (links unten) und
Stefan Glowacz (rechts unten) beim
Wettkletterkampf in Bardonecchia 1985

WETTKAMPF

Wettkletterkämpfe gehören in die Halle. Im Gebirge sind sie nicht zu verantworten und auch präparierte Wege in stadtnahen Kletterfelsen weisen nie gleiche Bedingungen für alle Teilnehmer auf.

Reinhold Messner

Natürliche (links, Arco) und künstliche (rechts, Frankfurt) Kletterarena
Die Akteure: Cathérine Destivelle (links unten), Luisa Jovane (Mitte unten) und Heinz Mariacher (rechts unten)

UNENDLICH

100 Jahre Abenteuer Fels und kein Ende. Unendlich in der Erlebnisvielfalt bleiben Bergtouren nur, wenn sich jede Generation neue Wege sucht und wenn sie im Einsatz der Hilfsmittel bescheiden bleibt.

Reinhold Messner

Linke Seite: Zentrale Civetta-Wand. Zwischen Haupt-Weg (rechts) und »Kein Rest von Sehnsucht« (Pfeiler links) sind mehr als 80 Jahre vergangen und viele Erfahrungen dazugekommen.

Unten und rechts: Adam Holzknecht in »Kein Rest von Sehnsucht«, eine der schwierigsten Civetta-Touren und immer ein Abenteuer.

FERNE

1984 durchkletterte Wolfgang Güllich mit »Kanal im Rücken« die erste Xer-Route weltweit, 1985 erreichte er mit »Punks in the Gymn« die erste X+, eine Route übrigens, von der der französische Spitzenkletterer Patrick Edlinger erst jüngst im australischen Magazin »Rock« schrieb, sie sei im Jahr der Erstbegehung viel schwieriger als jede damals existierende Route in Frankreich gewesen und würde heute locker mit 8c – was XI– entspricht – bewertet werden; 1987 kreierte er mit »Wallstreet« die erste XI– auf dem Erdball.
Tilmann Hepp

Karakorum:
Ferne Kletterziele nicht nur eines Wolfgang Güllich

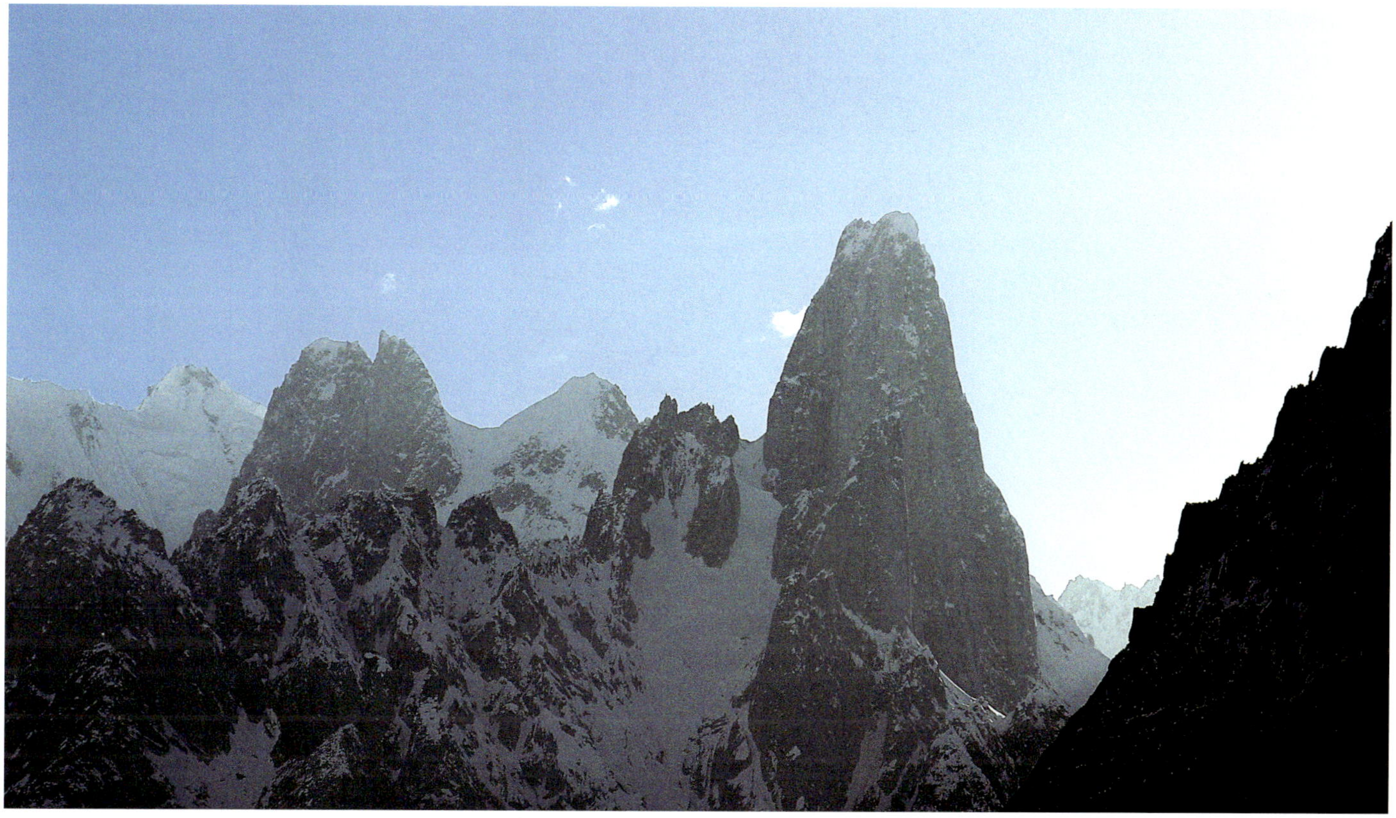

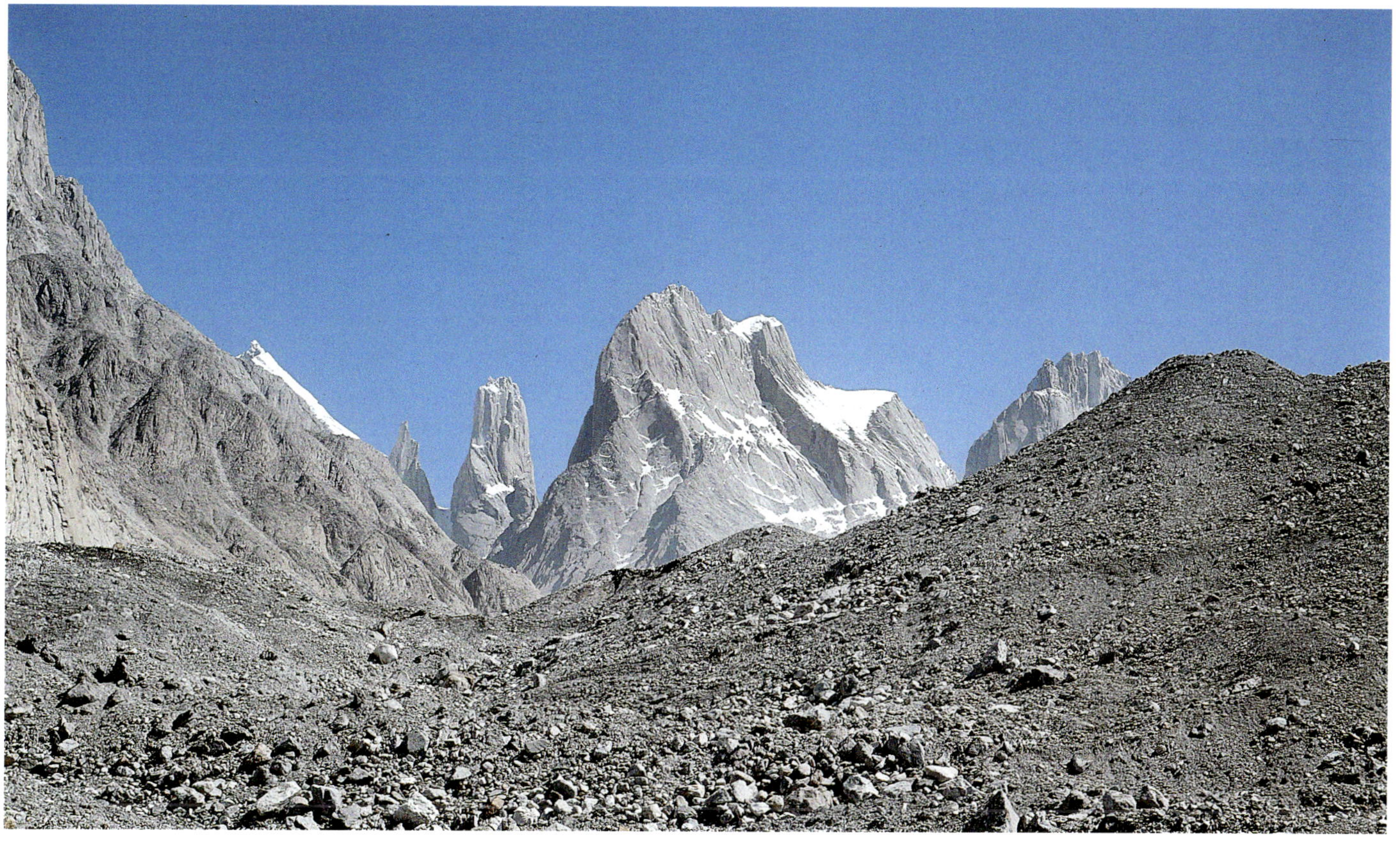

SEHNSUCHT

Oben links: Sas Louch, Langkofel mit der Nase (Nés, links)
Campiller-Turm (oben rechts)
F. Comploj an der Nés (unten links)
Skizze der Routen an der Vilnösser Rotwand (unten rechts)

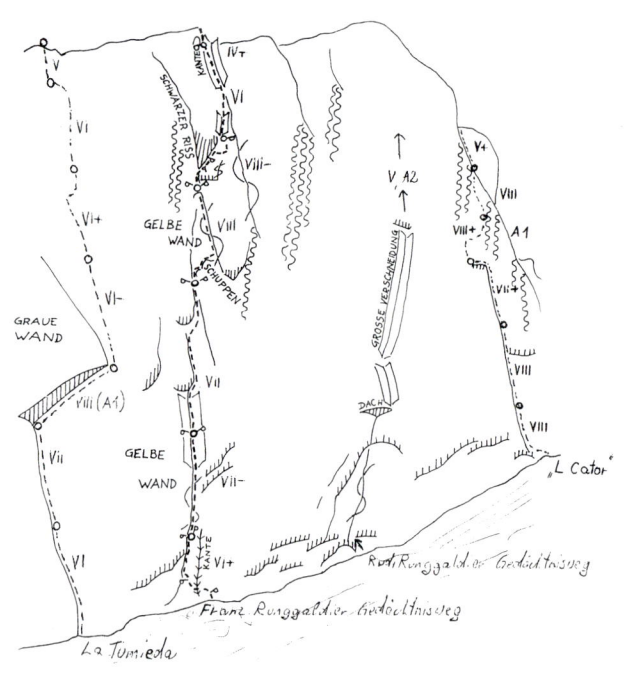

Langkofel-Nés, Campiller-Turm-Nordwestkante, Secé-da (Vilnösser Rotwand) hei-ßen die Ziele der modernen Grödner Bergsteiger, die sich »Catores« nennen: Von Gian B. Vinatzer bis Karl Vinatzer ist ihre Motivation aus der Sehnsucht gewachsen, immer besser zu klettern.

Reinhold Messner

Vilnösser Rotwand (oben)
In der Nés am Langkofel (rechts)

HOFFNUNG

Nein, ich habe keinen Zweifel, dass das Felsklettern seine abenteuerliche Dimension verliert. Patrick Berhault, der in einer »Tour« die wichtigsten Extremklettereien der Alpen wiederholt, Adam Holzknecht, der fünf große Vinatzer-Wege an einem Tag klettert, Christoph Hainz und Hanspeter Eisendle, die schwierigste Dolomiten-Wege führen können, leben Hoffnung vor. Reinhold Messner

Wenn man eine große Wand bis zur Mittagsessenzeit ersteigen kann, was tut man bis zum Abendessen? Peter Croft

Heiligkreuzkofel-Westwand (links), Torre Venezia-Südwand (rechte Seite links oben), Meisules Geierwand sind die geheimen Ziele der jungen Klettergeneration mit Christoph Hainz, Roland Mittersteiner, Adam Holzknecht, Karl Vinatzer …

Adam Holzknecht an den Meisules (rechte Seite unten)

AUSSICHT

Generell verpöne ich Bohrhaken nicht, wehre mich aber gegen die Nacherschließung alpiner Klassiker. Die Routen werden dann sinnlos zugepflastert und ihres Charakters beraubt. Die Schwierigkeiten werden dann nur auf das persönliche Können herunternivelliert. Alexander Huber

Rechte Seite: Hanspeter Eisendle
in seinem Element, Dolomiten

Die Nordwand der Westlichen Zinne

OTHER LIMITS

1993–2001

EINE ANDERE RICHTUNG

Nach einer starken Minute war alles vorbei. Knappe siebzig Sekunden geniale Bewegungen, geballte Kraft und äußerste Konzentration. Gerade soviel Zeit, wie Weltklasseläufer benötigen, um 600 Meter durchs Oval zu sprinten. Siebzig Sekunden für einen Kletterweg, der einen neuen Maßstab im Sportklettern setzt. Wolfgang Güllich, seit Jahren der Kletterpionier schlechthin, durchsteigt als erster Vertikalspezialist der Welt eine Route im glatten XI. Grad: »Action Directe«.

Tilmann Hepp

Ein Sport ohne Rekord ist ein Begriff ohne Inhalt.

Paul Preuß

Mit der ersten Alleinbegehung von »Separate Reality« (VIII+) im Yosemite und seinen Erstbegehungen »Punks in the Gym« (X+, Arapiles/Australien, 1985), »Wall Street« (XI–, Fränkische Schweiz, 1987) und »Action Directe« (XI, Fränkische Schweiz, 1991) wird Wolfgang Güllich der Leader der Kletterszene. Er schiebt die Grenze des Menschenmöglichen kontinuierlich nach oben. 1988 überträgt Güllich, den »State of the Art« in den Himalaja. Zusammen mit Kurt Albert und Hartmut Münchenbach klettert er die »Jugoslawen-Route« am Nameless Tower im Karakorum frei. Schwierigkeitsgrad VIII+ in 6000 Meter Höhe. Ein Jahr später: Güllich, Milan Sykora, Christof Stiegler und Kurt Albert eröffnen die Route »Eternal Flame« am gleichen Gipfel. Schwierigkeit: IX-/A2. Es folgt »Riders on the Storm« an den Paine-Türmen in Patagonien: IX. Grad. Güllich, der Visionär, Kurt Albert, Bernd Arnold – und viele andere Bergsteiger aus aller Welt – beweisen mit ihren Routen, dass sie enormes Kletterkönnen und alpine Erfahrung an hohen Bergen kombinieren können. Und – ob im Himalaja, in Patagonien, Grönland, auf Baffin Island oder in der Antarktis – die vertikale Welt bietet viele Herausforderungen. Aber Wolfgang Güllich stirbt am 31. August 1992 an den Folgen eines schweren Autounfalls. Eine, seine Epoche ist zu Ende. Die neuen Stars werden Steve McKlure, Neil Bentley, Fred Rouhling heißen.

Die Sportkletterer sind heute eine Sekte in der Sekte der Bergsteiger. Dabei sind sie die absoluten Stars. Ihre ständig wachsende

Popularität und eine immer größer werdende Anhängerschar beweisen es. Auch das breite Interesse an ihren Superleistungen, Rekorden, Filmen nimmt zu. »Die dadurch bedingte Hebung des allgemeinen Leistungsniveaus bleibt auch beim Spitzensport nicht ohne Resonanz«, hatte Wolfgang Güllich richtig bemerkt.

Dieser Wolfgang Güllich war unbestritten einer der besten Kletterer der Welt. Durch sein jahrelang systematisch betriebenes Training, sein Selbstverständnis und seine weltweiten Erfolge ist er zu einem Maßstab geworden. Wer ihn live oder im Film klettern sah, war begeistert. Hier wurde Lockerheit nicht bloß behauptet. Hier war ein Mann, der so selbstverständlich im höchsten Schwierigkeitsbereich kletterte wie andere im Wald spazierengehen. Und das, was er am liebsten tat – »herumhampeln drei Meter über dem Boden, baden, Eis essen, in der Wiese liegen, reisen zu allen Jahreszeiten« –, ist die akrobatische Disziplin des Alpinismus, das Sportklettern. Diese junge Bewegung hat nicht nur großen Zulauf, sie hat auch frischen Wind in die Szene gebracht.

Inzwischen hat sich die Wettkampfszene als eigene Disziplin des Kletterns etabliert. Die einen »gegen die Uhr«, andere für den Sponsor, und wieder andere »senkrecht gegen die Zeit«.

Seit Jahren beobachten alle den direkten Vergleichskampf. Wo führt er hin? In eine Nische!

Vor Olympia und Weltmeisterschaft haben uns bisher nicht die Götter der Berge verschont, sondern die Sportfunktionäre. Sie waren nicht bereit, Klettern als olympische Disziplin anzuerkennen. Trotzdem wird weiterhin gemessen, verglichen, gewertet. Auch Alpinisten sind Menschen. Die Szene weiß, wer »in« ist. »Out« ist, wer herunterfällt und dabei umkommt. Er wird schneller vergessen als Willo Welzenbach, der »Bergsteigerpapst« der dreißiger Jahre, der seinen Ruhm vor allem der Tatsache verdankt, nicht rechtzeitig vom Nanga Parbat heruntergekommen zu sein. Der Heldentod ist nicht mehr gefragt. Interessant ist, wer die »Vorsteiger« im Feld einer weltweiten Konkurrenz von Kletterern sind. Was zählt, ist, wo die Besten heute stehen, oder besser gesagt, wo sie hinsteigen.

Steve McKlure

Neil Bentley

Fred Rouhling

Bernd Arnold an der Rokokoturm-
Westwand IXa

Bernd Arnold

Es hat hundert Jahre gedauert, bis das Bergsteigen eindeutig in mehrere Disziplinen zerfallen ist. Der moderne Skilauf, ursprünglich aus dem Alpinismus hervorgegangen, hat diese Entwicklung bereits vor achzig Jahren vollzogen. Heute käme kein Mensch mehr auf die Idee, einen Abfahrtsläufer mit einem Langläufer zu vergleichen. Es gibt Slalom- und Riesenslalom-Spezialisten. Ähnlich ist es nun beim Bergsteigen. Dabei ist der Sportkletterer vom Expeditionsalpinisten weiter entfernt als ein Sprinter vom Marathonläufer. Zum Glück nicht immer. Die Besten sind beides. Die Spezialisierung aber geht weiter. Immer klarer also spaltet sich der Alpinismus in verschiedene Spielarten auf. Und diese treiben auseinander. Immer mehr und immer bessere Spezialisten trainieren für einen immer kleineren Teilbereich des Alpinismus. Die jeweiligen Top-Leute erreichen in ihrer Sepzialdisziplin eine noch nie dagewesene Leistungsfähigkeit.

Durch Impulse der Klettergenies aus allen Erdteilen – Wolfgang Güllich und Bernd Arnold, John Bachar und Todd Skinner – und eine weltweite Vergleichsmöglichkeit ist das Können Jahr für Jahr gewachsen. Vor allem das der Felsenkletterer. Sie haben ihre eigene Sprache, ihr eigenes Training, ein ihnen eigenes Lebensgefühl entwickelt.

50.000 Sportkletterer gibt es in England. In Frankreich, Australien, Spanien und Südafrika verdoppelt sich ihre Zahl von Jahr zu Jahr. Das steigert die Konkurrenz und fördert die Fantasie. Wolfgang Güllich wörtlich: »Die augenblicklich schwierigsten Kletterstellen wurden nur dadurch möglich, dass man sich turnerischer Elemente besann: die gezielte Nutzung von Körperträgheitsmomenten sowie von dynamisch kontrollierten Schwungformen.«

Die Vorliebe der jungen Klettergeneration für kurze, objektiv sichere Anstiege in Mittelgebirgen, die sportliche Einstellung und der damit verbundene Wille, immer höhere Schwierigkeiten zu meistern, stehen in krassem Widerspruch zum Lebensgefühl jener selbsternannten »Idealisten«, die sich einst den Bergen verschrieben hatten, »bis in den Tod«.

Verbesserte Ausrüstung und die weltweite Vergleichsmöglichkeit der Kletterkunst haben in allen Sparten zu einer unvorhersehbaren Leistungsfähigkeit geführt. Es sind Tausende, die heute stärker sind als vor zwanzig Jahren die Besten. Klettern hat alle früheren Grenzen gesprengt. Und wer im oberen Schwierigkeitsbereich Erfolg haben will, muss täglich stundenlang trainieren. Die Spitze der großen Pyramide der Alpinisten unterliegt einem Leistungswillen, der noch nicht von außen – schon gar nicht von Vereinsfunktionären– gelenkt wird. Die Wirtschaft finanziert sie. Dabei unterliegt der wirtschafliche Teil des Kletterns den Marktgesetzen. Angebot und Nachfrage bestimmen die Honorare. Marktschreier haben meist nur einen kurzfristigen Erfolg, verlässliche Könner längerfristige Verträge. Trotzdem, reich kann mit dem Klettern niemand werden. Spitzenbergsteigen ist zwar spektakulär, es lässt sich trotzdem nicht so gut vermarkten wie Tennisspielen oder Skifahren. Vermarkten lassen sich höchstens seine Abfallprodukte: Bilder, Reportagen, Erfahrungen. Auch Führung und Organisation.

Ja, Klettern allein reicht nicht für eine große Profi-Karriere. Es gehört mehr dazu. Damit meine ich nicht den Redakteur, der einen Bestseller bastelt, auch nicht die Manager, die die Sportler vermarkten. Es gehört Authentizität dazu, die Fähigkeit zur Selbstäußerung und der Drang, ganz aus sich herauszugehen. Die Spitze, die Avantgarde bilden die, die ihren eigenen Weg gefunden haben und der Konkurrenz um eine Nasenlänge oder um zehn Jahre voraus sind, wie seinerzeit Hermann Buhl oder Wolfgang Güllich. Wiederholer, auch die schnellsten, gehören nicht in die Formel 1 des Alpinismus.

Wo geht es nun hin? Wer sind die Sprecher der nächsten Jahre? Albert Precht, einer der langlebigen Pioniere, seit bald 40 Jahren aktiv, sagte vor zehn Jahren dazu: »Mit einigen Gleichgesinnten ist es mir gelungen, die Gebiete Hochkönig und Tennengebirge von Bohrhakenrouten zu verschonen, weil ich überzeugt bin, die Entwicklung wird wieder zum ursprünglichen Bergsteigen gehen und der Bohrhaken wird irgendwann kein Thema mehr sein. Gerade

Bergsteigen und Klettern weltweit sind teurer als die meisten anderen Sportarten. Die Akteure aber sind arm. Denn die Vermarktbarkeit der Kletterleidenschaft ist umgekehrt proportional zu den Spesen.
Reinhold Messner

Wir trainieren sicher nicht weniger als Fußballnationalspieler. Wenn wir nicht im Fels sind, steht Krafttraining oder Trockentraining auf dem Stundenplan. Nicht selten kommen da sechs bis acht Stunden zusammen. Wolfgang Güllich

Albert Precht

Je schwieriger es war, einen Ort ausfindig zu machen, desto attraktiver wurde er für mich.
Todd Skinner

jetzt, wo viele diese ›Bohrhaken-Freizone‹ akzeptieren, kommen einige Kletter aus unserem Tal, ja sogar aus Freundeskreisen, mit Bohrmaschinen und stellen die hier eingefestigte Ethik in Frage.«

Und ein halbes Jahr später: »Vielleicht habe ich von meinen Kollegen zuviel verlangt und habe zu heftig und hartnäckig meine Illusion der bohrhakenfreien Berge vertreten und habe dabei wie ein ›Elefant im Porzellanladen‹ das Gegenteil erzielt.«

Ein Tagtraum, der sich nicht verwirklichen lässt, wird zur Enttäuschung. Dass uns die Geschichte irgendwann Recht geben wird, soll nur ein schwacher Trost und der Sache selbst nicht dienlich sein?

Prechts Vorschlag, »wenigstens mit Fünf-Meter-Bohrhakenabständen die Wände von einem Ausverkauf schützen«. Er wurde belacht. »Ja, sie benehmen sich wie eine Mischung aus ›Blumenkinder der Sechziger‹ und der heutigen ›Alles-und-das-möglichst-schnell-Gesellschaft‹ und lehnen alle Regeln, die sie irgendwie einschränken, ab. Meine Ausweglosigkeit hat mich an alte, von mir bereits abgeschriebene Ziele erinnern lassen. Um der Bohr(haken)-szene die besten Möglichkeiten wegzuschnappen, musste ich nochmals alle meine Kräfte mobiliseren. So gelangen mir im vergangenen Jahr 56 Erstbegehungen (bis VIII+) im Vorstieg und ohne Sturz, oft durch sehr kompakte Plattenschilder, aber es waren immer Absicherungen möglich. Ich war aber so im Zugzwang, diese aufgedrängten Illusionen zu verwirklichen, dass Verschiedenes gar nicht so sehr aus meinem Innersten kam, sondern die Boshaftigkeit des Wegnehmens mir dazu die Kraft verlieh. Und ich weiß nicht, was mich mehr befriedigte, die gelungene oder die genommene Tour.«

Wenn Albert Precht bei seinem Stil bleibt, wird sein Name – wie Preuß, Rebitsch und Robbins – auch in den Annalen der Geschichte bleiben. Und es gibt seinesgleichen.

Albert Precht erlebt auch Lichtblicke: »So habe ich vor einigen Wochen in Graz Heinz Mariacher getroffen. Seine Ansicht ist, dass sein klettersportlicher Weg in einer Sackgasse angelangt ist, seine Marmolada-Zeit die erfüllteste seines Lebens war und dass er unbedingt zu dieser Art des Abenteuers zurückkehren möchte. Wie ich hörte, sind in Tirol noch einige ›Mohikaner‹ – Orgler, Rieser und einige mehr –, die an ›unserem Weg‹ festhalten.

Wenn man die Entwicklung schon nicht stoppen kann, so sollte man wenigstens erreichen, dass man von den Jungen beim Nichtgebrauch von Bohrmaschinen nicht ausgelacht und verspottet wird.«

Das war 1993. 1994 gelingen in drei verschiedenen Klettergebieten fast zeitgleich drei alpine Sportkletterrouten ohnegleichen. Sportlich ein großer Sprung nach vorn! Beat Kammerlanders »Silbergeier« im Rätikon, Stefan Glowaczs »Des Kaisers neue Kleider« im Wilden Kaiser und Thomas Hubers »The End of Silence« in den Berchtesgadener Alpen. Alle Routen weisen eine Schlüssellänge im oberen X. Grad und weitere Längen im X. Grad auf.

Dass dabei auch mit Bohrhaken abgesichert werden muss, versteht sich von selbst. Damit aber bekommt das Sportklettern im Gebirge wieder Aufschwung, das Wettkampfklettern stagniert.

Martin Kind dazu: »Eine Ursache der gegenwärtigen Rezession im Wettkampfklettern dürfte die im Vergleich zu traditionellen Wettkampfsportarten ungewöhnliche Entwicklung der Sportkletterwettbewerbe sein. Diese ging – mit Ausnahme von Frankreich, wo es neben vielfältigen natürlichen Klettergebieten und künstlichen Kletteranlagen sehr früh eine Vielzahl von nationalen Kletterwettbewerben gab, die die anfängliche, bis in die Gegenwart reichende Dominanz französischer Kletterer bei internationalen Wettbewerben erklären – von oben nach unten. Weil es an leistungssportlich orientierten Vereinsstrukturen mangelte, fehlte ein System von unterschiedlichen Wettkampftypen, ausgehend von einer breiten Basis bis hin zu hochkarätigen Spitzensportveranstaltungen. Sicherlich trugen auch die aus verschiedenen (Vereins-)Lagern kommenden Widerstände gegen das wettkampfausgerichtete Bergsteigen das ihre bei. Jedenfalls orientierten sich die Organisatoren von Kletterwettkämpfen an der absoluten Spitze, denn nur Kletterer aus dieser Liga versprachen den notwendigen Zuschauerzustrom. Gemeinsam

Vielleicht wird damit ein neuer Trend eingeleitet, weg von der beruhigenden Bohrhakensicherheit hin zum kalkulierten Risiko, wobei einzig das eigene Kletterkönnen zum Maßstab wird. Willi Schwenkmeier

Natürlich ist es besser, meine Route ganz ohne Bohrhaken klettern zu können. In diesem Fall stellen sie aber das gerade noch vertretbare Minimum an Absicherung dar. Es war schon Herausforderung genug, das Risiko zumindest halbwegs unter Kontrolle zu halten. Alexander Huber

In der Fleischbank-Südostwand,
Kletterabenteuer einst.

Die »Nose« an einem Tag frei zu klettern war meine kühnste Tat. Als es der perfekte Platz wäre zu erklären, wer ich bin und was Klettern für mich bedeutet: eine kleine Frau mit ihrer eigenen Vision und Zielsetzung in diesem von Männern beherrschten Sport.
Lynn Hill

Chris Bonington

mit dem Bild der Wettkampfkletterer der gegenwärtigen Generation, die allesamt keine ›gewachsenen‹ Hochleistungssportler sind, sondern deren Motivation, mit dem Klettern zu beginnen, zunächst aus der Möglichkeit eines ungewöhnlichen Natursports bar von Normen und Konventionen stammte, entstand so eine Kluft zwischen Basis und Spitze, die den Stellenwert des Wettkampfes im Klettern geschwächt hat.«

Dasselbe sagen Thomas und Alexander Huber. Vor allem mit ihren Taten. »Eine mauerglatte Wand, durchzogen von einem Riss – 80 Meter weit zieht dieses Wunder seine Spur nach unten, endet zehn Meter oberhalb eines breiten Bandes in einer überhängenden Welle aus kompaktem Granit. Die schwierigste Einzelstelle von ›El Corazon‹ am El Cap fordert das Letzte vom Kletterer. Und das Risiko ist nur vertretbar, wenn die folgenden zwei Meter beherrscht werden, die Möglichkeit des Versagens praktisch ausgeschlossen ist. Du bist im Seil eingebunden, der Bird Beak ist eingehängt, du wirst gesichert, und doch bist du im Kopf allein, ›free solo‹ unterwegs. Zwei Seitgriffe, die Tritte fast bei den Händen – der Sprung. Beide Hände lösen sich vom Fels, der Oberkörper fliegt in einer Welle nach oben, die Augen koordinieren die Bewegung und die Finger graben sich tief in den Beginn der Beak Flake. Der Blick löst sich von den Fingern, vom Griff, richtet sich nach oben.«

Ja, damit hat das Sportklettern seine Abenteuer-Dimension zurückgefordert. »Ein Geschenk, ein Rausch«, sagt Alexander Huber.

Dieses »Wie-soll-ich-da-durchkommen«, dieses Ausgeliefertsein erinnert an die großen Abenteuer der Geschichte: Odysseus, Shackleton, Bonington. Wie hart müssen sich die Sportkletterer diese Dimension der Vertikalen zurückerobern. Nur, weil sie so gut klettern.

Alexander Huber im »El Corazon«: »Nach 250 Metern endet die Riesenverschneidung von ›Son of Heart‹ abrupt. Ein Sechs-Meter-Dach riegelt den Weiterweg ab – für freies Klettern eine Sackgasse. Bleibt nur die Möglichkeit, unter dem 30 Meter nach links auslaufenden Dach zu queren. Klettern unter der Zimmerdecke. Die Füße an die senkrechte, konturlose Wand gepresst, über die Untergriffe wird der Körper unter Hochspannung gesetzt. Doch wohin mit dem Oberkörper? Das Dach lässt dir keinen Platz. Mit Gewalt drückt es dich nach unten. Das Gesicht an das Dach gepresst, verlieren die Augen den Überblick, Orientierung ist ausgeschlossen, das Klettern ist hier ein An-den-Untergriffen-sich-Vorwärtstasten. Nur selten gelingt es, den Oberkörper zur Seite zu drehen und damit dem Druck des Daches auszuweichen – tief Luft holen, mit scharfem Blick die Untergriffe der nächsten Meter einscannen und als inneres Bild im Gedächtnis abspeichern. Und weiter …«

Weiter geht auch die Entwicklung.

»Inmitten einer riesigen Wüste aus goldenem Granit gibt es nur eine einzige Möglichkeit, zu entkommen. Der einzige Schwachpunkt: ein Riss, der immer schmaler wird … anfangs passen noch die Friends, auf den letzten Metern sind aber selbst die kleinsten zu groß und beinahe wird der Riss fürs freie Klettern zu schmal, gerade dass die Fingerspitzen noch Platz finden – aber es geht!«

Möglich. Unmöglich. Die Gangbarkeit einer Wand erobern: 1000 Meter weit oben. In absoluter Ausgesetzheit, in Eigenverantwortung. Das ist es! Beeindruckend, beängstigend, faszinierend zugleich. Du kletterst geradewegs in die freie Wand hinaus, ins Nichts. Tagelang hängst du irgendwo im Nirgendwo ganz auf dich selbst gestellt und folgst deinen eigenen Ideen, deinem Traum, deinen Regeln und lebst wie auf einem anderen Stern.

Auch Lynn Hill, die 1993 als erste »The Nose« in der Riesenwand des El Capitan im Yosemite Nationalpark frei geklettert hat, drückt sich heute in der Natur aus und nicht mehr beim Wettkampf in der Halle. Die bekannteste Freeclimberin der Welt setzt sich bewusst dem Risiko aus, des Abenteuers wegen.

Der Sprecher dieser neuen Richtung ist Alexander Huber. Er sucht sein Abenteuer, ein Erlebnis, das ihm im Alltag wieder durchs Leben schweben lässt. »Die unangenehmen Begleitumstände wie Eiseskälte, Dolomitenbruch und fragwürdige Sicherungen sind Faktoren, die unbedingt zum Spiel dazu gehören.« Neue Töne aus der »Alpinen Gruppe«. Klettern ist wieder Abenteuer.

Alexander Huber in »El Corazon«, Kletterabenteuer heute

Lynn Hill

ALEXANDER HUBER IN DER »BELLAVISTA« AN DER WESTLICHEN ZINNE

Alexander Huber in der Schlüsselseillänge

Alexander Huber mag es »brüchig, steil und schwierig«. Nach Wochen in beheizter und versicherter Zivilisation zieht es ihn hinaus in die Vertikale, in Eiseskälte und Dolomitenbruch mit fragwürdigen Sicherungen. Im Winter 2000 visiert er die Nordwand der Westlichen Zinne an. Sechs Jahre zuvor hat er die Schweizer-Führe geklettert. Mit der Spanierin Lisi Roig Alegre. Ein klassischer Weg, frei geklettert, im unteren neunten Grad. Eine eindrucksvolle Unternehmung. Und folgenreich. Das riesige Dach rechts der Schweizer-Führe, eine verkehrte Welt, lässt Alexander nicht mehr los. Das große Dach an der Westlichen Zinne könnte ja eine der verrücktesten Freikletterlinien der Welt werden!! Sollte?

Plötzlich die Idee: Alleingang im Winter. Nein, Alexander will keine weitere Direttissima durch die Wand legen. Die Linie soll natürlich sein. Zur Fortbewegung will er nur Normalhaken schlagen. Bohrhaken sollen lediglich an den Ständen zum Einsatz kommen. Dies ist seine selbstauferlegte Ethik. Und sie gilt vorerst nur für ihn.

Die Route ist brüchig, anspruchsvoll und wild. »Ich hatte Angst, musste all mein Können aufbieten, um nicht ungebremst im schneebedeckten Schuttkar einzuschlagen«, sagt Huber sachlich. Seine Abenteuerlust war fürs erste gestillt. Nach fünf Tagen in der Wand aber ist ihm klar, dass jeder Meter entlang der Linie von »Bellavista«

ohne Hakenhilfe kletterbar ist. Schwierig, extrem schwierig, aber machbar! Die freie Begehung dieses riesigen Dachausbruches wird zu seiner fixen Idee. Die große Herausforderung! Vielleicht der elfte Grad. Im brüchigen Dolomit. In einer schattigen Nordwand. Das ist es, wonach er gesucht hat: Das Abenteuer der Zukunft.

Training in der Kraftkammer, in Kletterhallen, im Schlaf. Alles wird auf dieses eine Ziel ausgerichtet, er weiß was zu tun ist.

Alexander Huber: »Spotklettern ist die Basis, um hohe Schwierigkeiten klettern zu können – auch im alpinen Gelände.«

Im Frühjahr schraubt er seine Kletterleistung im Klettergarten langsam nach oben. Nach fünf Jahren Abstinenz wegen einer Verletzung kommt er zurück ins Reich des elften Grades, in die Welt, wo die Griffe winzig klein, die Überhänge ohne Ende und die Kletterzüge wirklich athletisch sind.

Anfang Juni. Zusammen mit Matthias Leitner aus Graz ist er zurück in seiner Nordwand. Zusammen durchsteigen sie die Route »klassisch«. Unter der ersten Seillänge, die Alexander im Winter technisch geklettert hat, ist er ausgelaugt, Matthias behängt sich mit allem, was man so braucht: Hammer, Messerhaken, Lost Arrows, Profilhaken, Keile, Cliffhanger, Trittleitern, und wagt sich ins überhängende Gelände.

Nach zwei Tagen sind die beiden über dem Dach. Sie haben »Bellavista« durchstiegen und alle Sicherungsmittel, auch Seile, in der Route belassen. Die großen Fragezeichen bleiben. Wie schwierig ist letztlich die große Dachseillänge? Und wie kann man die 60 Meter im Dach absichern? Klar ist nur: »Bellavista« darf keinesfalls durch Hinzufügen von Bohrhaken entschärft werden. Ein bewusster Verzicht, denn die bestehende Route würde durch nachträgliches Bohren verändert.

Aber das Risiko weiter Stürze sitzt Alexander im Nacken. Training vor Ort.

Huber: »Immer wieder passiert es, dass ich die Reise nach unten antrete. Der viel gefürchtete Reißverschluss raubt mir ein um den anderen Sicherungspunkt!«

Allein, eiskalt, brüchig, steil und schwierig … das alles kommt bei einer Begehung der winterlichen Nordwand der Westlichen Zinne zusammen. Alexander Huber

Technoklettern hat an sich nur sehr wenig mit dem ursprünglichen Klettern zu tun. Meist hängt man im Gurt, dann steht man wieder in der Leiter, streckt sich zur Platzierung des nächsten Sicherungsmittels, bewegt sich fort wie eine Raupe im Tempo einer Schnecke. Allerdings ist trotz des langsamen Fortkommens technisches Klettern in schwierigem Geländes alles andere als langweilig! Schwierige technische Kletterei zeichnet sich durch miserable Qualität der Sicherungspunkte aus, stundenlanges Unterwegssein in einer langen Technolänge wird somit zum psychischen Martyrium. Alexander Huber

Alexander Huber

Gerade im Sportklettern, wo Zahlen und Grade das aktuelle Geschehen immer mehr dominieren, will ich einen Akzent in die andere Richtung setzen. Hohe Schwierigkeiten: Ja! Spaß beim Sport: Ja! Aber für viele Bergsteiger ist Klettern mehr als Sport! Auf die für hohe Schwierigkeitsgrade übliche hundertprozentige Sicherheit der Bohrhaken wird also verzichtet. Mentale Stärke, Können und Risikobereitschaft sollen wieder mehr zählen – Eigenschaften, die jeder Kletterer in den großen alpinen Touren braucht.   Alexander Huber

Mit Guido Unterwurzacher als Partner wagt Alexander Huber erstmals einen Test in der Dachseillänge. Es erscheint sogar dem besten Kletterer der Welt unglaublich, dass hier freies Klettern möglich ist! Wir Laien würden allein beim Gedanken da hinaufzusteigen vermutlich kotzen vor Schwindelgefühl und Angst.

Am schwächsten Punkt will er den Dachgürtel durchklettern.

Huber: »Immer wieder finden die Fingerspitzen im Riss der Dachfuge Platz, am Ende des Querganges gibt es vor der ersten Schlüsselstelle sogar einen Rastpunkt. Kurz die Unterarme ausschütteln, den Rurp (realized ultimate reality piton) zur Zwischensicherung einhängen, dann mit rechts die kleine Leiste einsortieren, entschlossen durchreißen zum Zweifingerloch, kurz vor dem Abkippen zum nächsten. Die großen Griffe am Standplatz vor Augen – die Unterarme werden wieder heiß – dann kann ich nicht mehr loslassen. Kurze Zeit hänge ich noch bewegungsunfähig an den Griffen. Aaahhh! Mit einem Schrei segle ich durch die Luft, der Rurp und zwei Messerhaken werden mit aus der Wand gerissen, treffen meine Stirn. Dann ein Ruck und ich pendle frei hängend in der Luft aus.«

Blut in den Augenbrauen, ein besorgter Blick. Aber Guido beruhigt: »Nur ein kleiner Cut.« Mit den Steigklemmen geht's am Seil entlang zurück zum Standplatz. 20 Minuten Pause. Nächster Versuch.

Alexander spricht mit sich selbst. Bis er die großen Griffe am Standplatz in der Hand hält. Die erste Seillänge im Dach ist geknackt! Guido steigt mit Jümarklemmen nach. Was für eine Ausgesetzheit!

In der zweiten Dachseillänge sind die Absicherungen deutlich weniger. Der erste Versuch endet sechs Meter über dem Stand. Ein nächster Versuch? Prompt rutscht vier Meter über dem Stand der Fuß vom Tritt. Die Kraft neigt sich für heute dem Ende zu und auch das Nervenkostüm leidet nach dem langen Sturz unter Auflösungserscheinungen. Schluss. Aus. Amen. Heute geht nix mehr. »Plan B« für den blitzsauberen Durchstieg braucht noch Zeit.

Eine Woche später.

Huber: »Obwohl mittlerweile mehr und mehr Haken als Zwischensicherung den Dienst verweigern, wird Plan B aufgerufen. Die zweite Seillänge des Daches ist durchstiegen, alle Seillängen geknackt.«

Jetzt kommt es darauf an. Alexander will die Route rotpunkt durchsteigen. Vom Einstieg beginnend. Alle einzelnen Seillängen, das Ganze an einem Tag. Und noch ein Handicap kommt dazu, eine weitere Hürde: »Der Stand zwischen der ersten und zweiten Dachseillänge befindet sich in überhängendem Gelände, es gibt dort keinen no-hand-rest!«

Für den Freikletterer ist es Pflicht – eine selbstauferlegte –, diese zwei schwierigen Seillängen zu einer zusammenzuhängen. 55 Meter ununterbrochen in überhängendem Gelände – eine Herausforderung an Konzentration, Kraft und Ausdauer.

Erster Versuch. Diesmal ist Matthias wieder dabei. Er kennt die Route und weiß, worauf es beim Sichern ankommt. Die Einstiegsseillängen gelingen, die Bedingungen sind optimal. Es ist verhältnismäßig warm und trocken. Es gibt nur einen Weg zum Erfolg: Selbstvertrauen.

Huber: »Ich steige ins Dach ein. Es gibt nichts zu verlieren. Trotzdem vibriert der ganze Körper. Ich bin wahnsinnig nervös. Kurz vor dem ersten Stand beginnt sich in meinem Kopf eine Gedankenspirale zu drehen: Das schaffst du heute nie! Wo ist das Selbstvertrauen hin, das Vertrauen, dass ich es kann? Sturz!

Mit einem Schrei verschaffe ich während des Fluges meinem Ärger Luft. Wieder ein Haken weniger. Ganz ruhig pendle ich im Seil. 200 Meter über dem Schuttkar. Noch ist nicht alles verloren! Ich habe noch genügend Kraftreserven für einen weiteren Versuch und wie so oft ist die Nervosität nach einem ersten Sturz verschwunden.«

Nach dem Linksquergang klettert er dieses Mal ruhig über das Dach, erreicht den Rastpunkt an den großen Griffen. Ein Drittel der Strecke liegt hinter ihm. Rasten, Muskeln lockern. Die Atemfrequenz sinkt, der Kreislauf beruhigt sich. Gute Anzeichen.

Wir kletterten über dem gewaltigen Dachgürtel an eben dieser Nordwand der Westlichen Zinne, schwindelten uns frei durch die klassische »Cassin«, hielten uns für gute Kletterer, glaubten, mit dem VIII. Grad das Ende der Fahnenstange erreicht zu haben und hätten alles verwettet, dass es nie ein Mensch schaffen wird, frei durch die gewaltigen Dächer zu klettern …
Andreas Kubin

Leben intensiv – das ist es, was wir beim extremen Klettern suchen, das einzige, was von einer postmodernen Lebensdeutung übrig ist.
Reinhold Messner

In der Wildnis wird die Welt erhalten.
Henry David Thoreau

Diese Art von Erfahrung ist nicht von Bildern stimuliert, nicht käuflich, also keine Ware, sie folgt der Neugierde für unsere ureigenen Geheimnisse.
Reinhold Messner

Es wird nach wie vor gelten, dass es nicht die Hauptsache ist, den Gipfel zu erreichen, sondern dass es auf die Mittel und Methoden ankommt, die wir anwenden, um dorthin zu gelangen. Royal Robbins

»Bellavista« wird der Prüfung des ersten Wiederholers unterzogen werden und dabei wird es sich herausstellen, ob es mir gelungen ist, die Schlüsselseillänge richtig zu lösen und den korrekten Schwierigkeitsgrad dafür vorzuschlagen. Alexander Huber

Immer bestand die Versuchung, den Bohrer hervorzuholen, bevor es absolut notwendig war, und den leichteren Weg zu wählen, anstatt den Mut zusammenzunehmen und unermüdlich und erfinderisch zu arbeiten, um den Weg nach oben zu schaffen, ohne auf den verabscheuten Bohrhaken zurückzugreifen. Royal Robbins

Huber: »Ich ziehe weiter, die Gedanken sind auf der richtigen Bahn. Es existiert kein oben, kein unten, die Ausgesetzheit ist weggefiltert, die Qualität der Absicherung nicht relevant. Ich habe alles im Griff, entschlossen gelingt eine um die andere schwierige Sequenz. Ich erreiche den Normalhaken acht Meter schräg links über dem Stand, hänge ein und klettere sofort weiter, zum Rastpunkt einen Meter weit links davon. Wieder nehme ich mir die Zeit, um den Kreislauf zu beruhigen und die Arme zu entkrampfen. Nun die Schlüsselstelle: Ein acht Meter langer Quergang nach links. Kein Haken als Rettungsanker. Da musst du durch; zügig, kraftvoll, dynamisch. Der Schwerkraft darf keine Chance bleiben. Zug um Zug vollzieht der Körper das eingespielte Bewegungsprogramm. Wie der Kunstturner im Wettkampf seine wochenlang vorbereitete Kür.«

Plötzlich eine Irritation. »Der falsche Tritt!« Wie ein Alptraum taucht sie in seinem Unterbewusstsein auf. Der Gedanke nervt ihn.

Huber: »Ich habe einen Fehler im Programm. In Bruchteilen einer Sekunde spielt sich ein Entscheidungsdrama ab. Wie geht es weiter? Was soll ich machen? Das darf doch nicht wahr sein! Nein! Den Ablauf korrigieren? Wie? Ich muss es versuchen, irgendwas – aaahhh!«

Die konkave, auf den Kopf gestellte Riesenarena unter dem Dach verstärkt den Schrei. Das Echo bringt ihn zurück. Anspannung und Angst brechen heraus. Das Seil spannt sich, weit schwingt er in die Luft hinaus. Wo ist er, wo ist Matthias? Durch die Wucht des Sturzes wurde er nach oben an das waagrechte Dach katapultiert. Beide sind benommen. Aus und vorbei. Genug. Keine Kraft mehr. Nichts wie runter, raus aus der Wand.

Im Tal wird Alexander Huber klar, dass er sich noch besser vorbereiten muss. Für den nächsten Versuch! Es darf keinen Fehler im Bewegungsablauf geben. Er muss jede Bewegung im Vorausvollzug memorisieren. Bis sie instinktiv richtig wird. Mit jedem weiteren Sturz riskiert er, weitere Haken in der Sicherungskette zu verlieren. Es folgen weitere zwei Tage in der Wand. Training in der Route: ausbouldern, automatisieren der Bewegungsabläufe.

Nächster Versuch. Mit Gernot Flemisch. Es ist kalt und das ist auch gut so. In der Angstrengung läuft der Körper nicht so heiß und die Fingerspitzen bleiben trocken. Sie kommen zur Schlüsselstelle.

Huber: »Die Finger beginnen zu zittern. Trotz der niedrigen Temperaturen steht mir der Schweiß auf der Stirn. Die Zunge klebt am Gaumen.«

Was jetzt kommt ist Sportklettern im unteren elften Grad, so vertrackt wie im Klettergarten, nur mit dem feinen Unterscheid, dass die Sicherungsmittel Spezialitäten aus der Technokiste sind und Alexander Huber in einem der größten Dachüberhänge der Alpen steigt, frei. Von unten sieht er aus wie eine Fliege an der Zimmerdecke. Ja, er bewegt sich.

Huber: »Der Schlüsselzug, weit links zum ersten guten Griff …, noch ein Zug, das große Loch – der Rastpunkt! Die Schlüsselstelle liegt hinter mir! Der Magen krampft, die Unterarme brennen, der Geist will aussteigen, doch der Weg zum Standplatz ist immer noch lang, ganze zehn Meter, auf denen mir kein Fehler passieren darf. Zehn Minuten noch, in denen ich alles gebe. Zug um Zug kämpfe ich mich nach oben, rette mich von Rastpunkt zu Rastpunkt. Die Angst sitzt mir im Nacken – so kurz vor dem Ziel – es darf nichts passieren!« Der letzte Zug. Er vertraut dem linken Tritt nicht, will zögern, nur kurz, kann aber nicht. Denn Zögern bedeutet fallen, und stürzen darf er nicht. Er muss es riskieren, weiter, die Flucht nach vorn gelingt. »Da ist er! Der Griff. Mein Horizont. Die Erlösung.« Eine einmalige Leistung liegt hinter ihm, sein Kunstwerk wird bleiben.

Huber: »Der Weg nach oben ist frei, heute, am 18. Juli bringe ich mein Abenteuer zu Ende – das riesige Dach, die Route ›Bellavista‹ ist frei durchstiegen!«

Alexander Huber ist zu Recht stolz auf Idee und Durchführung von »Bellavista«, ich kann ihm nur gratulieren zur vorläufig letzten Sprosse auf der langen Leiter zur Perfektion der Kletterkunst. Den Wiederholern wünsche ich »schöne Aussicht«, italienisch »Bellavista«. Wird Bubu Bole die erste Wiederholung schaffen?

Nach wie vor kann ich es nicht befürworten, wenn alpine Klassiker im Nachhinein mit Bohrhaken ausgerüstet werden, denn ich bin der Meinung, dass dabei der ursprüngliche Charakter einer Tour verloren geht. Ferner bin ich der Meinung, dass bereits bestehende Routen in Wänden mit Alpintradition durch das systematische Erschließen mit Bohrhaken an Wert verlieren. Dadurch werden die logischen Linien und die Möglichkeiten einer By-fair-means-Begehung zerstört.   Roland Mittersteiner

Bubu Bole

AUSSICHTEN

JENSEITS DER VERNUNFT

Dieses Buch habe ich Alexander Huber gewidmet. Nicht nur, weil ich ihn zur Zeit für den besten Kletterer weltweit halte, auch weil er mit seiner doppelten Erstbegehung von »Bellavista« Gefahr, Risiko und Wagemut neu in Beziehung zueinander setzt. Durch die Tat. Alexander Huber ist damit und durch seine Aussagen zum Sprecher einer jungen Generation von Kletterern geworden. Er hat die Exposition der eigenen Person wieder in den Mittelpunkt des Geschehens gestellt, so wie es Paul Preuß und Walter Bonatti auch getan haben. Ja, Risikoverhalten, die Mutprobe, das Transzendieren der eigenen Grenze waren und bleiben Katalysatoren beim Klettern, denn mit dem Vertrauten glauben wir uns nicht auseinandersetzen zu müssen. Trenddesigner und Konsumideologen gehen zwar den anderen Weg, aber nicht, was auf dem enger werdenden Markt Aufmerksamkeit verspricht, zählt beim Klettern, sondern Kreativität, Schnellkraft und Instinkt in kritischen Situationen.

Ich war anderen Kletterern und Bergsteigern nie neidisch um ihren Ruhm oder das Geld, das höchstens dazu reicht, die nächste Tour zu finanzieren. Wenn schon, bin ich neidisch auf ihre Kunst, die Kunst, in mir unzugängliche Dimensionen zu steigen.

Lynn Hill, die großartige Amerikanerin, die im Wettkampf- und Freiklettern in die Domäne der Männer eingebrochen ist, erkennt die Leistungen der Männer trotzdem an, wenn sie auf Highlights der letzten Jahre verweist: »Die Huber-Brüder wiederholten 1996 eine völlig freie Begehung der ›Salathé‹, auf die einige Jahre später eine fast perfekte On-sight-Begehung der Route von Yuji Hirajama folgte. 1998 durchstiegen sie ›El Niño‹ am El Capitan frei bis auf einen einzigen Abschnitt.« Noch eindrucksvoller der junge englische Kletterer Leo Houlding, dem fast ein On-sight-Durchstieg gelang, Todd Skinner und einige Freunde, die mehr als 60 Tage damit zubrachten, eine Route am Trango-Tower frei zu klettern, Yuji Hirajama, der die erste On-sight-Besteigung im Grad 8c (5.14b) kletterte! Katie Brown gelang ihre erste 5.14a, der Spanierin Josune Bereciartu 8c (5.14b). Der 22-jährige Deutsche Jörg Andreas meisterte zwei der schwierigsten Freikletterrouten in den Alpen – »Silbergeier« (5.14a) und »The End of Silence« (5.14a) – und Stefan Glowacz meldete sich mit seiner Trilogie »Des Kaisers neue Kleider«, »Silbergeier« und »The End of Silence« in der Kletterszene zurück. Glowacz hat Erfahrung, Können und Talent. Er hat es nicht nötig, die Frage um Top-Erstbegehungen mit Moralfragen zu verbinden. Felswände sind keine Institutionen, in denen Moral herrscht, sie sind Teil der Natur und jenseits von Moral und Vernunft. Aber wie immer, wenn einige den allgemein zugänglichen Weg verlassen, kommen die anderen mit ihrer Moral und sie werden auch morgen versuchen, die Ausbrecher auf ihr Niveau herunterzuholen.

Für Visionäre gibt es immer einen Weg, und dieser ist nicht wiederholbar. Er entsteht beim Klettern und ist weder mit Methoden der Naturwissenschaft noch mit Moral zu bemessen. Niemand kann eine Tour im Fels auf dieselbe Art wiederholen, wie sie Mummery, Preuß, Vinatzer, Rebitsch, Robbins, Güllich erstbegangen haben. Es wird ja so vieles immerzu anders, auch unser Blickwinkel auf uns selbst.

Leo Houlding hat, gerade volljährig geworden, am Beispiel El Cap ausgedrückt, wie die Entwicklung der Kletterkunst von der Einstellung in unseren Köpfen abhängt: »Seinerzeit war der El Cap ein unbestiegener Felsen. Er markierte eine Grenze, die Vorstellung des Kletterbaren. Harding erkannte, dass es nicht unmöglich war, ihn zu besteigen, wie viele glaubten. Er wagte sich ins unkartierte Gelände. Er hielt es für notwendig, die Expeditionstechnik anzu-

Kathleen Brown

Ich lernte verstehen, dass die Berge, die wir bezwingen, nicht die am Horizont sind sondern diejenigen in uns: Berge der Furcht, der Schwäche und der Unkenntnis. Und wenn es uns gelingt, ganz oben zu stehen, sind wir tatsächlich auf dem Gipfel der Welt. Royal Robbins

Stefan Glowacz

In Großbritannien erlebt das Risikoklettern eine Wiedergeburt. Ich weiß, dass es in Norwegen, Schweden und Teilen der USA talentierte, begeisterte Trad-Kletterer gibt, aber sie sind in der Minderzahl. In meiner Zeit als Kletterer, würde ich gern das Trad-Klettern propagieren. Einige von uns haben vergessen, dass Klettern nicht nur eine physische und geistige Übung ist; sie ist auch ein spirituelle.   Leo Houlding

wenden. Im Verlauf eines halben Jahres verbrachte er 45 Tage damit, die dem Aussehen nach leichteste Route am Fels zu finden. Sein Führer war sein durch lange Erfahrung geschulter Blick. Er fixierte eine 1000 Meter lange ›Rettungsleine‹ von unten nach oben, und so entstand eine der berühmtesten Felsrouten der Welt: ›The Nose‹. Harding tat damit den ersten Schritt auf der Bigwall-Leiter.

Als Royal Robbins 1962 zum El Cap hinaufschaute, sah er genau das Gleiche wie Harding. Doch er sah es völlig anders. Mit Tom Frost, Yvon Chouinard und Chuck Pratt zeigte er den Weiterweg, indem er mit Hilfsmitteln die Salathé-Wand binnen sechs Tagen in einem Zug kletterte, und zwar als geschlossene, unabhängige Einheit und ohne eine am Boden fixierte Rettungsleine. Er machte den nächsten Schritt. 1975 stand Jim Bridwell an der gleichen Stelle und schaute sich das Gleiche an. Er sah eine Felswand, die er mit Hilfsmitteln in einem Tag ersteigen konnte. 1988 sah Todd Skinner eine Felswand, die man frei klettern konnte, wenn man ein ähnliche Belagerungstaktik anwandte wie Harding 30 Jahre zuvor bei seiner Besteigung mit Hilfsmitteln. 1993 sah Lynn Hill eine Felswand, die sie 1994 an einem Tag frei klettern konnte. 1998 schließlich, als Patch und ich dort standen und zum El Cap hinaufschauten, sahen wir eine Felswand, die wir auf einer schweren Route on-sight frei klettern konnten, ohne die geringste Erfahrung im Bigwall-Klettern zu haben. Wir verwendeten fünf Tage und vier Nächte darauf, die zweite Begehung einer freien Route zu machen, die von den weltweit geschätzen Huber-Brüdern kurz zuvor am East Buttress eröffnet worden war … Abgesehen von zwei kleinen Stürzen kletterte ich die 30 Seillängen lange freie Version mit dem Schwierigkeitsgrad 5.13c auf Anhieb: also on-sight.«

Der Fortschritt liegt in der Veränderung der Art, in der wir Felswände sehen. Was wir zu klettern gewillt sind und der Stil, in dem wir zu klettern fähig sind, hängt davon ab, wie wir beides sehen. Die Wahrnehmung ist der Schlüssel zur Weiterentwicklung im Felsklettern.« Ich hoffe nur, mit diesem Buch nicht gegen den Wortlaut gelesen zu werden und die Kletterkunst zu bereichern.

QUELLENNACHWEIS

Bücher:

Abraham, George/Abraham, Ashley: Rock-Climbing in North Wales, G. P. Abraham, Keswick/Cumberland 1906

Alpenkränzchen Berggeist (Hg.): Jugend in Fels und Eis, J. Lindauersche Universitätsbuchhandlung, München 1934

Ardito, Stefano: Die Eroberung der Giganten: Von der Erstbesteigung des Montblanc bis zum Freeclimbing, Bucher Verlag, München 2000

Dummler, Helmut: Marmolada, Verlag Das Bergland-Buch, Salzburg/Stuttgart/Zürich

Fels und Firn, Ein Jahrbuch für Alpinismus, Forschungsreise und Wanderung, Bergverlag Rother, München 1926

Fischer, Hans/Schmitt, Fritz: Die Dolomiten, Bergverlag Rother, München 1943

Hasse, Dietrich: Wiege des Freikletterns, Sächsische Marksteine im weltweiten Alpinsport bis zur Mitte des 20. Jahrhunderts, Bergverlag Rother, München 2000

Hasse, Dietrich/Stutte, Heinz Lothar (Hg.): Felsenheimat Elbsandsteingebirge Sächsisch-Böhmische Schweiz, Wolfratshausen 1979

Höfler, Horst: Josef Enzensperger, Meteorologe und Kletterer, Verlag J. Berg, München 1990

Karl, Reinhard: Erlebnis Berg: Zeit zum Atmen, Limpert, Bad Homburg 1980

Lutterjohann, Martin (Hg.): Montblanc-Geschichten, Von der Erstbesteigung bis zum Drachenflug, Bruckmann, München 1984

Magnone, Guido: Die Westwand der Drus, Wende im Alpinismus?, Nymphenburger Verlagshandlung, München 1955

Messner, Reinhold: Die Extremen, Fünf Jahrzehnte Sechster Grad, Droemer Knaur, München 1981

Messner, Reinhold: Siebter Grad, Clean Climbing, Freies Klettern, BLV, München 1981

Messner, Reinhold: Wettlauf zum Gipfel, Strategie und Taktik meiner Höchstleistungen, Herbig, München 1986

Messner, Reinhold/Hillary, Sir Edmund u.a.: Stimmen vom Gipfel, Die bedeutendsten Bergsteiger zur Zukunft des Alpinismus, National Geographic Deutschland, Gruner und Jahr, 2001

Meyers, George (Hg.): Yosemite Climber, Diadem Books/Robins Mountain Letters, London 1983

Mummery, Albert Frederick: Meine Bergfahrten in den Alpen und im Kaukasus, Bruckmann, München 1988

Pellegrinon, Bepi/ Reisach Hermann (Hg.): Salve … regina, 2001

Pichl, Eduard: Wiens Bergsteigertum, Österreichische Staatsdruckerei, Wien 1927

Raeburn, Harold: Mountaineering Art, T. Fisher Unwin Ltd, London 1920

Rey, Guido: Bergakrobaten, Kletterfahrten an Montblanc-Nadeln und Dolomiten-Türmen, Gebr. Richters Verlagsanstalt, Erfurt ca. 1928

Richter, Frank: Klettern im Elbsandsteingebirge, Verlag J. Berg, München 1993

Schätz, J. J. (Hg.): Das Karwendel, Bruckmann, München 1937

Schmitt, Fritz (Hg.): Berühmte Alpenwände, Die Erstbegeher erzählen, Bruckmann, München 1984

Schmitt, Fritz: Hans Dülfer, Bergsteiger, Markstein, Legende, Bruckmann, München 1985

Schulz, K. (Hg.): Im Hochgebirge, Wanderungen von Dr. Emil Zsigmondy, Verlag von Duncker und Humblot, Leipzig 1889

Simon, Felix: Felstürme und Eiswände, Vom Elbsandstein bis zum Nanga Parbat, Brockhaus, Leipzig 1958

Steiner, Otto W.: Die Schwierigkeitsbewertung von Bergfahrten – ein Problem im Wandel der alpinen Entwicklung, Österreichischer Touristenklub, Wien 1962

Zeitschriften und Jahrbücher:

Alpenvereinsjahrbücher Berg '93, Berg '98 und Berg 2001, Deutscher Alpenverein/Österreichischer Alpenverein/Alpenverein Südtriol (Hg.): München bzw. Innsbruck

»Zeitschrift des Deutschen und Oesterreichischen Alpenvereins«, Band XXV, Jahrgang 1894; Band XXIX, Jahrgang 1898; Band XXXIX, Jahrgang 1908; München

»Der Berg«, Verlag Bergland München, München 1923

»Der Bergkamerad«, 8. Jahrgang, Bergverlag Rother, München 1931

»Der Bergsteiger«, Deutsche Monatsschrift für Bergsteigen, Wandern und Skilaufen, Deutscher Alpenverein/Österreichischer Alpenverein (Hg.), 3. Jahrgang 1. Band, Oktober 1932 bis September 1933, Bruckmann & Holzhausen, Wien 1933

»Alp«, Vivalda Editori, Turin

»Alpin«, Olympia-Verlag, Nürnberg

»Climbing«, Carbondale, Colorado

»Der Bergsteiger«, Bruckmann-Verlag, München

»Desnivel«, Ediciones Desnivel, Madrid

»Klettern«, Verlag Sport + Freizeit, Stuttgart

»Land der Berge«, LW Werbe- und Verlagsgesellschaft m.b.H., Herzogenburg

»Montagnes-Magazine«, Editions Nivéales, Grenoble

»Panorama« (ehemals DAV Mitteilungen), Deutscher Alpenverein, München

»Rock & Ice«, Big Stone Publishing, Carbondale, Colorado

»Vertical«, Glénat Presse, Meylan

REGISTER

Die Deutsche Bibliothek – CIP-Einheitsaufnahme

Ein Titeldatensatz für diese Publikation ist bei Der Deutschen Bibliothek erhältlich

BLV Verlagsgesellschaft mbH
München Wien Zürich
80797 München

© 2002 BLV Verlagsgesellschaft mbH, München
Das Werk einschließlich aller seiner Teile ist urheberrechtlich geschützt. Jede Verwertung außerhalb der engen Grenzen des Urheberrechtsgesetzes ist ohne Zustimmung des Verlags unzulässig und strafbar. Das gilt insbesondere für Vervielfältigungen, Übersetzungen, Mikroverfilmungen und die Einspeicherung und Verarbeitung in elektronischen Systemen.

Reinhold Messner und der Verlag danken allen, die – gefragt oder ungefragt – mit ihren Ideen, Taten, Worten und Bildern zu dieser Metamorphose des Unmöglichen beigesteuert haben.

Bildnachweis

Alle Abbildungen Archiv Reinhold Messner, außer:

Archiv Bentley, Neil S. 236, 275 Mitte
Archiv Brown, Kathleen S. 289
Archiv Destivelle, Cathérine S. 228
Archiv Hainz, Christoph (© Comet Foto Service) S. 218
Archiv Huber, Alexander S. 284
Archiv Karl, Reinhard S. 192
Archiv Precht, Albert S. 203, 278
Brandler, Lothar S. 163, 217
Calder, Kevin S. 237
Comploj, F. S. 268 links unten, 269 unten
Demetz, Dieter S. 7 rechts oben
Eisendle, Hanspeter S. 128, 129, 174/175, 197, 243 rechts, 273, 254. 255 links oben, 259 unten links, 259 unten rechts
Evans, Dan S. 230
Garner, Caroline S. 275 unten
Groselj, Viki S. 207
Holzknecht, Adam S. 265 rechts oben, links unten, rechts unten
Mariacher Heinz S. 201
Mittersteiner, Roland S. 261 oben links, unten links

Renzler, Konrad S. 183, 185
Richter, Frank S. 276 oben
Rieser, Luggi S. 253 oben links
Rowell, Galen S. 139
SLUB/Deutsche Fotothek/Walter Hahn S. 81, 82
Schrott, Sepp S. 159, 176
Schulze, Helmut S. 276 unten
Seibert, Dieter S. 33
Sharples, Keith S. 275 oben
Tedd Thompson S. 222
Vinatzer, Karl S. 261 unten rechts, 271 unten
Zak, Heinz S. 1, 281, 282, Umschlagrückseite rechts

Foto S. 1 : Alexander Huber in »Bellavista«
Foto S. 2/3: Spalti del Toro, Dolomiten
Foto Umschlagvorderseite: Rudolf Fehrmann am Dreifingerturm
Fotos Umschlagrückseite: rechts: Alexander Huber in »El Corazon« am El Capitan links: Fleischbank-Südostwand

Umschlaggestaltung:
Joko Sander, Werbeagentur

Umschlagfotos:
SLUB/Deutsche Fotothek/Walter Hahn (Vorderseite)
Heinz Zak (Rückseite rechts)

Layoutkonzept: Solveig Witte, München

Lektorat: Barbara Hörmann, Murnau
Herstellung: Angelika Tröger

Satz: Angelika Tröger
Reproduktionen: Repro Ludwig, A-Zell am See
Druck: Appl Wemding
Bindung: Conzella Urban Meister, Pfarrkirchen

Gedruckt auf Nopacoat matt Prestige, 150 g made by Nordland; geliefert von der Papierunion

Printed in Germany
ISBN 3-405-16420-6

DER AUTOR

Mir geht es mit diesem Buch nicht um einen Souverän in der Diskurs-Produktion der Kletterszene, mir geht es um deren Entwicklung und deren Hintergründe. Alle jenen, die mich trotzdem wieder besser verstehen wollen, als ich mich selbst, rate ich, die Routen meiner Stars nachzuklettern – von unten nach oben und in ihrem Stil. Denn nachvollziehbar ist das heutige Klettern nur durch das Tun. Ich lasse also jene zu Wort kommen, die jeweils an der allgemeinen Grenze das Möglichen gerüttelt haben, nicht jene, die das Mittelmaß vertreten. Also sind meine Texte und die wiedergegebenen Zitate nicht als Provokation gedacht, sondern als Entwicklungsgeschichte des Felskletterns.

Reinhold Messner, der 1944 in Südtirol geboren wurde, hat 1949 mit dem Bergsteigen begonnen. Nach seinem Technik-Studium arbeitete er kurze Zeit als Mittelschullehrer. Nach seiner Felskletterzeit, seit 1969, hat er mehr als hundert Reisen in die Gebirge und Wüsten dieser Erde unternommen und drei Dutzend Bücher geschrieben. Bei seinen Expeditionen gelangen ihm viele Erstbegehungen, die Besteigung aller 14 Achttausender, eine Längsdurchquerung Grönlands und eine Antwort auf das Rätsel des Yeti. Im Gegensatz zu modernen Abenteuer-Darstellern war Reinhold Messner nie um Rekorde bemüht, ihm geht es um das Ausgesetztsein in möglichst unberührten Naturlandschaften und dem Unterwegssein mit einem Minimum an Ausrüstung. Er folgte dem »By fair means« Mummerys am Nanga Parbat, Nansens »Ruf des Nordens« ins Packeis der Arktis und durchquerte die Antarktis über den Südpol nach einer Idee von Shackleton. Den Möglichkeiten des Kommunikationszeitalters setzt er sein Unterwegssein als Fußgänger gegenüber und verzichtet auf Bohrhaken, Sauerstoffmasken und Satellitentelefon – ein Anachronismus zwar, der aber der Wildnis ein unerschöpfliches Erfahrungspotential bewahrt.

Ich danke allen Kletterern, allen Bildautoren und allen Zitatgebern für ihre Mithilfe.
Reinhold Messner

An der Schlüsselstelle an der Philipp-Verschneidung dachte ich »jetzt fliege ich«, konnte mich aber an den feinen Rauigkeiten festhalten. Einige Jahre später, bei einer Alleinbegehung dieser Route, habe ich an derselben Stelle einen Bohrhaken vorgefunden und drei weitere Haken zu viel. Die Seillänge, die ursprünglich die schwierigste gewesen war, ist jetzt eine der leichtesten und sichersten. Reinhold Messner

Reinhold Messner bei BLV

Die großen Wände
Von der Eiger-Nordwand bis zur
Dhaulagiri-Südwand
Grenzgänge an großen Wänden – zum
Lesen, Hören, Miterleben: die Erschließungsgeschichte bis heute mit einzigartigem historischen und aktuellen Bildmaterial. Exklusiv
mit CD: Reinhold Messner erzählt 13 selbst
erlebte Episoden an großen Wänden –
authentisch, spannend, fesselnd.

Bergvölker
Bilder und Begegnungen
Die Bergvölker der Welt erleben – von den
Bergbauern in Südtirol über die Hunzas im
Karakorum bis zu den Indios in den Anden:
Reinhold Messners Erlebnisse, hautnah
geschildert, und Einblicke in die Lebens-
weise der einzelnen Kulturen.

Everest
Die Besteigung des Everest 1978 »by fair
means« und erstmals ohne künstlichen
Sauerstoff – die Dokumentation dieser
Expedition, in der Messner vor allem auch
seine persönlichen Empfindungen und
Erfahrungen protokollierte.

Bis ans Ende der Welt
Messners persönlicher Rückblick auf seine
Gipfelerfolge – ausgewählte Kapitel, die
seine einzigartigen Unternehmungen,
wichtigsten Stationen und alpinen Höchstleistungen wieder lebendig werden
lassen.

Überlebt
Als erster Mensch auf allen 14 Achttausendern der Welt: die Dokumentation
einer kaum vorstellbaren Gesamtleistung
und alpinhistorischen Sensation; aktuelle
Achttausender-Chronik; alle Besteiger
der 14 Achttausender.

Berge versetzen
Reinhold Messners Analyse einiger seiner
Abenteuer im Grenzbereich des Möglichen –
Erfahrungen und Erkenntnisse, von denen
jeder, der hohe Ansprüche an sich selbst
stellt, im täglichen Leben profitieren kann.

Mallorys zweiter Tod
Die Antwort auf die Frage, wer am Mount
Everest der Erste war: die Auseinander-
setzung mit dem Mythos George L. Mallory
und der Everest-Tragödie von 1924 – eine
Spurensuche mit Zitaten aus Mallorys
Briefen und Berichten sowie Messners
Analyse der Geschehnisse am Berg.

Annapurna
Zum 50. Jahrestag der Erstbesteigung:
die Erschließungsgeschichte der Annapurna,
Reinhold Messners Bewertung der Leistungen verschiedener Expeditionen, Anna-
purna-Chronik mit allen Expeditionen
und Erstbesteigungen.

G I und G II
Die Chronik von Messners Pioniertaten an
den Gasherbrums: G I im Alpenstil und
die Doppelüberschreitung von G I und G II –
alpinhistorische Meilensteine in Gegen-
überstellung zum hochalpinen Massen-
tourismus von heute.

Im BLV Verlag finden Sie Bücher zu den Themen:

Garten und Zimmerpflanzen • Natur • Heimtiere • Jagd
und Angeln • Pferde und Reiten • Sport und Fitness •
Wandern und Alpinismus • Essen und Trinken

Ausführliche Informationen erhalten Sie bei:

BLV Verlagsgesellschaft mbH
Postfach 400320 • 80703 München
Telefon 089/12705-0
Telefax 089/12705-543
http://www.blv.de

METAMO

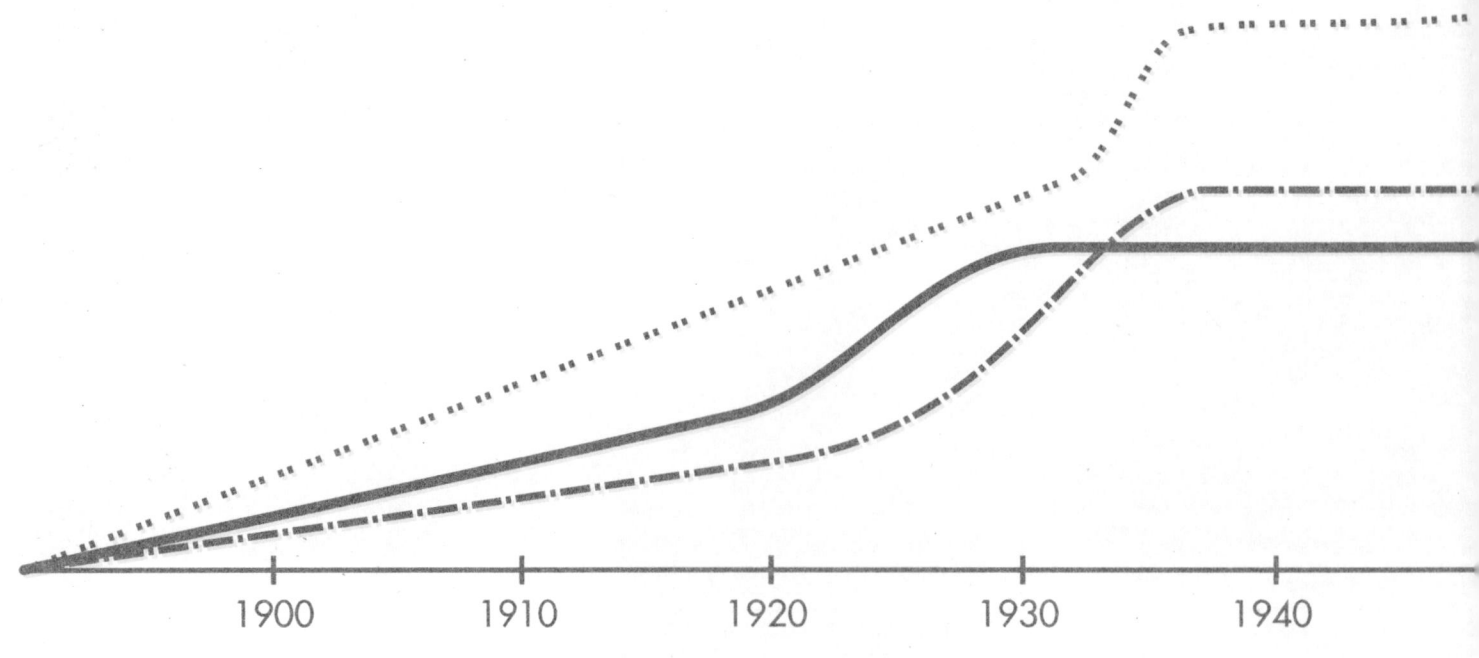

Steigerung ▬▬▬ der frei gekletterten Schwierigkeiten im Gebirge unter Berücksichtigung

▪▪▪▪▪ des Einsatzes von künstlichen Hilfen zur Fortbewegung und

▬▪▬ der Verbesserung der Absicherung bei Erstbegehungen

1900   1910   1920   1930   1940